식민주의의 기원

조선, 제도와 빈곤

지은이

김희호

현(現) 경북대학교 경제통상학부 교수
노스캐롤라이나주립대학교 경제학 박사
런던정치경제대학교 대학원 경제사 전공
하버드대학교, Weatherhead Initiative for Global Slavery, WCIA Research Fellow

조선 후기 노비제도의 변화가 미치는 사회경제적 현상을 연구하였다. 19세기 세계 노예제도와 자본주의 형성을 주제로 한 하버드대학교 공동연구 프로젝트에 연구원으로 참여하였다. 조선 후기 노비 도망과 비공식사회의 문제가 경제발전을 저해하였다는 논문으로 LSE 최우수 논문상인 Hunt Prize를 수상하였다. 최근에는 일본의 식민지 화폐개혁이 식민지 조선에 미치는 제국효과를 연구하고 있다.

경북대학교 학술총서 11

식민주의의 기원 조선, 제도와 빈곤

찍은 날 2024년 2월 6일 • **펴낸 날** 2024년 2월 20일
지은이 김희호 • **펴낸이** 홍원화 • **펴낸 곳** 경북대학교출판부
출판등록 1973년 10월 10일 ㉑97호 • **주소** 대구광역시 북구 대학로 80 • **전화** 053-950-3830
팩스 053-953-4692 • **이메일** press@knu.ac.kr • **홈페이지** www.knupress.com
ISBN 978-89-7180-623-4 93910

정가는 뒤표지에 있습니다. 파본은 바꾸어 드립니다.

이 저서는 〈2023년 경북대학교 학술총서 집필 및 출간지원사업〉의 재원으로 출간되었습니다.

식민주의의 기원

조선, 제도와 빈곤

The Origins of Colonialism
- Institution and Poverty of *Joseon Korea*

김희호 지음

경북대학교출판부

"농민의 사정으로 말하자면 전답田畓이 모두 사부士夫·향족鄕族·부호富戶의 수중에 들어갔습니다. 그러므로 그 경작하는 땅이 병작 아닌 것이 없는데 다득자多得者라야 10두락斗畓을 넘지 않습니다. 1일의 역役은 반드시 10인人이라야 하고 일조수一鋤手의 하루 임금은 양식이 3되이고 고가雇價가 5분전分錢입니다. 3차례 김매기하고 1차례 벼 베기 하고 1차례 타작에 들어가는 노동력이 거의 50인이니 필경 소득이 20석石에 불과합니다. 10석은 지주에게 돌아가고 단지 10석만이 자기 것이 됩니다."

-박문수, 『비변사등록』 82책, 영조 3년-

"중국 청나라 농가의 연간 최소 생계비인 쌀 33-38석과 비교할 때 18-19세기 조선 소작농의 소득은 연 쌀 5-20석에 불과하였다. 조선 후기 소작농은 농업생산을 지속적으로 유지하기 어려웠으며, 재해가 발생하는 경우 부채를 지고, 그로 인해 소유하고 있던 작은 토지조차 방매하는 악순환이 이어졌다."

-본문-

머리말

19세기 제국주의가 식민지의 경제발전에 크게 기여했다는 연구들이 많다. 주로 유럽과 미국 학자들에 의해 연구된 것으로서 식민지 경제는 제국으로부터 이전된 좋은 제도(good institutions)로 인해 발전되었다는 점을 강조하고 있다.(Rao and Walton, 2004; Acemoglu, et al., 2001) 좋은 제도란 제국이 본국에서 식민지로 가져와서 시행했던 선진국형 제도로서 개인의 소유권 보호, 민주주의, 선거제도, 교육제도의 도입, 사회기반의 확충 등을 말한다. 그러나 Bayly(2008)는 "좋은 제도"의 정의가 단순히 제국이 가져온 제도뿐 아니라, 이전부터 식민지가 보유하던 내부적 제도와 사회적 자본과도 밀접하게 연결되어 있다는 점을 지적하고 있다. 각 식민지는 국가마다 오랫동안 누적한 내부적 제도와 삶의 방식이 다르며, 그에 따라 식민주의 기원과 식민지 경제발전의 경로가 다르다.

이 책은 조선 후기 제도변화가 백성의 삶과 빈곤에 미치는 영향을 생산성과 임금의 변화를 통해 보여 주고자 한다. 또한, 1876년 개항 이후 1910년까지 일본 제국주의가 주도적으로 시도했던 식민지 화폐개혁이 어떻게 근대조선의 경제를 궁핍화시켰는지에 대해서도 설명하고자 한다.

19세기 후반에서 20세기 초 일본의 조선 식민지침탈 원인에 대한 연구는 외부적인 세계 제국주의 확장과 내부적인 조선의 정치혼란과 내분, 국왕의 무능을 원인으로 들고 있다. 하지만 일본의 조선 식민지침탈은 특정 시점에서 갑자기 나타난 사건이 아니라 오랜 기간 누적된 조선의 잘못된 제도적 문제와 그로 인한 경제적 빈곤으로부터 나타났다. 조선의 제도 문제를 다루고 있는 기존 관점은 이를 주로 정치·경제적 측면에서 국왕과 양반층의 갈등으로 설명하고 있으며, 제도변화가 가져온 백성의 경제적 빈곤을 설명한 시도는 거의 없다. 일부 제도사 연구는 조선 후기 제도변화가 가져온 백성의 빈곤보다는 그 제도변화의 정치적, 사회적 동기에 치우쳐 있다. 이는 이들 연구의 편협한 시각 탓도 있지만, 이 시기 사회경제적 제도변화를 나타내는 거시적 지표나 자료가 부족했기 때문이다.

특히, 기존 연구는 조선 후기 농업 생산성 하락과 경제위기를 일반적으로 인정하지만, 그 원인에 대해 일치된 결론을 도출하지 못하고 있다. 한편, 일본은 조선의 식민지침탈 이후 자국의 좋은 제도를 이식하여 식민지 조선의 제도를 근대화시키고, 사회적 기반을 구축하여 식민지 경제를 발전시켰다고 주장하고 있다.

이 책은 일본의 식민지 근대화론을 진지하게 돌아보고, 조선의 내부적인 구조와 제도적 문제는 없었는지에 대해 실증적인 사례를 찾아보고자 한다. 이 책에서 다루고 있는 조선의 제도는 신분제인 노비제와 고공제, 조세제도, 농업경영방식과 지주제, 화폐제도이다. 이러한 제도들은 모두 생산성과 임금에 직접적인 영향을 미쳤다. 조선 후기는 아직 소득의 개념이 생겨나기 전이어서 소득과 빈곤의 수준을 대용할 수 있는 거시적 지표로서 생산성과 임금 등 생계비의 변화를 살펴보았다. 또한 임금은 노동 생산성의 지표로서 조선 후기 생산성 하락의 원인을 찾아보는 단서가 될 수 있다. 이

책의 또 다른 특징은 18-20세기 초 조선과 일본의 노동자 임금과 생계비를 비교하고, 이 시기 조선 백성의 빈곤 수준을 가늠해 본 것이다.

신분제는 노동의 이동을 극단적으로 제한하였고, 노비와 고공은 더 좋은 노동환경과 높은 임금을 주는 곳으로 갈 수 없었다. 조선 후기 제도와 사회는 이들을 보호해 주지 못했다. 노비와 고공의 선택은 신분제 사회로부터의 도망이었다. 도망이 성공할 확률이 높아질수록 노비의 태업과 저항이 심각했으며, 이들의 생산성은 떨어졌다. 도망노비들은 제도적 사회로부터 비공식사회로 숨어들어서 지냈으며, 가족을 중심으로 자급자족 생활을 영위해 갔다. 시장이 분할되었고 국가 전체 생산성과 효율성도 떨어졌다.

18세기 말 국가 조세제도의 극적인 변화는 조세의 토지세화와 정액화였다. 조세를 부담하던 양민들은 농사를 짓던 토지의 보유비용이 급증하였으며, 조세부담으로 벗어날 수 있는 유일한 방법이 자신의 토지매도였다. 양민들은 토지를 매도하고, 농촌에서 도시 근교로 흩어졌다. 작은 대가를 받고 타인의 농사를 거들거나, 도시와 수공업장에서 임금노동자로 일하였다. 이들의 실질임금과 생계비는 이전보다 떨어졌다. 조세원으로서 양민층의 토지분해는 국가 조세수입을 감소시켰으며, 국가 경제도 허약해졌다.

농업경영에서도 기술과 생산성의 진보가 없었다. 조선 후기 대표적 농업방식으로서 소농과 병작제는 동일한 토지 면적의 수확량을 늘리기 위해 노동집약적 생산을 시도하였지만, 그 생산 이윤으로 자신과 가족의 생계비를 충당할 수 없었다. 소농의 경작 규모는 줄어들었고, 토지 생산성은 하락했다.

조선 화폐제도는 국왕의 화폐인 법정화폐보다, 상품화폐인 미곡과 면포의 사용이 확대되었다. 상품화폐는 그 품질이 일정하지 않았고, 운반비용이 많이 들어서 거래를 원활하게 하지 못했다. 시장을 통한 거래를 불편하게 했으며, 시장경제의 통합과 효율성을 저해했다. 법정화폐는 왕실과 양반들의 상업을 천시하는 철학과 백성들의 신뢰 부족으로 그 주전과 사용이 늦어졌다. 생존방식의 진화와 성장을 멈춘 국가는 자연적으로 맬더스 함정(Malthus Trap)에 빠지거나, 타의적으로 붕괴되었다.

백성의 경제적 빈곤은 생계비 수준을 기준으로 한 상대적 개념이며, 빈곤의 지표로서 생산성과 임금을 사용하였다. 양반 지주들은 자기 토지에 부과되는 세금조차도 자기 땅을 빌려서 삶을 영위하는 소농에게 전가시켰다. 또한 지주는 소농에게 식량이 부족한 봄에 화폐를 빌려주고, 수확기인 가을에 곡식으로 되돌려 받았다. 조세부담이 커지면서, 매일 야반 도주하는 소농의 숫자가 늘어갔다. 이들의 토지는 분해되었고, 이들은 유민화되어서 정착하지 못하고 떠돌아다녔으며, 사회적 공동체의 보호를 받지 못했다. 사회적 질서와 공동체에 정착하지 못한 유민의 증가로 사회적 자본인 신용과 신뢰의 구축이 어려웠다. 사회는 불안정했으며, 유민의 도망으로 부실 위험이 커지면서 이들에 대해 높은 지대와 고리대 이자가 형성되었다.

이 책에서 다루고 있는 조선 후기 제도변화는 조선왕조의 무능함과 조선왕조가 추진했던 다양한 사회경제정책을 부정적으로 평가하려는 의도가 아니다. 조선의 식민주의 기원이 19세기 시장 경제체제로 접근하지 못했기 때문이라고 주장하는 것도 아니다. 조선 후기 향촌 사회와 교육제도, 효율적 재정운영과 상업제도 등 좋은 제도에 대한 연구도 많이 있다. 이 책은 조선 후기 생산성과 임금의 하락을 가져온 제도적 문제에 초점을 맞추고 있어서 선행 연구와 다른 시각을 보일 수 있다. 이 책의 연구 방법과 결과가 다르다고 할지라도 기존 사학계의 연구 결과들을 무시할 의도는 없다. 이 책은 20세기 초 일제의 식민지침탈에 대한 원인을 제도적 측면에서 찾아보고, 반성과 성찰을 살피기 위한 것이다.

이 책은 모두 5부로 구성되었다.

제1부는 신분제 변화와 그로 인한 노동 이동성 제약, 낮은 실질임금과 생계비의 변화를 중점적으로 다루고 있다. 신분제가 생산성을 하락시킨 중요한 요인이었다는 것을 설명한다. 제2부는 조세제도의 변화로 인한 지가 변동과 토지세 부담으로 상민층의 토지가 분해되는 것을 다루고 있다. 제3부는 농업경영방식으로서 병작제와 소농의 생산 이윤을 추정해 보았고, 병작제와 소농에게 지대가 높은 원인을 설명하였다. 제4부는 화폐제도의 변화가 물가와 시장에 미치는 효과를 살펴보고, 이를 확장해서 조선과 일본 간 국제 물가 비교와 무역수지의 관계를 설명하였다. 제5부는 근대조선의 개항 이후 식민지 시기인 1876-1910년 동안 일본 주도 식민지 화폐개혁이 불러온 인플레이션과 환율변동을 설명하고, 그로 인해 근대조선이 어떻게 경제적으로 궁핍화되었는지도 설명한다.

유럽과 미국에서 18세기에서 20세기 초는 산업혁명을 목격하였으며, 인류가 진정으로 빈곤에서 벗어나는 경제발전의 시기였다. 반면 조선은 생산성이 하락하고 백성의 빈곤이 심각해졌다. 백성들에게는 현재 빈곤에서 벗어나기 위해 기존 사회질서와 국가에 대항했던 민란의 시기였으며, 시장과 경제가 무너지는 경제위기의 시기였다.

이 책은 일본의 조선 식민지 침탈의 원인으로서 조선의 제도적 문제가 무엇이고, 어떻게 경제적 빈곤을 가져왔는지에 대한 근거를 제시하고 있다. 이를 통해 미래에 더 나은 국가와 사회의 발전을 위한 방법으로서 좋은 제도의 구축과 그로 인한 경제성장의 관계를 제시하고자 한다. 조선의 식민주의 기원에 대한 제도적 접근은 조선 후기 제도 경제사를 연구하는 수많은 세계 한국학 연구자들에게 새로운 제도적 시각과 풍부한 자료를 제공할 것이다.

이 책의 집필과 완성에는 너무 긴 시간이 걸렸다. 250여 년의 시간을 기다린 조선 후기의 역사와 백성의 삶에 엄숙한 경건함을 느낀다.

Contents
목 차

◦ 제1부 ◦

신분제와 임금, 생계비

⁂

조선시대 노비는 다른 계층 사람들과 같은 모습과 언어를 사용하는 같은 민족이지만 범죄와 반역 등의 이유로 노비가 된 내부 노비(domestic slaves)였다. 노비는 가장 천한 계급으로서 양반 지주의 토지에서 장기적인 농업 노동력을 제공하였다. 노비는 사노비와 공노비가 있으며, 사노비는 주인의 소유물로서 매매되었다.

1731년 노비제도가 종천제에서 종양제로 바뀌면서 신분노비의 숫자가 급격하게 줄어들었다. 종천제는 부모의 신분 가운데 어느 한쪽의 신분이 노비이면, 그 소생도 노비가 되는 제도였다. 종양제는 부친의 신분 여부와 관계없이 오직 모친의 신분을 따라서 그 소생이 신분 노비가 되었다.

조선 후기 성리학에 근거한 정부의 노비 우호적 정책이 시행되었고 사회적으로도 노비의 자의식이 점차 성장하였다. 가장 쉬운 자기 성장의 노력은 주인으로부터 도망이었다. 노비의 도망은 신분제로 인한 천한 신분과 종신 노동으로부터 도망이었다. 신분 노비의 숫자는 급격하게 줄어들었고, 신분 노비보다 매매를 통해 얻은 매득 노비가 더 많아졌다. 매득 노비는 신분적 예속성 없이 임금을 받고 노동력을 제공하는 일시 노동자인 고공(雇工), 특히 일고(日雇)와 노동 특성이 거의 같았다. 고공과 노비의 신분 및 기능 차이가 없어지면서 두 신분을 합성한 고노라는 호칭으로 혼용하여 사용되었다. 기존 노비 가운데 종양법에 따라 면천되었던 노비는 거의 소작농이나 고공으로 전환되었다. 이들은 토지가 없는 무산자였으며, 도망할 수 있는 확률이 높아서 신용위험이 컸다.

노비뿐 아니라 신분이 자유로운 임금노동자인 고공의 도망도 증가하였다. 지주와 고공의 관계는 신분보다는 노동을 매개로 한 수평적인 노동계약 관계였지만, 계약기간이 5년 이상으로서 장기적으로 고공의 이동을 제약하였다. 자유 신분인 고공의 도망을 이해하는 중요한 키워드는 조선의 신분제에 있다. 지주와 고공은 수평적 노동관계로 시작했지만, 신분사회는 노동하는 자를 모두 천한 자로 인식하여 고공을 노비와 같은 신분으로 취급했다.

조선 후기 이앙법의 확산으로 농업생산 시 3-9월 사이에 노동력을 집중적으로 사용하는 일시적 노동력이 필요해졌다. 신분 사회에서 노비는 농한기인 10-2월까지 일하지 못하고 쉬는 날이 더 많았다. 지주들은 효율적인 농업생산을 위해서 일시적으로 노동이 가능한 고공을 집중적으로 사용하였다. 국가의 부역에서도 양민이 직접 부역하는 대신 고공을 사용해서 대립하는 고립제나, 면포나 금전으로 납부하는 포납제가 허용되면서 고공의 사용이 늘었다.

제1부에서는 18-19세기 조선의 고공제와 노비제도에서 이들의 노동 이동성 제약이 생산성과 임금에 미치는 효과를 살펴보았다. 신분제가 노동 이동성을 얼마나 제약했는지 정도를 파악하는 데는 다양한 방법이 있지만, 강제노동의 척도로서 노동계약기간의 장단기 여부, 노동의 강요여부, 노동계약위반의 처벌 규정을 통해 파악할 수 있다.

노비제와 고공제는 임금을 장기적으로 묶어 두고 노동 이동성을 제약하므로 외부적 요인에 의해 미곡 가격이 상승하면 노동력을 확보하기 위해서 더 높은 임금을 제시하는 대신, 강제적으로 노동을 강요하였다. 강제노동과 임금인상이 불가능한 노비와 장기고공은 도망가는 경우가 많았다. 도망갈 수 없었던 노비와 고공은 태업과 파업을 통해서 강제노동에 대항하였으며, 이들의 생산성은 하락하였고, 이들에 대한 지주의 감시비용도 증가하였다. 조선은 19세기 유럽처럼 노동자가 국가의 법에 의존해서 공식적으로 대항하는 방법이 없었기 때문에 도망간 노비와 고공의 일부는 사회질서와 국가체제의 전복을 도모하는 민란에 가담하기도 했다. 19세기 초 잦은 민란은 조선의 국력을 쇠퇴시켰으며, 경제발전을 늦추었다.

제1장 | 고공제와 실질임금

전근대와 근대 사회를 구분하는 중요한 차이는 신분제의 존재 여부이다. 조선 후기 고공의 경제적 성격은 임금 등 대가를 받고 일하는 임금 노동자였다. 1680년 처음 제정된 고공법은 조선이 고공(雇工)이라는 신분을 새로 규정하여, 고공 문제를 신분제의 틀 안에서 관리하는 제도이다. 고공법은 신분제 틀 안에서 계약기간과 임금 등을 법으로 정하여 그 기간 동안 고공의 자유로운 이동을 제약하였다. 노동 이동성의 제약에 대한 기준은 고용계약 기간이 1년 이상 장기적이고, 고용계약을 위반하여 도망하는 경우 사적, 공적 형벌을 통해 노동을 강제하는 규정이 있는지 여부이다. 노동 이동성의 제약은 적합한 직업이나 작업장에서 숙련도와 생산성이 더 나은 노동자의 재배치를 통한 경제 효율성을 제한하였다. 또한, 고용계약기간의 장기화로 임금을 초기의 낮은 수준으로 유지하였다. 노동 이동성의 제약으로 노동의 체계적 분업이 불가능했으며 생산성도 점차 하락하였다.

이 장에서는 18-19세기 농업생산성과 임금의 하락 원인을 신분제에 의한 노동 이동성 제약에서 찾고자 한다. 이를 위해 먼저, 18-19세기 고공법의 변화에 따르는 고공 계약기간과 노동 이동성 제약을 제도적으로 살펴본다. 둘째, 고공법의 변화로 인해 노동 이동성이 어떻게 제약되었는지를 실증적으로 살펴본다. 이를 위해 단성과 언양 호적대장에서 나타난 고공의 계약기간 장기화 비율과 도망비율을 측정하였다. 이는 노동 이동성의 제약이 클수록 고공의 계약기간이 장기화되고, 도망도 증가하기 때문이다.

고공법에서 규정한 계약기간과 별도로 실제 호적에서 나타난 고공기간의 장기화 비율을 측정하는 이유는 고공법의 계약기간과 실제 생활에서 나타나는 고공기간이 다르기 때문이다. 고공법에 의해 계약기간이 길더라도 실제 고공의 이주와 도망이 증가하면 고공기간의 장기화 비율은 줄어들 수 있다. 한편, 고공계약이 강제적일수록, 고공과 지주 간 타협보다는 노동이 강제로 집행되었을 가능성이 크다. 이때 고공의 도망이 증가한다. 따라서 고공의 도망비율은 고공계약의 강요된 노동에 대한 지표로서 노동 이동성 제약을 반영한다.

하지만, 고공의 도망이 증가하는 것이 고공법의 강제성보다는 고공법이 제대로 실행되지 못하고 있는 사회적 배경을 나타낼 수도 있다. 1680년 고공법 제정 목적의 하나는 자립하지 못하여 주호에 의탁하지 않으면 생활을 할 수 없는 자들이 스스로 노비가 되는 '자매(自賣)노비'가 되는 것을 막기 위한 것일 수도 있다. 이 경우, 고공법은 자립이 어려운 자들이 노비가 되는 것을 막기 위한 진휼 목적으로서 자발적 계약이다. 고공법에 대한 사회적 배경과 도덕적 의도를 고려하면 고공법이 가지고 있는 노동 이동성 제약을 제대로 파악하기 힘들다.

18-19세기 고용법과 노동 이동성 제약이 노동생산성이나 임금에 미치는 사례는 영국의 사례에서 볼 수 있다.[1] 영국은 1348년 흑사병(Black death) 발병 이후 인구의 대규모 감소와 노동력 부족으로 1351년 강제적으로 노동을 강요하는 법(Statute of Laborers)이 처음 제정되었다. 1823년 영국 고용법(Master and servant Act)은 1351년 고용법의 연장선에서 제정되었다. 이 고용법의 동기는 산업혁명으로 석탄과 섬유 산업에서 장기적이고 안정적인 노동력 확보가 필요했고, 노동자의 입장에서도 장기적으로 실업의 두려움에서 벗어

1 Naidu and Yuchtman(2013).

나기 위해 자발적인 장기 노동계약을 통해서 위험을 공유하는 목적(risk-sharing)이었다. 계약기간은 1년 단위로 재계약을 전제로 하고 있다. 장기 고용계약은 노동 이동성을 제약했을 뿐 아니라 그 기간 동안 임금을 낮게 유지시키는 결과를 가져왔다. 장기계약을 맺은 노동자가 계약을 파기하고 도망을 가는 경우, 고용주가 그 노동자를 법원에 고발하면 국가는 그 노동자를 체포하여 3개월 징역형 또는 원래 직장으로 돌려보내는 강제노동을 집행할 수 있었다. 특히, 주인과 노예 간 신분적 상강률과 유사한 가부장적 행동규범(paternalism)이 장기 고용계약에 반영되었다.

임금상승 요인이 발생할 때 노동자들은 더 높은 임금을 좇아서 다른 사업장으로 몰래 옮겨 가는 일이 자주 발생하였다. 고용주들은 강제노동조항(3개월 징역형과 태형)을 사용하여 노동을 강요하였다는 점에서 노동 이동성의 제약이 있었다. 1858-1875년 노동자의 계약파기에 대한 고용주의 계약소송(prosecution)은 급증했다. 노동자들은 고용주의 강요노동 집행에 대항해서 계약파기의 정당성을 주장하고, 상소(repeal)를 통해 고용주에 대항하였다. 1867년 고용법(Master and servant Act)이 수정되었으며, 1875년 새로운 고용법(Employer and Workmen Act)의 제정으로 강제노동행위가 사라지고 노동 이동성이 증가하였다. 새로운 고용법의 도입 이후 고용주의 강요노동행위가 심했던 석탄과 섬유 산업에서 그렇지 않은 산업보다 임금이 더 빠르게 상승했다.[2] 이는 고용주의 강요노동행위와 노동 이동성 제약이 클수록

2 영국에서 강요 노동과 생산성의 관계에 대한 연구는 Steinfeld(1991, 2001), Steinberg(2003), and Hay and Craven(2004) 참조. 산업 노동에 대한 연구는 Botero et al.(2004), Caballero et al.(2004), Harris and Holmström(1982), Beaudry and DiNardo(1991)이 있으며, 농업 노동에 대한 연구는 Naidu(2010), Sadoulet(1992), Mukherjee and Ray(1995)를 참조.

노동생산성도 크게 제약되었다는 것을 실증적으로 나타낸다.

18-19세기 조선에서 수많은 사회제도가 변화하였고 생산성도 지속적으로 하락하는 추세였지만 생산성 하락을 가져온 원인에 대한 연구가 많이 부족하다. 조선 후기 생산성에 관련된 연구로서 노동투입을 절약한 이앙법의 발전이나 단위토지에 노동을 집약적으로 사용한 소농경영방식에 대한 연구가 있다.[3] 이들은 직접적으로 생산성보다는 농업기술과 경영방식의 변화가 생산성에 미치는 효과를 다루고 있다는 점에서 이 장의 목적과 다르다.

1. 고공법의 변화

1731년 노비제가 종천제에서 종모종양제로 변화면서 노비인구는 줄어들었고, 노비의 도망은 급증하였다. 18세기 이앙법의 확산으로 농업생산에서 3-9월 사이에 노동력을 집중적으로 사용하는 일시적 노동력이 더욱 필요해졌지만, 노비는 농한기인 10-2월까지 일하지 못하고 쉬는 날이 더 많았다. 지주들은 농업생산의 효율성을 위해 노비보다 농사철에만 집중적으로 고용이 가능한 고공을 선호하였다.[4]

처음 우리나라 고문헌에 나타난 고공은 의식주와 임금을 받고 짧게는 3-4개월, 길게는 1-2년 주인집에서 수시로 왔다 갔다 하는 일시적 노동자였다. 고공계약은 고공과 지주가 서로 대등한 노동관계를 전제로 계약기간과 임금을 정하는 것이었다. 하지만 이 시기 조선은 신분제 사회였으며 노동하는 자를 천하게 대하는 예속적 노동관계가 일반적이었다. 고공은 경

3 이영훈(1996, 2002).

4 김용섭(1990a, 1990b).

제적으로 대등한 노동관계이지만, 예속적 관계를 강조하던 신분제 사회의 규범과 맞지 않았던 이질적 계층이었다.

1678년 조선에 상평통보가 유통되면서 토지매매도 점차 증가하였다. 농업경제에서 토지매매의 증가는 농민의 토지이탈을 증가시켰다. 토지에서 유리된 농민들은 생계를 위해 도시나 다른 지역으로 흘러가 임금 노동자로서 생계를 이어 갔다. 이 시기에 토지를 가지지 못한 양반들도 노동을 매매하기 시작하면서 신분제가 흔들리기 시작했다. 고용은 고용주의 형태에 따라 사적인 고용(雇工)과 공적인 고용(雇役)으로 구분된다. 공적인 고용은 주로 국가의 군역, 신역 등을 대신하고 임금을 받는 고용노동이다. 고공은 형법상 노비보다 1등급 정도 상위 신분이며 후천적으로 얻어지는 사회적 신분제로, 양반, 중서인, 양인, 천민 등 누구나 고공이 될 수 있었다. 고공의 다양한 신분으로 인해 신분제에서 고공이 수평적 계약관계인 임금 노동자인가, 아니면 예속적인 노동자인가에 대한 논란이 많다.[5]

종양제로의 노비제 변화와 유랑농민의 증가는 사회적으로 많은 문제를 가져왔다. 첫째, 이들 유민의 증가는 조세원 감소로 이어져 조세수입의 감소를 가져왔고, 범죄나 민란과 같이 사회를 불안정하게 만드는 요소가 되었다. 둘째, 이들 유민의 일시적인 고용계약은 노동시장이 발달하지 않았던 현실에서 계약실행의 문제를 가져왔다. 일시적으로 고용되는 자가 자신도 모르게 불리하게 고용계약이 작성되어서 나중에 임금(雇價)지급에 대한 분쟁이 자주 발생하였다. 셋째, 고공의 신분도 다양하였으며, 고공의 형태도 함경도 지역의 노비와 같은 존재로서 함경도 고공, 진휼 차원에서 13세 이

5 윤용출(1998), 최윤오(1990), 박성수(1964), 김용섭(1990), 강승호(1999), 한영국(1979).

상 걸식자를 고공으로 사용하는 수양고공, 호적에 등재되는 입안고공 등으로 다양하였다. 고공의 형벌도 일괄적으로 모든 고공에게 똑같이 적용하는 것이 불가능했으며, 고공의 신분에 따라 다르게 적용하였다. 그러나 고공 숫자가 증가하면서 고공에 대한 형벌적용이 너무 복잡하고 일관적인 적용이 불가능해지면서 고공 신분을 별도로 규정할 필요가 생겼다. 넷째, 17세기 이후 국가 부역체제에서 고립제와 대립제가 발전하면서 고공의 수요도 증가하였고, 유랑 농민들이 도시의 고공인구로 유입되었다.

1680년 고공법

서로 다른 신분 출신의 고공에 대한 일률적인 형벌 적용과 임금 등의 문제를 해결하기 위해 조선은 중국 『대명률』을 참고하여 1680년 고공법을 제정하였다. 고공법은 고공 신분을 양민과 노비 사이의 신분으로 새롭게 규정하여 고공을 신분제의 틀에서 국가가 관리하고자 하였다.

고공은 조선 전기에 함경도 등 북방 지역을 중심으로 사용되었다. 고공은 14세기 중반에 처음 문헌에 언급되었으며, 이는 주로 고공의 처벌에 대한 규정이었다. 고공의 처벌규정은 중국 명나라의 법률인 『대명률』(1367년 제정, 1397년 수정)을 따라서 형벌이 정해졌다. 1392년 조선왕조가 들어서면서 『경국대전』(1397년)을 제정하였는데, 여기에서도 고공 조항은 단순히 고공의 형벌에 대한 것이었다. 1485년(성종 16) 『경국대전』 예전(禮典) 호구식(戶口式)에는 주호의 동거인으로 노비와 함께 고공의 이름과 나이를 기재하도록 하였다.[6] 『대명률』의 고공 형벌규정은 양민보다는 1-2등급 가혹하지만

---

6 『세종실록』 권15, 4년 2월 경인조(3일): "刑曹啓 … 大明律奴婢告家長 … 杖一百 徒三年 但誣告

노비보다 형벌을 낮추는 것이었다. 주인과 고공 간 분쟁, 고공의 죄에 대한 형벌 기준은 주인과 노비의 관계처럼 신분제적 상강률이 적용되었다. 예를 들어, 고공이 주인을 살해했을 때(능지처참형), 주인의 처와 딸을 간통하거나(참형), 주인에게 대항하여 주인과 주인의 친척을 구타하거나 사역노동을 거부할 때(장 60대), 자기 주인을 관아에 고발할 때(장 100대와 3년 감옥형)와 같이 신분적 상강률 형벌이 적용되었다. 이 같은 상강률 형벌은 고공이 자유로운 임금노동자가 아닌 신분제에서 주인에 종속되어 의식주를 제공받고 노동을 하는 예속인의 개념이었음을 나타낸다. 따라서 주인-노비의 관계처럼 신분 질서를 파괴하는 중대 범죄의 경우 노비와 같은 무거운 형벌이 적용되었지만, 그 외 범죄에서는 노비보다 1-2등급 감해진 형벌로 처해졌다.

유형원의 『반계수록』에서 "노비가 아니면 사역하지 않으며, 사람들은 노동을 기피하였다"고 언급하고 있는 것으로 미루어 볼 때 17세기까지 고공은 신분적 예속노동자이거나 유리걸식하는 자였다. 『경국대전』은 고공의 신분, 기간과 임금에 대해 전혀 거론하지 않았기 때문에, 사실상 고공의 계약기간은 노비와 같이 종신 기간이었다.

14-16세기 고공의 처벌을 상강률로 다스리는 사례는 다음과 같다. 1438년에 고공 승룡이 주인 강규의 딸과 간통하여 참형에 처해졌다. 주인 강규는 옥사를 담당한 하급관리였지만, 주인과 노비의 상강률을 어긴 죄를 물어 참형에 처했다.(『세종실록』 권83, 10월 정유) 한편, 주인이 사역노동을 거부하거나 대항하는 고공을 때려서 죽이는 일도 많았다. 고공은 양반과 중인, 양민

則絞 雇工人減一等 本朝永樂五年 議政府受教 各居婢夫 以雇工人論 今奴婢及婢夫奴妻 竝以斬論 有違時王之制 然奴主之分嚴 綱常所係 …"

보다는 천한 노비신분이 많았고, 이들에 대한 노동 강요방식은 범죄적 형벌인 태형이었다. 1781년 전주 이기석이 고공 임왕불리가 유기를 훔친 것으로 생각해서 자백을 받기 위해 사적 태형을 가하다가 분에 못 이겨서 구타해서 살해하였다. 이때 임왕불리는 그의 사위였다.(『심리록』 권4, 전라도 전주 이기석 옥사) 1783년 남원 노비 대이는 자신의 고공 말끔이가 자신의 아내의 여동생을 쫓아낸 것에 화가 나서 말끔이를 발로 차서 3일 만에 죽게 하였다.(『심리록』 권7, 전라도 남원노 대이 옥사) 연대미상의 사례에서 강진에 사는 유학 강주현이 고공 강만열을 때려서 죽인 사건이 기록되었다.(『금릉문안(金陵文案)』)

한편, 김천 김재엽가의 장 소사가 스스로 물에 빠져 죽은 사건에서 고공 임학봉의 성추행이 의심을 받게 된다. 임학봉은 고공보다는 일반인의 신분이 형벌을 낮추는 방법임을 알고 스스로 일반인 사환이라고 주장하였다.(『해영문안(海營文案)』 4책, 금천 장소사 사안) 1783년 전라도 보성의 정대인은 자신의 고공을 때려서 죽이고 자신의 형벌을 낮추기 위해서 그 고공이 자신의 노비라는 문권을 거짓으로 만들어서 주장을 하였다. 1529년 고공 차막송이 주인 오윤산의 딸 금이와 간통한 사건에서 고공이 주인의 신분과 같이 수군이라는 이유로 고공의 형량을 낮게 적용하였다.(『중종실록』 권66, 중종 24년 8월 경신) 1479년 주인의 딸 중금과 고공 황명전의 간통사건에서 고공과 주인의 신분이 양민이어서 참형을 보류하였다.(『성종실록』 권108, 성종 10년 9월 무술) 1494년 주인 김희가 자기 누이동생의 아들인 장손을 한 살 때부터 고공으로 사용하다가 때려서 사망하게 했다.(『성종실록』 권290, 성종 25년 5월 기미) 이 경우 주인 김희에게 고공률의 적용이 보류되었다.

1680년 고공법에서 고공임금에 대한 분쟁이 많았던 이유는 주인과 고공이 호적에 입안한 이후 고공의 신분은 법률에 의해 정해졌지만, 고공기간과 임금은 두 당사자 간 사적으로 한 구두계약이라 입증이 불가능했기 때문이다. 주인과 구두 합의에 의해 계약기간은 보통 1-3년이었으며, 임금은 1년에 봄, 여름, 가을, 겨울 등 네 차례로 나누어 주거나, 가을과 봄에 두 차례 지급하는 방식, 또는 1-3년의 계약기간이 끝난 뒤 한꺼번에 후불 임금을 주는 방식 등 다양한 형태여서 분쟁이 많았다. 주인과의 계약관계에서 약자의 입장이었던 고공에게 임금이 불리하게 지급되거나, 노비처럼 높은 노동 강도를 요구받는 경우도 많았다. 주인과 고공 간 임금분쟁에서 주인이 고공을 때려서 죽이는 살인사건으로 확대되거나, 고공이 스스로 분에 못 이겨서 목을 매는 경우도 나타났다.(『흠흠신서(欽欽新書)』 제7권, 상형추의 7, 『심리록(審理錄)』 권8, 경기도 갑신 동부 이범복 옥사) 자기 친족의 요청에 따라 생계와 진휼의 의미에서 고공으로 사용했다가 나중에 그 친족이 고공의 대가를 요구한 사례도 있다.(『선성문첩(善城文牒)』) 어느 유랑 걸식자가 주인에게 의식주 해결을 목적으로 고공을 해 주고 나서 임금을 받지 못하자 관에 소송을 제기하기도 하였다.(『선성문첩』)

시행 초기인 1680년에는 고공법의 내용을 잘 모르고 호적대장에 등재된 고공이 그 내용을 인지한 후 도망하는 경우가 많았다. 하지만 신분사회에서 도망하는 고공의 경우 사적인 형벌로 노동을 강제하거나, 고공이 사역 노동을 거부할 때 신분제적 상강률 형벌(장 60대)이 적용되었다. 『비변사등록』(51책, 숙종 26년 1700년 5월 2일)에서는 주인이 고공을 노비처럼 잔혹하게 사역시키고 사적 형벌을 가하여 고공은 그 주인의 혹사에 견디지 못하고 도망쳐서 숨는 자가 계속 이어진다고 하고 있다.

17세기 이후 조선은 강제 노동력 동원방식인 부역제가 완전하게 사라진 것은 아니지만, 부역 대신 국가의 노동력 수요를 고용노동으로 충당하면서 고공의 사용이 증가하였다. 공노비뿐 아니라 산릉역, 소사역, 영건역에서도 고립제가 확산되었다. 신역에서 원거리 입역에 따르는 어려움과 입역기간의 비용 등 부역제가 가지는 불합리성으로 15세기 이후 대립제가 합법적으로 진행되었다. 국가의 재정 수입을 목적으로 대립제는 납포제를 거쳐 고립제로 전환되었다. 요역에서도 고립제는 확대되었는데, 원거리 역군의 징발에 대한 비용 증가, 차역과정에서의 시간 소요로 각종 공사가 진행되지 못하고 농민의 요역 회피가 증가했다. 이를 해소하기 위해 결포제를 거쳐 고립제로 전환되었다. 이러한 고립제의 확대에 따라 노동력이 필요하였지만, 고립에 응하는 노동자는 많지 않았다. 17세기 말 도시에서 각종 고립을 주관하였는데, 이때 도시에 많은 인구가 유입되었다.

1680년 조선정부는 고공을 호적대장에 등재하여 관리하는 고공법을 새롭게 제정하였다. 고공법은 고공 신분을 새롭게 규정하였으며, 신분제 틀 안에서 고공 신분을 규정하고 이를 호적에 등재하여 정부가 관리하였다.[7] 1680년 고공법에서 고공의 계약기간은 호적대장 작성주기인 1-3년이었다. 하지만 1680년 고공법은 고공과 주인 간 계약을 파기하고 도망하거나 사역을 게을리하는 경우 고공의 강제노동에 대한 언급이 없다. 이 시기 노비의 강제노동방식은 노비가 도망가면 쫓아가서 추쇄를 해서 태형으로 다스렸

---

7 『秋官志』 권6, 考律部 定制 雇工條: "肅宗六年 備邊司啓目 以雇工事 議大臣 右議政閔鼎重以爲 雇工之名 不載於法典 獨咸鏡一道 自文武朝士儒品以下 凡有役之人 皆以良民望定 使之終身使喚 有同奴僕 其他各道 則俱無此法 只以民家一時作傭者 謂之雇工 此類旣以衣食供役其家 情分自別 然而若比之自官定給者 則不啻相懸 只循雇工之名 一如北道官定者 同斷則有非輕重 相適之道 必須別立事目 如有願爲雇工者 自官取招錄案 與一時傭役者 分而二之 名分素定然後 可成一定之制矣 … 一家中願屬者雖多 只役一二名 鄕曲土豪之類 如有憑此事目 多率挾戶 混稱雇工 受出立案者 嚴加禁斷 隨現重治 戊午年戶籍事目中 凡入籍者 奴婢雇工竝爲書錄 此等雇工 書錄入籍之類 則已在官籍 與初不入錄泛然傭役者有別 若無自官推閱之事 則其情願有無 不可知 今此別立事目時 亦當一體取招 立案然後 方以雇工施行 何如 依允."

다. 고공의 강제노동방식은 노비처럼 종속적인 관계로서 태형을 하거나, 고공기간 동안 후불로 지급되는 임금(인센티브 시스템)을 통제한 것으로 보인다.

고공법에서 고공을 해지할 때도 합의하에 관에서 호적을 회수하고 다음 식년 호적작성에서 그 신분을 삭제하도록 하였다. 중요한 점은 호적에 입안되지 않아서 국가가 관리하지 않지만, 일시적 고공도 허용하고 있었다는 점이다. 또한, 가구당 고공 숫자를 제한하여, 한 집에 1-2명을 넘지 못하도록 규정하였다. 이는 고공을 사칭하여 협호 등 불법적으로 종속인을 거느리면서 양민의 부역과 조세를 회피하는 것을 제한하는 조치였다. 양반 등 신분에 관계없이 유리걸식자인 경우 호적에 입안하여 앙역·솔양 고공으로 올릴 수 있다. 함경도 지방은 조선 변방지역으로서 처음부터 모든 공직자에게 고공이 지급되고, 이들을 노비처럼 사역하는 것이 오랜 관습이었다. 그것은 노비가 부족해서 양민을 점유해서 고공을 삼았던 것으로부터 유래하였으며, 함경도 고공은 노비처럼 대대로 사역하였기 때문에 세습하여 관리하라고 하였다.(『성종실록』 권188, 성종 17년 2월) 또한, 함경도는 인구가 작고, 군역의 부담이 컸기 때문에 정부는 고공을 가구당 2명까지 인정하였다.(『비변사등록』 권43, 숙종 15년 11월 25일) 1685년 함경도 고공도 자신의 의지와 관계없이 관에 의해 입안이 되어서 고공이 되는 것을 막기 위해서 자발적 고공만 입안하도록 하였다.[8] 1695년 고공법의 수정에서 고공 신분을 세분화하여 수양고공의 기준을 마련하였다. 수양고공은 13세 이상 유리걸식자의 경우 진휼 차원에서 수양고공으로 삼아서 의식주를 제공하고 종신토록 고공으로 삼는 것을 허락하였으며, 그가 낳은 자녀는 원래 직역으로 돌아가게 된다.

---

8 『비변사등록』 39책, 숙종 11년 1685년 3월 19일: "上曰 自今以後 一從雇工情願定給事分付各邑."

1783년 고공정제

1783년 고공정제는 1680년 고공법에서 규정되지 않았던 고공기간과 임금에 대한 규정을 새롭게 추가하였다.[9] 고공정제의 주요 내용은 첫째, 고공은 고주에게 5년 이상 고용되며, 10냥 이상 고가를 받는 존재로서 쌍방의 합의하에 관에 보고하여 호적에 등재한 자로 한다. 둘째, 단기고공을 호적에 입안된 5년 이상 장기고공과 구분하여 일반인으로 취급하며, 향촌의 관행에 따라 단기고공의 사적계약을 묵인하였다. 셋째, 수양고공의 호적 입안을 금지시켰다. 양반고공과 친족고공을 허용하여 신분적 예속성이 완화되었다. 1783년 고공정제로 인해 고공 노동의 질이 이전에 비해 향상되었지만, 고공기간은 5년 이상으로서 장기계약이었으며, 노동 이동성도 크게 제약되었다. 이에 따라 고공정제의 제정 이후 고공의 도망이 크게 증가하였다. 고공의 도망이 증가하고 주인과 고공의 분쟁이 지속적으로 증가하자, 국가에서도 고공의 계약기간을 일일 단위로 새로 고쳐서 단기고공을 법으로 허락하였다.

1833년 화고제

1833년 화고제(일고제)는 단기고공을 합법화하고 노동계약을 일일 단위로 전환하였고 하루 노동을 시키면 반드시 하루 임금을 지불하도록 했다.[10] 모든 고공의 형벌 기준도 하루 임금을 기준으로 형벌에 대한 대가를

---

9 『秋官志』 권6, 考律部 定制 雇工條.

10 『增補文獻備考』 권130, 刑考4 治盜, 中卷 506-507쪽: "設方略誘引人家男女 自取或轉賣 作雇傭者 不分首從皆笞一百懲役終身 … 假稱乞養或過房 … 和同相誘 自取或轉賣 作雇傭者 皆笞一百懲役三年 … 親屬作雇傭者 子若孫 懲役六個月 …"

금전으로 속전하는 규정을 두었다.[11] 화고제의 내용은 먼저, 고공계약은 고공과 주인 간 합의에 의해서 하며 임금을 일일 단위로 지급할 것, 둘째, 고용을 강제로 혁매하거나(형벌, 장 100대, 종신 징역형), 타인을 유인하여 고공을 몰래 만들지 말 것(형벌, 장 100대, 징역 3년), 셋째, 고공으로서 친족을 고용하지 말 것(형벌, 징역 6개월), 넷째, 고공의 죄에 대해 적용한 형벌을 벌금으로 속전할 수 있게 하며, 속전은 고공의 일일 임금을 기준으로 정할 것 등이었다. 화고제의 도입은 임금노동에 대한 인식이 이전에 비해 개선된 것으로서 노동 이동성이 크게 향상되었다. 화고제의 도입 이후 고공의 도망은 더 이상 나타나지 않았으며, 국가가 관리하는 고공의 등재기록도 호적대장에서 사라졌다.

흥미롭게도 이 시기 노비도 급격하게 줄어서 전체 인구의 2-3%에 불과하였으며, 노비와 고공의 신분차이도 거의 사라졌다. 화고제는 당시 일시적 단기노동이 보편화되고 있는 현실을 반영하여, 고공과 주인 간 새로운 임금과 조건으로 계약을 하였으며, 고공은 수시로 더 좋은 임금을 주는 곳으로 이동할 수 있었다. 1680년 고공법과 1783년 고공정제가 고공을 신분제 틀 안에서 호적대장에 입안하여 관리하는 방식으로 노동 이동성을 제한했다면, 1833년 화고제는 고공의 이동성을 크게 향상시켰다. 〈표 1〉은 18-19세기 고공제의 변화에 따르는 고공 계약기간과 노동 이동성 제약을 비교하였다. 조선에서 1680년 고공법과 1783년 고공정제, 1833년 화고제의 변화에서 흥미로운 몇 가지 사실을 확인할 수 있다.

11 『增補文獻備考』 권128, 刑考2 刑制2, 中卷 406쪽: “公私罪笞杖 收贖 每箇倣 雇丁一日雇錢 定之”

〈표 1〉 18-19세기 고공제의 변화와 노동 이동성 제약

	『경국대전』 (1397년 『대명률』 적용)	고공법 (1680)	고공정제 (1783)	화고제 (1833)
고공 계약 기간	· 예속 노동자로서 묵시적 무제한 계약기간 · 단기 노동의 내용 없음	· 묵시적으로 1-3년이며, 호적대장의 등재시기인 3년 주기와 일치 · 단기고공을 배제 않음	· 법으로 5년 이상 장기계약기간을 규정 · 단기고공을 배제 않음	· 법으로 일일 계약기간 규정 · 단기고공이 일반화
노동 이동성	· 예속 노동자로서 극단적 노동 이동성 제약	· 고공기간의 장기화로 노동 이동성 제약 높음	· 5년 이상 고공기간으로 노동 이동성 제약 증가	· 일일 고용계약으로 노동 이동성 제약이 사라짐
신분 특징	· 고공의 신분, 기간, 임금에 대한 규정 없음	· 고공의 도망 급증 · 고공기간과 임금 규정 미비로 분쟁 심화	· 장기고공기간으로 노비만 고공 신분으로 등재	· 임금 노동시장의 활성화 · 신분적 고공제 폐지

* 자료: 『경국대전』, 『秋官志』 권6, 考律部 定制 雇工條 참조. 저자 작성.

조선 『경국대전』 체제에서 초기 주인과 고공의 관계는 주인-노비의 관계처럼 신분제 틀 안에서 예속적이었으나, 1680년 고공법 제정 이후 당사자 간 쌍방합의하에 관에 보고하는 자발적 계약으로 전환되었다. 하지만, 고공은 계약기간과 임금에서 주인보다 불리한 입장이었다. 18세기 말까지 고공법에서 주인에 의한 고공 착취 및 강제노동에 대해 고공의 법률적 자위권은 거의 존재하지 않았다. 다만, 유교적 철학에서 주인의 가부장적인 자비와 호의적인 태도가 상강률처럼 고공에게 적용되었다. 1833년 화고제 이후 주인과 고공 간의 관계는 신분질서에서 벗어나 대등한 계약관계가 성립하였다.

2. 고공의 노동 이동성

여기에서는 1680년 고공법, 1783년 고공정제의 제정 이후 노동 이동성 제약 정도를 실제 호적대장에서 나타난 고공의 도망비율과 계약기간의 장

기화 비율로 측정하였다. 노동 이동성 제약이 심각할수록 고공의 도망비율은 높아지고, 고공기간은 장기화되었다.

18-19세기 전체 인구에서 고공의 도망비율을 파악하기 위해서 호적대장에 등재된 전체 인구와 고공의 호적기록을 참고하였다. 호적대장은 대구, 울산, 단성, 언양, 상주, 산음, 진해 등 여러 지역에서 존재하지만 고공 자료가 나타나는 단성 호적대장(1678-1860년)과 언양 호적대장(1777-1861년)을 사용하였다. 단성 호적대장은 단성현의 8개 면 호적대장이며, 1606년, 1678-1789년, 1825-1832년, 1861-1867년에 걸쳐 18개 식년의 호적이 기록되었다. 이 가운데 고공의 기록이 남아 있는 호적대장은 1678-1789년까지 13개 식년의 호적이며, 1789년 이후 호적대장에서 고공기록이 나타나지 않았다. 언양 호적대장은 언양현의 6개 면 호적기록이며, 1711년, 1777년, 1795년, 1813년, 1825년, 1858년, 1861년까지 8개 식년의 호적대장이 남아 있다. 특히, 1795년과 1813년의 호적대장은 6개 면 가운데 3개 면의 기록만 남아 있고, 1825년은 1개 면의 기록이다. 언양 호적대장에서 고공은 1825년 이후

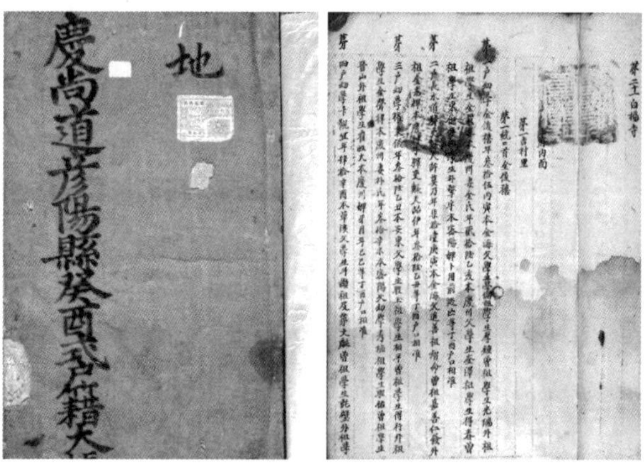

18-19세기 언양 호적대장 표지와 내용. 출처: 한국학중앙연구원.

더 이상 나타나지 않았다.[12] 호적대장의 자료에서 1680년 고공법 제정 이전의 자료가 1678년 이외에 없기 때문에 1680년 고공법의 효과를 고공법 제정 이전과 이후로 나누어서 비교하기 어렵다. 하지만, 단성과 언양 호적대장의 자료 자체만으로도 고공법 이후 노동 이동성 제약에 대한 유의미한 결과를 도출할 수 있었다.

〈표 2〉는 단성과 언양 호적대장에서 나타난 고공인구의 추세이다. 고주호는 자신의 호적에 고공을 입안한 주인 호를 말한다.

〈표 2〉 18-19세기 조선 경상도 단성과 언양 고공인구(단위: 명, %)

단성 호적대장						언양 호적대장					
식년	고공	고주호	호당 고공수	고주호/총호수	고공/총인구	식년	고공	고주호	호당 고공수	고주호/총호수	고공/총인구
1678	135	118	1.14	5	1.6	1777	**419**	**261**	1.60	21	4.8
1717	140	117	1.20	3	1.2	1795	**196**	**148**	1.32	24	4.0
1720	128	99	1.29	3	1.0	1798	**377**	**246**	1.53	20	3.7
1729	**238**	**182**	1.31	5	1.7	1813	155	93	1.66	15	2.8
1732	**213**	**175**	1.22	4	1.6	1825	71	58	1.22	19	2.8
1735	**188**	**159**	1.18	6	2.0	1858	0	0	0	0	0
1750	86	69	1.25	2	0.7	1861	0	0	0	0	0
1759	50	40	1.25	1	0.4	계	1218	806	1.51	20	3.8
1762	40	34	1.18	1	0.3						
1780	8	8	1.00	0.2	0.06						
1783	2	2	1.00	0.07	0.01						
1786	2	2	1.00	0.03	0.01						
1789	4	4	1.00	0.01	0.03						
계	1234	1009	1.22	2.3	0.77						

* 자료: 단성과 언양현 호적대장 참조. 저자 작성.
** 고주호는 호적대장에서 고공을 보유한 주호를 나타낸다.

12 『慶尙道彦陽縣戶籍大帳』 上·下(釜山大學校 韓國文化硏究所, 1989).

단성에서 1678-1729년까지 고공과 고공을 보유한 주호(고주호)의 숫자가 꾸준히 증가하면서 고공 사용이 확대된 반면, 노비제가 종양제로 전환되는 1729-1732년 이후 그 수는 감소되었다. 단성 고공의 수는 1678년 135명에서 1729년 238명까지 지속적으로 증가하였지만, 그 이후 1732년 213명, 1735년 188명으로 감소하였다.[13] 고공을 보유한 주호도 1678년 118호에서 1729년 182호를 정점으로 1732년의 175호, 1735년의 159호로 점차 감소하였다. 호당 고공의 수는 1678년의 1.14명에서 1729년 1.31명까지 증가했다가 그 이후 감소하여 18세기 후반에는 호당 1명의 고공을 보유하였다. 이 시기는 노비제가 종천제에서 종양제로 전환되는 시기와 거의 일치한다는 점에서 흥미로운 시사점을 가진다. 예를 들어, 고공은 노비의 대체 노동력으로서 사용되었을 가능성도 있다.

한편, 언양에서 1777년 고공인구는 419명에서 정점을 보이다가, 그 이후 감소하여 1825년 이후 호적대장에서 사라졌다. 고공을 보유한 주호는 1777년에 261호로 피크를 보이다가 1798년 246호, 1813년 93호, 1825년 58호로 감소하였다. 고공이 전체 인구에서 차지하는 비중은 1777년 4.8%, 1795년 4.0%, 1798년 3.7%였으나, 19세기 들어서 1813년과 1825년에 2.8%로 감소하였다.

요약하면, 단성 고공은 1729-1732년을 기준으로 그 이전에는 고공이 점차 증가하였지만, 그 이후 감소하는 추세를 보인다. 언양 고공은 1777년을 기점으로 1783년 고공정제의 개정 이후 고공이 점차 감소하여, 1825년 이후에는 더 이상 호적에 나타나지 않았다. 이처럼 고공인구의 변화는 고공법의 변화와 밀접하게 관련이 있다. 단성과 언양 호적을 비교하면 언양은

---

13 1735년(영조 11) 호적대장의 경우 파손이 많아서 고공이나 고주호의 수는 이보다 많았을 것이다.

단성에 비해 호수 대비 고주호의 비율이 3-4배나 높을 뿐 아니라 인구당 고공의 비중도 높다. 언양은 단성에 비해 고공이 사라지는 시기도 늦었을 뿐만 아니라 고공이 광범위하게 사용되었다. 이처럼 두 지역에서 고공의 차이는 언양이 단성에 비해 양반이 적은 농촌이었으며 농사짓기 어려운 산악지역으로서 상대적으로 노비의 수가 적었다. 그로 인해 노비의 대체 노동으로 고공을 활용했을 것으로 보인다.

〈표 3〉은 단성과 언양에서 고공의 신분과 성별 특성을 살펴보았다. 고공의 신분과 성별 특성은 고공의 도망과 노동 이동성 제약에 실마리를 제공한다.

〈표 3〉 단성과 언양 고공의 신분별·성별 비중(단위: 명, %)

식년	단성 고공의 신분별·성별 비중				
	양인 남자	양인 여자	노	비	계
1678	32 (29%)	5 (4%)	58 (53%)	14 (13%)	109 (100%)
1717	8 (8%)	1 (1%)	72 (75%)	15 (15%)	96 (100%)
1720	8 (8%)	1 (1%)	78 (78%)	12 (12%)	99 (100%)
1729	9 (5%)	6 (3%)	133 (74%)	32 (18%)	180 (100%)
1732	1 (0.7%)	3 (2.3%)	95 (74%)	29 (23%)	128 (100%)
1735	8 (5.3%)	2 (1.3%)	109 (73%)	31 (20%)	150 (100%)
1750	5 (8%)	1 (2%)	37 (62%)	17 (28%)	60 (100%)
1759	1 (2%)	0 (0%)	26 (56%)	19 (41%)	46 (100%)
1762	2 (5%)	1 (2%)	21 (50%)	12 (28%)	42 (100%)
1780	0 (0%)	0 (0%)	1 (14%)	6 (86%)	7 (100%)
1783	0 (0%)	0 (0%)	0 (0%)	2 (100%)	2 (100%)
1786	0 (0%)	0 (0%)	0 (0%)	1 (100%)	1 (100%)
1789	0 (0%)	0 (0%)	0 (0%)	3 (100%)	3 (100%)
계	74	20	634	194	922

식년	언양 고공의 신분별·성별 비중			
	남자	여자	미정	계
1777	107 (25%)	292 (70%)	20 (5%)	419 (100%)
1795	63 (32%)	115 (59%)	18 (9%)	196 (100%)
1798	151 (40%)	215 (57%)	11 (3%)	377 (100%)
1813	20 (13%)	135 (87%)	0 (0%)	155 (100%)
1825	30 (42%)	32 (45%)	9 (14%)	71 (100%)
계	371	789	58	1218

* 자료: 단성과 언양 호적대장 참조. 저자 작성.
** 앞 표의 고공인구와 차이는 고공의 신분과 성별 구분이 불확실한 경우, 제외했기 때문임.

단성 고공의 신분별 변화는 1678년에 양인남자가 29%, 양인여자가 4%로서 전체 고공에서 양인 신분의 비중이 33% 정도로 높은 편이었다. 그 이후 양인의 비중은 감소하여 1717-1735년 사이에는 10% 정도를 보이다가 1780년 이후에는 양인의 비중이 급감한 반면 노비의 비중은 급증하였다. 결국, 18세기 고공 신분에서 양인은 점차 사라지고 노비화 과정을 보인다. 한편, 언양 고공의 신분을 구분하여 파악할 수 있는 해는 1777년이 유일하다. 1783년 고공정제의 실시로 인해 고공 신분을 별도로 규정하여 호적에 입안한 장기고공에 한해서 고공 신분을 부여하고 양인과 노비 사이의 신분으로 규정하였다. 따라서 1777년 이후 고공 신분은 별도로 분류하지 않고 남녀로만 구분하였다. 고공의 성별은 1777년 고공 419명에서 남자가 25%, 여자가 70%로 여자가 압도적으로 많다. 그 이후로도 여자의 비중은 1795년 59%, 1798년 57%, 1813년 87%로 남자에 비해 높았다.

〈표 4〉와 〈표 5〉는 단성과 언양 호적대장에 기재된 고공의 나이를 연령대별 분포로 나타낸 것이다.

단성 고공의 나이는 농업생산에 있어 노동생산성이 가장 높은 청장년인 16-40세의 비중이 1678-1735년까지 43-68%로 유지되었다.[14] 그 이후 16-40세의 비율은 감소하고, 대신 생산노동력 가치가 낮은 1-15세의 비율은 뚜렷이 증가하였다. 결국 단성 고공은 1735년 이후 노비화, 연소화, 여성화되었다. 이를 통해 고공이 농업생산보다 가사노동으로 사용되었다는 것을 알 수 있다. 이 같은 단성 고공의 성격은 언양 호적대장과 연결하여 살펴보면 분명하게 파악할 수 있다.

---

14 久間健一(1935)는 조선에서 노동능력을 발휘하는 남자의 나이를 19-50세로 보았다.

〈표 4〉 단성 고공의 연령별 비중(단위: 명, %)

식년	단성 고공의 연령별 비중							합계
	1-15세	16-30세	31-40세	41-50세	51-60세	61세 이상	미상	
1678	21 (19%)	65 (60%)	9 (8%)	7 (6%)	1 (1%)	3 (3%)	2 (2%)	109 (100%)
1717	10 (10%)	26 (27%)	21 (22%)	25 (26%)	8 (8%)	3 (3%)	3 (3%)	96 (100%)
1720	9 (9%)	26 (26%)	19 (19%)	24 (24%)	11 (11%)	6 (6%)	4 (4%)	99 (100%)
1729	33 (18%)	47 (26%)	32 (17%)	24 (13%)	26 (14%)	7 (4%)	8 (4%)	177 (100%)
1732	20 (15%)	56 (41%)	19 (14%)	16 (11%)	21 (15%)	3 (2%)	1 (0.7%)	136 (100%)
1735	20 (14%)	60 (40%)	30 (20%)	17 (11%)	12 (8%)	4 (3%)	5 (3%)	148 (100%)
1750	19 (31%)	11 (18%)	2 (3%)	11 (18%)	11 (18%)	6 (10%)	-	60 (100%)
1759	15 (33%)	18 (40%)	2 (4%)	4 (9%)	3 (7%)	3 (7%)	-	45 (100%)
1762	4 (11%)	19 (52%)	-	-	1 (2%)	2 (5%)	10 (28%)	36 (100%)
1780	1 (14%)	2 (28%)	3 (42%)	-	-	-	1 (14%)	7 (100%)
1783	-	2 (100%)	-	-	-	-	-	2 (100%)
1786	1 (100%)	-	-	-	-	-	-	1 (100%)
1789	-	2 (66%)	-	-	1 (37%)	-	-	3 (100%)
계	153 (16.6%)	334 (36.2%)	137 (14.9%)	128 (13.9%)	95 (10.3%)	37 (4.0%)	34 (3.7%)	922 (100%)

* 자료: 단성 호적대장 참조. 저자 작성.

〈표 5〉 언양 고공의 연령별 비중(단위: 명, %)

식년	1-15세		16-30세		31-40세		41-50세		51-60세		61세 이상		미상	계
	남자	여자	남자	여자	남자	여자	남자	여자	남자	여자	남자	여자		
1777	8 (2%)	101 (24%)	30 (7%)	101 (24%)	34 (8%)	39 (9%)	17 (4%)	22 (5%)	8 (2%)	14 (3%)	8 (2%)	17 (4%)	20 (5%)	419 (100%)
1795	10 (5%)	65 (33%)	23 (12%)	41 (21%)	20 (10%)	4 (2%)	4 (2%)	4 (2%)	3 (3%)	2 (1%)	2 (1%)	0 (0%)	18 (9%)	196 (100%)
1798	11 (3%)	102 (27%)	74 (20%)	74 (20%)	30 (8%)	15 (4%)	18 (5%)	11 (3%)	11 (3%)	4 (1%)	8 (2%)	8 (2%)	11 (3%)	377 (100%)
1813	3 (2%)	79 (51%)	6 (4%)	49 (32%)	5 (4%)	2 (1%)	2 (1%)	2 (1%)	0 (0%)	3 (2%)	3 (2%)	2 (1%)	0 (0%)	155 (100%)
1825	2 (3%)	14 (20%)	13 (18%)	11 (15%)	7 (10%)	0 (0%)	3 (4%)	5 (7%)	5 (7%)	1 (1%)	0 (0%)	1 (1%)	9 (14%)	71 (100%)
계	34 (2.8)	361 (29.6)	146 (12.0)	274 (22.5)	96 (7.9)	60 (4.9)	44 (3.6)	44 (3.6)	27 (2.2)	24 (2.0)	21 (1.7)	28 (2.3)	58 (4.7)	1218 (100%)

* 자료: 언양 호적대장 참조. 저자 작성.

언양 고공은 1777년 1-15세의 비중이 남자 2%, 여자 24%로 나이가 어린 여자고공의 비중이 높았다. 16-40세의 비중은 남자 15%, 여자 33%였다. 1813년에 1-15세의 여자 비중이 급격히 증가하면서 51%였으며, 남자 비중은 2%로 감소하였다. 16-40세의 남자는 8%, 여자는 33%였다. 농업생산 노동력으로서 부적당한 51세 이상 연령의 분포는 1798년, 1813년, 1825년에도 거의 변화가 없고 전체 비중도 낮았다. 언양 고공의 평균 나이는 1777년 남자 31세, 여자 16세였으며, 남자가 여자보다 10-15살 많았다. 1813년에는 남자 33세, 여자 15세였으며, 남녀 간 나이 차이는 18살이었다.

19세기 초반까지 언양 고공도 연소화되었고, 여자 비중이 증가했으며 남자와 여자의 평균 나이 차이는 10-15세로 나타났다. 특히, 남자 고공은 농업생산에 적합한 나이인 30대였으나, 여자는 나이가 어린 10대 중후반이었다. 여자고공은 생계를 목적으로, 남자고공은 생산노동을 목적으로 서로 다르게 사용된 것으로 보인다.

1680년 고공법의 제정 이후 초기 호적에 입안된 고공은 신분하락과 노동 이동성 제약을 느끼면서 적극적으로 도망갔다. 1729-1732년 노비제가 종양제로 전환된 이후 고공의 도망비율은 감소하였지만, 고공계약은 장기화되었다. 고공기간의 장기화는 고공이 생산노동이 아니라 생계를 목적으로 가사노동을 하던 나이 어린 여성고공이 급격하게 증가했기 때문이다.

〈표 6〉과 〈표 7〉은 단성과 언양의 호적대장에서 나타나는 고공의 도망 사례를 보여 주고 있다. 호적대장에 기재된 고공의 출입은 크게 재래(在來), 가현(加現), 유고(有故) 고공으로 구분된다. 고공의 유고원인은 도망(逃亡), 이거(移居), 사망(死亡) 등이 있으며, 고공의 도망비율을 살펴보면 고공의 노동 이동성 제약을 추정할 수 있다. 가현고공은 전 식년(3년 전)에 없다가 현 식

년에 새로 나타난 고공이며, 유고고공은 전 식년 호적 작성 이후 사망, 이거, 도망으로 현재 없는 자이다. 재래고공은 전 식년과 현재 식년에 계속해서 주인 호에 머무는 고공이며 재래고공의 비율이 가현고공보다 증가할수록 고공계약이 장기화된다는 것을 알 수 있다.

〈표 6〉 단성 고공의 도망 추이(단위: 명, %)

식년	고공 재래	단성 고공의 유고				고공 가현	고공 도망비율	고공 총계
		이거	도망	사망	유고 총계			
1678	47	20	3	2	25	66	2.2	135
1717	46	22	16	6	44	51	11.4	140
1720	40	14	11	4	29	59	8.6	128
1729	49	27	27	4	58	131	11.3	**238**
1732	68	27	49	8	84	63	23.0	**213**
1735	37	14	13	11	38	113	6.9	**188**
1750	39	13	14	10	37	66	16.3	86
1759	27	1	3	0	4	19	6.0	50
1762	35	3	1	0	4	1	2.5	40
1780	6	1	0	0	1	1	0	8
1783	0	1	0	0	1	1	0	2
1786	1	0	1	0	1	0	50.0	2
1789	3	0	1	0	1	0	25.0	4

* 자료: 단성 호적대장 참조. 저자 작성.

단성 고공의 도망비율은 1678년 2%였으나, 1680년 고공법 제정 이후 1717년 11%, 1729년 11%, 1732년 23%로 증가했다. 하지만 종양제 전환 이후 고공의 도망비율은 점차 감소하였다. 이는 앞에서 살펴본 것과 같이 1729-1732년 이전 고공은 생산노동으로서 청장년층이었으며 노비의 대체노동이었으나, 그 이후 고공이 여성화, 연소화되었으며 고공기간은 장기화된 것을 말해 준다. 이러한 고공의 특성 변화는 노비제의 변화 시기와 일치하고 있다. 1783년 고공정제로 고공계약이 장기화되면서 노동 이동성의 제약이 증가했으며, 그에 따라 고공의 도망도 다시 급증하였다.

〈표 7〉에서 언양 고공의 도망비율은 1783년 고공정제 이후 1777년 14.3%에서 1798년 15.4%로 증가하였다. 하지만, 1813년과 1825년 언양 고공의 도망비율은 각각 2.6%, 4.2%로 급격하게 줄었다.

〈표 7〉 언양 고공의 도망 추이(단위: 명, %)

식년	재래		언양 고공의 유고								가현		고공도망 비율	총계
			이거		도망		사망		유고 총계					
	남	여	남	여	남	여	남	여	남	여	남	여		
1777	49	143	12 (38)	9 (8)	16 (50)	44 (38)	4 (12)	64 (54)	32 (100)	117 (100)	26	32	14.3	**419**
1795	23	53	6 (28)	1 (6)	12 (54)	7 (47)	4 (18)	7 (47)	22 (100)	15 (100)	19	48	9.7	**196**
1798	58	94	13 (28)	3 (4)	22 (49)	36 (46)	10 (23)	40 (50)	46 (100)	79 (100)	48	42	15.4	**377**
1813	13	103	3 (75)	4 (25)	1 (25)	3 (19)	0 (0)	9 (56)	4 (100)	16 (100)	3	17	2.6	155
1825	21	16	5 (56)	0 (0)	2 (22)	1 (6)	2 (22)	15 (94)	9 (100)	16 (100)	0	0	4.2	71

* 자료: 언양 호적대장 참조. 저자 작성.

19세기 고공의 도망이 감소한 것은 신분제 약화와 1833년 화고제로 일고의 사용이 늘면서 신분 예속성도 많이 완화되었기 때문이다. 〈그림 1〉은 18-19세기 언양 고공의 도망비율을 나타내고 있다.

고공의 도망은 노비제가 종양제로 전환되는 1729-1732년까지 정점에 도달하였으나, 그 이후 감소하였다. 1729-1732년 이후 고공의 도망비율이 감

〈그림 1〉 1777-1825년 언양 고공의 도망비율

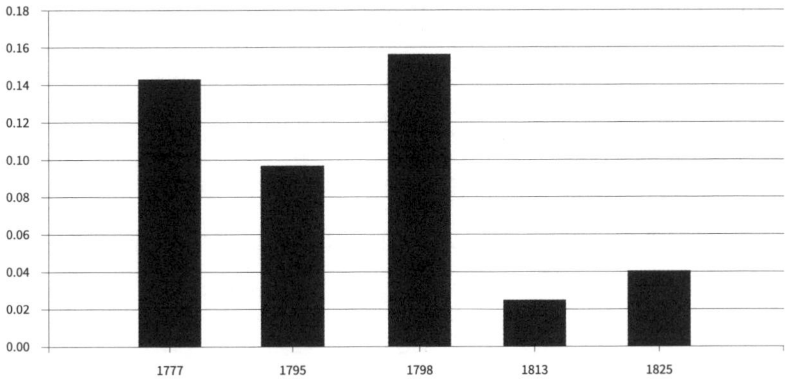

* 자료: 언양 호적대장 참조. 저자 작성.

〈그림 2〉 1777-1825년 언양 고공의 재래비율

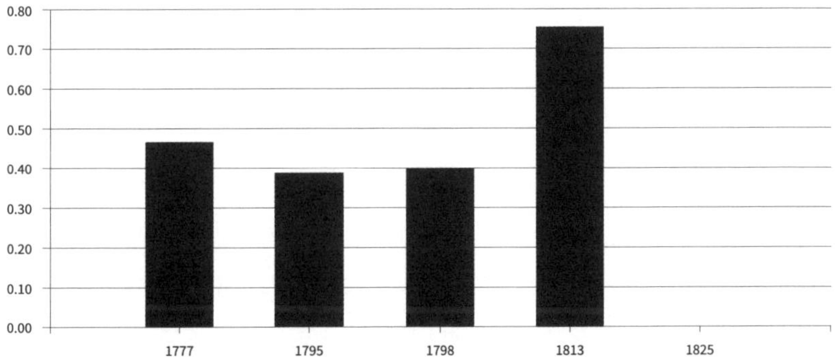

* 자료: 언양 호적대장 참조. 저자 작성.

소한 이유는 노동 이동성이 개선되었기보다는 고공의 특성이 변화되면서 도망 대신 고공기간이 장기화되었기 때문이다. 즉, 토지에서 이탈된 농민 가운데 나이 어린 여자고공은 생계를 위해 가사노동을 목적으로 주인 호에 오랫동안 의탁하여 고공기간이 장기화되었다. 이 경우 고공은 노동 이동성 제약보다는 생계유지를 목적으로 주인 호에 머무는 기간이 길어지고 도망도 점차 감소했다. 1729-1732년 이후 고공의 도망은 줄었으나, 나이 어린 여자고공 위주로 고공의 계약기간은 증가하였다.

〈그림 2〉는 고공기간의 장기화 정도를 추정하기 위해서 언양의 고공인구 가운데 재래고공의 비율을 추정해 보았다. 재래비율이 높아질수록 동일한 주호에서 의탁하는 고공의 기간이 길어진다는 것을 나타낸다.

3. 단기노동과 실질임금

조선 후기 농업생산성은 엄밀하게 토지생산성과 노동생산성으로 구분된다. 기존 연구는 농업생산성의 변화를 주로 토지생산성에 영향을 미치는 외부적 요인으로 파악하고 있다. 즉, 산림 황폐화와 수리시설 파괴, 기후변화 등은 토지생산성에 영향을 미치는 외부적 요인이다. 이 장에서는 고공법 등 제도변화가 노동 이동성을 제약하였으며, 이는 경제 효율성과 노동생산성을 떨어뜨리는 요인이 될 수 있다는 점을 보여 주고 있다. 특히, 1833년 화고제 이후 노동 이동성의 제약이 완화되면서 노동시장이 활성화되었으며, 그 증거로서 단기고공의 노동비중이 증가하고 실질임금도 크게 상승했다. 농촌의 실질임금 자료는 전라도 영암 남평문씨의 일기와 경상도 예천 박조수씨의 추수기에서 발췌하였다. 18-19세기 단기고공과 그 생산성 자료는 단성 김인섭(1827-1903)의 『단계일기(端磎日記)』(1846-1903), 칠곡 광주이씨 추수기와 예천 박조수씨의 추수기에서 발췌하였다.

18-19세기 칠곡 광주이씨 추수기는 1680년 고공법의 시행 이후 농업생

산성이 지속적으로 하락하였다는 것을 보여 주고 있다.[15] 이때 농업생산성을 나타내는 대용변수는 토지면적(두락)당 미곡 생산량(석)을 사용하였다. 칠곡 지역은 단성과 언양 지역에서 멀지 않은 경상도 지역이어서 생산성 추세가 단성, 언양과 크게 다르지 않았을 것이다. 칠곡 광주이씨가는 칠곡 가작지의 경우 노비와 고공을 이용해서 농사를 직접 경영하였으며, 멀리 떨어진 성주 토지에서는 소작인에게 병작을 주었다. 가작지의 경우 직접 노동을 사용하므로 노비와 고공의 실질임금이 중요하였다. 1680년 고공법 제정 이후 노비뿐 아니라 고공의 도망으로 노동생산성이 감소하고 노동비용은 증가하였다. 호적에 등재된 장기고공은 노비와 같이 농업의 특성상 농한기에 계절적 실업을 가져오므로 비효율적이었다.

18-19세기 토지생산성이 하락하는 추세에서 양반지주는 생산성을 향상시키기 위해서 강제노동을 시키는 노비제보다는 보상인센티브 방식을 선호하게 되었다. 1680년 고공법에서 장기고공은 단순노동을 사용하는 농업생산에 투입되었는데, 단순노동(work-effort labor)의 생산성을 증가시키기 위해서 강제노동방식(pain incentive)을 사용하였다. 하지만 강제노동방식에서는 노동생산성이 한계에 도달하면 고공이 더 이상 열심히 일하지 않으려 하는 파레토 안정상태(pareto-stable)에 도달한다. 강제노동방식에서 지주가 고공의 생산성을 높이기 위해 강제적으로 일을 시키면 고공의 태업과 도망으로 오히려 생산성이 하락한다. 이에 따라 주인의 노동관리비용(monitoring cost)은 증가하였다. 장기고공의 생산성 하락으로 지주들은 생산성을 높이기 위해 강제노동보다는 보상인센티브 방식을 채택하였다. 보상인센티브에서

15 김건태(2004).

지주들은 장기고공보다는 이동이 자유로운 일시적 단기고공을 사용하는 일일 노동계약제(labor contract)를 택하였다.[16]

1833년 화고제 이전 고공법에서는 고공기간이 장기적이었고, 노동 이동성도 제약되었으며 임금의 변화도 없었다. 하지만 화고제 이후 고공기간이 일일 계약 형태로 바뀌고, 임금도 일전을 기준으로 지급하면서 노동 이동성은 크게 증가되었다. 농업생산에서 단기고공은 더 높은 임금과 좋은 노동환경을 제공하는 곳으로 자주 이동하였다. 그에 따라 일고의 생산성과 실질임금도 상승하였다. 양반 지주가 단기고공에게 지급한 실질임금은 1833년 화고제 이후 빠르게 상승하였다. 실질임금은 일일 단위로 지급되었으므로, 이를 연간 실질임금으로 전환하였다. 한 달에 농업 작업이 가능한 일수를 25일로 계산하고, 겨울 농한기를 빼고 연간 10개월 정도 농업 일을 한다고 가정하였다.

〈그림 3〉은 단기노동자인 일고의 실질임금 변화추세를 나타내고 있다. 일고의 실질임금은 1833년 화고제 이후 급격하게 상승하였으며, 1850년에 정점에 도달하였다. 1833-1850년 실질임금의 상승은 화고제 이후 단기 노동의 확대와 노동 이동성이 개선되면서 나타나는 현상이다. 일고는 토지가 없는 무산자이지만 소규모 토지가 있는 소작농이나 자작농도 일고로 고용되었다. 일고의 실질임금(미곡 기준)은 공노비가 폐지되는 1801-1805년 5-15석이었는데, 1833년 화고제 시행 이후 1850년 30석으로 50년 동안 200-600% 이상 급등하였다. 조선 후기 노동 이동성 개선과 단기고공의 사용

16 단순노동자의 경우 강제노동방식이 생산성을 증가시킨다는 주장은 Lynn(1971)을 참조. 노동방식과 보상인센티브에 대한 연구는 Fenoaltea(1984) 참조.

<그림 3> 18-19세기 조선 일고의 실질임금 변화(단위: 미가 기준)

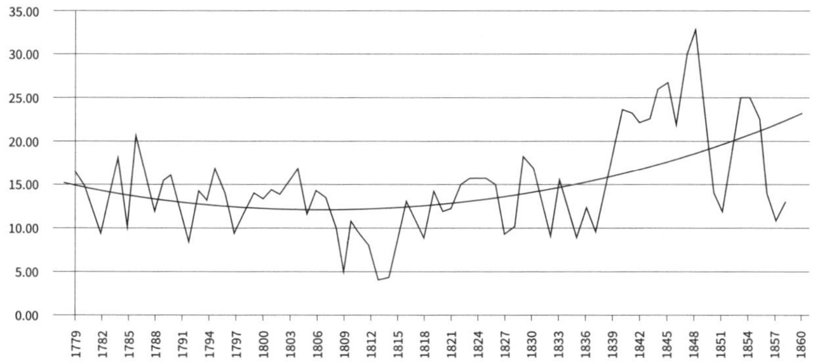

* 자료: 전라도 영암 남평문씨 일기와 경상도 예천 박조수씨의 추수기 참조. 저자 작성.

사례를 구하기 쉽지 않다. 이는 호적대장에 등재되는 장기고공과 달리 일고의 사회적 형태를 기록한 자료가 없기 때문이다. 18-19세기 일고의 사용 사례는 칠곡 광주이씨의 추수기에서 확인할 수 있다.

1724년 칠곡 광주이씨가는 가작 답을 20-30두락 소유했으며, 노비 23명과 고공을 포함한 작인 15명을 사용했고, 1742년에는 노비 13명과 기타 작인 16명의 노동력을 사용했다. 이때 노동력 가운데 노비 비중이 45-61%로서 노비가 주요 노동력으로 기능하였다. 이 집안의 거주지였던 칠곡과 멀리 떨어진 성주의 농사에서는 1724년과 1742년 노비의 노동 비중이 37-47%로 칠곡에 비해 적고 그 대신 기타 작인의 비중이 53-63%로 컸다.

1833년 화고제 시행 이후 경상도 예천의 박조수씨가 사례도 단기고공의 사례와 노동 이동성이 개선되었다는 것을 잘 보여 주고 있다. 경상도 예천 박조수가는 1875-1901년 평균 30-40두락의 가작지 경영을 하였다. 1875년 총 연간 노동인원은 281명이었으며, 1901년 연간 노동인원 204명에서 노비는 없고 일고는 64명(31.5%), 연고는 80명(39.1%), 기타 노동력이 60명(29.3%) 정도였다. 일고는 5-6월에 집중적으로 고용되었고 전체 연간 노동의 사용 가운데 71.4%에 달했다.

이 장에서는 18-19세기 조선의 생산성 하락 원인으로서 고공제 변화에 의한 노동 이동성 제약을 제시하고 있다. 1680년 고공법은 신분제의 틀 안에서 고공 신분을 규정하였으며, 노동 이동성을 제약했다. 법률 시행 초기에 정부정책의 의도를 파악하지 못하여 호적대장에 입안했던 고공은 도망하기 시작하였다. 1729-1732년 종양제 이후 고공 도망은 줄어들었지만, 생산노동으로서 청장년 고공의 수는 줄어들고, 생계목적으로 나이 어린 여자고공이 증가했다. 여자고공은 주인 호에 의탁하여 가사노동을 하였으며, 고공기간은 장기화되었다. 1783년 고공정제의 제정으로 계약기간이 5년 이상 길어졌고, 노동 이동성도 이전보다 제약되었다. 고공 계약기간이 길어질수록 고공의 도망은 일시적으로 증가했고, 생산성은 떨어졌다. 하지만 1833년 화고제 이후 고공은 일일 계약으로 전환되었고, 노동 이동성은 개선되었으며 이는 단기고공의 사용 확대와 실질임금의 상승으로 나타났다. 화고제의 시행은 조선이 고공 문제를 신분제의 틀에서 벗어나서 경제적 문제로 접근하게 되었다는 것을 의미한다. 화고제는 고공을 신분노동자가 아닌 임금노동자로 인식하기 시작하였으며, 노동시장의 태동을 가져왔다.

제2장 | 노비제와 생산성

조선 후기 대표적인 신분제로서 노비제는 노비의 이동을 극단적으로 제약하였다. 고공법의 시행도 고공기간을 5년 이상 장기로 규정하여 노동이동을 제약하였다. 노동이동의 제약으로 숙련도와 생산성에 따른 체계적인 분업이 불가능해졌으며 생산력 증대와 시장의 발전도 느리게 진행되었다. 반면, 18-19세기 유럽은 산업혁명을 통해서 생산성이 빠르게 증가했으며, 일본도 생산성이 증가하는 추세였다.

18-19세기 조선의 신분제는 양반, 중인, 양민, 노비의 네 계급으로 구성되었으며, 이 가운데 중인과 양민은 국가의 부역과 조세 의무를 지고 있었다. 노비는 다른 계급의 사람들과 같은 언어와 용모를 가지고 있지만 범죄, 반란, 채무 등의 이유로 노비가 된 내부 노비(domestic slaves)였다. 조선은 1392년에 건국되었으며, 15세기 노비인구는 전체 인구의 30-40%를 차지하였다. 노비는 매매, 상속, 증여의 대상으로서 양반지주의 신분을 유지하고, 농업생산에서 장기적인 노동력을 제공하며, 신분사회의 질서를 유지하는 중요한 계층이었다. 노비는 신분 세습이었으며, 원칙적으로 이동과 신분해방이 불가능하였다. 노비정책에 대해 국가와 양반층 간 이해관계가 대립하였다. 특히, 양민과 노비가 결혼하는 양천교혼의 경우 그 소생의 노비신분 변동이 발생하면서 그 소유권에 대해 국가와 양반층의 의견이 충돌하였다.

1731년 노비제가 종천법에서 종모종양법(이하 종양제)으로 전환되면서 노비인구는 급격하게 감소하였다. 성리학의 국가지배철학으로 사회에서 신분노비에 대한 도덕적 회의가 파급되었다. 국가는 노비에게 우호적인 정책을 실시하였으며, 다른 한편으로 국가가 노비를 직접 호적대장에 기록하여 관리하여, 국가 조세와 군역의무를 부과하는 정책을 시도하였다. 이러한 사회분위기에서 노비는 자기성장 노력으로 노비신분에서 벗어나려는 저항과 시도를 하였으며, 가장 온건한 저항수단이 도망이었다. 노비의 도망이 늘면서 양반지주의 감시비용이 증가했고, 노비 대신 임금노동자인 고공의 사용이 늘어났다. 도망갈 수 없어서 남아 있던 노비는 태업과 파업을 통해서 주인의 강제노동에 저항하였다. 결국, 18-19세기 노비제에서 노비의 생산성은 크게 하락하였으며, 감시비용은 반대로 증가하였다.

조선의 생산성 하락 원인에 대해 기존 연구는 인구 증가에 따른 산림 황폐화, 수리시설의 파괴, 국가 재분배체제의 해체, 기후 악화, 불안정한 재산권 보호제도 등을 들고 있다.[17] 또 다른 주장으로서 지대 하락, 정부의 시장통제와 조세제도의 문란을 들고 있다. 그 이외에 지역별 시장통합, 소농경영방식과 생산성의 관계를 설명하는 시도도 있었다. 하지만, 이들 연구는 18-19세기 사료의 부족으로 농업생산성과 사회경제적 제도를 측정하는 데 계량적인 문제를 가지고 있어서 두 변수 간 인과관계를 검증할 수 없었다.

이 장에서는 18-19세기 조선의 생산성 하락 원인을 제도적 원인, 즉 신분제인 노비제의 변화에서 찾고자 한다. 이 시기 노비제의 사회경제적 특성은 세 가지를 들 수 있다. 첫째, 자의식이 성장한 노비의 도망이 유의적으로 증가하였다. 특히, 1731년 종천제에서 종양제로의 전환과 1801년 공노비 폐지 등 노비제의 변화는 노비 도망에 영향을 미쳤다. 둘째, 도망가지 못한 노비는 노동의 인센티브가 사라져서 농업생산에서 태업과 파업이 늘

---

17 18-19세기 조선 생산성 하락에 대한 연구는 이영훈(2004, 2012), 김용섭(1990a, 1990b), 김건태(2004), 허수열(2011) 참조.

었으며, 노비 생산성은 하락하였다. 노비 도망이 증가할수록 그 생산성은 빠르게 하락하였다. 셋째, 1801년 공노비 폐지와 1833년 화고제의 도입으로 노동 이동성이 증가했고, 노동시장이 기능적으로 작동하면서 단기적인 일고의 사용이 늘고 생산성과 실질임금도 증가하였다.

18-19세기 노비의 도망 사례는 『조선왕조실록』, 양반일기, 호적대장 등에서 찾아볼 수 있다. 특히, 전체 노비인구에서 노비의 도망비율을 파악하기 위해서 호적대장에 등재된 전체 노비의 호적기록을 찾아보았다. 노비 자료를 가지고 있는 호적은 1678-1860년까지 경상도 단성호적과 1777-1861년까지 경상도 언양호적, 1672-1802년 경상도 대구 경주최씨의 호적이 남아 있다. 단성과 언양 호적대장은 이 지역 내 모든 호적자료를 포함하고 있고 장기간에 걸쳐 같은 지역의 노비와 고공인구 변화를 추정할 수 있는 유일한 자료이다.

경상도 대구호적의 노비 자료는 대구에 거주하고 있는 경주최씨의 호적대장을 사용하였다. 경주최씨의 호적대장은 전체 현을 나타내고 있는 단성과 언양 호적대장에 비해 노비인구 규모는 작지만, 노비의 호적대장기록을 일관되게 파악할 수 있다는 점에서 의미가 크다.

『세종실록지리지』를 보면, 경상도 단성은 오늘날 경상남도 산청군 단성면과 그 인근 지역이며, 지리산 자락이 남해 쪽으로 펼쳐진 자리에 위치한다. 조선 세종 때에 신설된 단성현은 임진왜란 직후부터 1613년(광해군 5)까지 작은 현으로 존속하였으며, 지리산에 인접한 산간지역이었기 때문에 평야는 많지 않았다. 하지만 토지가 비옥하고 기온이 따뜻하며 계곡 물을 이용한 논의 경작이 용이해서 작은 고을임에도 불구하고 많은 양반들이 살았다. 경상도 언양은 현재 경남 울산시 언양이며, 밀양에서 해안지역인 울

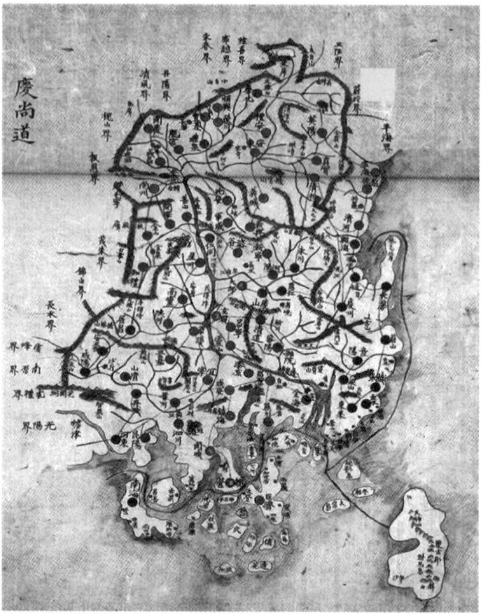

1750년 『해동지도』 경상도 지역. 출처: 한국학중앙연구원.

산으로 넘어오는 중간에 위치한 산간지역으로서 인구와 생산품이 미약하였으며, 양반층이 많지 않은 평범한 농촌이었다. 언양의 호당 인구수는 1795-1825년 8-9명 정도이며, 매년 조금씩 증가하다가 19세기 중반 이후 호당 인구수가 5.9명으로 감소하였다. 언양의 인구수는 전국이나 단성의 인구와 비교해 볼 때 매우 높은 수치이다. 당시 전국의 호당 평균 인구수는 4.2명, 단성의 경우는 4.5명 정도였다. 이처럼 언양 지역의 평균 인구가 많은 것은 산악지역으로서 토질이 척박하여 농업생산에서 노동집약도가 높게 나타나는 현상으로 보인다.

한편, 이 장에서는 1689-1894년 여러 양반가문과 기관 소장의 노비매매자료를 수집하여 노비의 가격과 생산성을 파악하였다. 1894년은 갑오개혁을 통해 신분제가 해체되는 시기이다. 이 장은 노비매매의 연도와 가격을 정확히 알 수 있는 자료만 사용해서 285건의 노비매매 문기와 634명의 매매노비를 성별, 나이별, 특성별로 구분하여 정리하였다.

1. 노비제의 변화

조선 후기 노비제도는 시기에 따라 조금씩 변화하였으며, 노비의 특성도 변화되었다, 15세기 노비인구는 지역에 따라 다르지만 전체 인구의 30-40%를 차지하였다. 정부와 양반층은 노비정책이나 노비의 매매와 증식에 관심이 많았으며, 국가적으로도 노비인구의 증감은 국가 조세와 직결되었다. 노비제에서 노비는 매매, 상속, 증여의 대상이었다. 양반층의 상속문서 가운데 가장 중요한 재산목록은 토지가 아닌 노비였다. 『경국대전』에 따르면 노비의 값은 저화(종이돈) 4천 장이었는데, 작인의 하루 평균임금이 저화 6장이었으므로 666일치 임금이고, 논 20마지기의 미곡생산물 가치에 해당했다.

1392년 종천제

10-14세기 고려에서도 노비는 존재하였으며, 18-19세기까지 노비의 신분 규정이 계속 변동되었다. 고려시대인 1039년(정종(靖宗) 5)에 노비제인 천자수모법(賤者隨母法(종모법))이 제정되었으며, 이후 일관된 원칙으로 지속되었다. 이 법은 양천교혼의 경우 소생이 모친(母婢)의 신분을 받고, 모친의 주인(母婢主)에게 다시 소속되는 것을 골자로 하고 있다.

조선 초기인 1397년(태조 6) 신생 왕조의 사회질서를 세우는 것이 급선무였다. 이를 위해 신분제의 혼란을 막고 국가의 부역과 조세를 부담하는 양인을 확대하기 위해서 노비제도를 종부법(從父法)으로 정하였다. 종부법은 모친의 신분과 관계없이 부친의 신분에 따라 그 소생이 노비신분이 되는 것이다. 종부법의 실시로 양반층은 기존 노비증식의 수단으로 이용되었던 비가양부 소생 노비의 획득이 불가능해지면서 크게 반발하였다. 1468년(세조 14)에 종부법 대신 종천법(從賤法)이 다시 제정되고, 그 내용은 『경국대전(經國大典)』 형전(刑典) 공사천조(公私賤條)에 실리게 되었다. 종천법은 "凡賤人所係 從母役 賤娶良女 從父役"으로서 부모 가운데 어느 한 명이 노비신분이면 그 소생도 노비가 되었다. 국가와 양반층의 노비수요를 충족시키기 위해 취한 조치였다. 종천법의 실시로 노비인구는 크게 증가하였으나 양민인구는 줄어들었다. 특히 임진·병자의 양란 이후 전쟁피해로 국가재정이 악화되었지만, 양민의 감소로 재정수입도 줄어들었다. 이에 노양처소생(奴良妻所生) 종모종양법(從母從良法)이 거론되었으며 현종 10년(1669)에는 종모종양법(이하 종양법)이 실시되었다. 하지만 여러 차례 양천(良賤)이 호환(互換)되다가 영조 7년(1731)에 종양법(從良法)이 제정되었다.

1731년 종양제

종양법은 부친의 신분에 관계없이 모친의 신분이 노비이면 그 소생이 노비가 되는 것이다. 1731년에 제정된 종양법은 노비제도가 와해되는 1894년까지 유효하였으며, 노비인구를 급격하게 감소시킨 중요한 원인이었다.[18] 이는 정부의 도덕적 자산(moral capital)으로서 왕권(영조)의 정치기반을 강화하고 양반의 기반을 약화시켰다. 노비제의 전환으로 노비에게 우호적인 정책이 실시되었으며, 노비의 국가에 대한 신공 축소, 사노비의 신공 수취 금

---

18 지승종(1993), 平木實(1982), 정석종(1983), 박용숙(2007, 1983).

지, 공노비 추쇄 금지, 사노비의 속량기회 증가, 노비에 대한 체형 금지, 죄인 자손에 대한 노비 연좌제 폐지, 채무노비 금지 등 정책이 발표되었다. 18세기 정조는 도망간 노비를 잡아들이는 노비추쇄도감을 없앴고, 서얼 차별과 노비제 폐지를 진행하였다. 순조는 1801년 공노비를 폐지했으며, 고종이 1894년 사노비마저 해방시켜 노비제를 완전히 철폐하였다.

1801년 1월 『순조실록』에서 순조는 "임금으로서 백성을 대하게 되면 귀천도 없고 … 노비라고 하면서 구별해서야 어찌 동포라 할 수 있겠는가 … 내노비 36,974구와 사노비 29,093구를 모두 양민이 되게 하라 … 아, 내 어찌 감히 은혜를 베푼다고 말할 수 있겠는가 …"라고 동족을 노비로 부린 왕조의 잘못을 뉘우쳤다. 또한, "관아의 노비문서를 돈화문 밖에서 불태우고 아뢰도록 하였다." 각 궁방에 소속된 내노비는 36,974명이었고, 기로소·종친부·의정부·의빈부·돈녕부·충훈부·상의원·이조·호조·예조·형조 등에 소속된 노비는 도합 29,093명이었다.

노비는 소유주가 국가인지 개인인지에 따라 공노비와 사노비로 나뉘었다. 『성호사설』에서는 "나라 풍속에 따르면, 내노(內奴)·사노(寺奴)·역노(驛奴)·교노(敎奴) 등은 공천(公賤)이라 하고, 사족(士族)과 서민의 노비는 사천(私賤)이라 한다"고 했다. 공노비를 기능으로 구분하면 '내노'는 왕실 재정 부서인 내수사에 속한 노비, 출궁한 왕자의 집에 사는 노비, 왕실의 토지를 경작하는 노비 등이다. 왕실에 속한 궁녀나 내시도 내노비에 속하지만 별도로 분류되었다. '사(寺)노'는 중앙관청의 노비이며, '역노'는 역참에 속한 노비, '교노'는 향교와 같은 교육기관에 속한 노비였다. 이 외에 지방 관청에 속한 읍노비도 공노비에 포함되었다. 공노비는 특성별로 납공(納貢)노비와 선상(選上)노비로 구분되며, 납공과 선상 노비의 기준은 관청에서 노동력을 제공하면 선상노비이고, 관청에 나가지 않고 현물을 납부하면 납공노비였다. 납공노비는 공물납부의 의무를 지는 노비를 의미한다. 납공노비에 관해 『경국대전』 「호전(戶典)」의 규정은 다음 본문과 주석으로 구성되어 있다.

> 외거노비는 선상(選上) 및 잡고(雜故)를 제외하고 열여섯 살 이상 예순 살 이하인 경우에는 공물을 거두되 사섬시(司贍寺)에 납부하도록 한다. 노(奴)는 면포 한 필과 저화(楮貨) 스무 장을 내도록 하고, 비(婢)는 면포 한 필과 저화 열 장을 내도록 하되, 만약 명주나 정포(正布, 고급 면포)로 대납하고자 할 경우는 이를 허용한다.

외거노비는 한성에 거주하는 관노비인 경거노비(京居奴婢)의 반대 개념으로, 지방의 관노비이다. 잡고는 신체불구 등으로 노비의 의무를 이행할 수 없게 된 노비를 가리킨다. 선상노비와 잡고를 제외한 열여섯 살 이상 예순 살 이하의 지방 관노비는 면포와 저화(지폐)를 사섬시에 납부하는 법적 의무를 지고 있어서 납공노비이다. 지방 국유지를 경작하는 관노비는 매년 수확물을 면포와 저화로 바꾸어서 사섬시에 내는데, 사섬시란 저화의 유통과 보급을 촉진하기 위해 태종 때 설치된 관청이다. 한편, 선상노비에 관해 『경국대전』 「형전」 규정은 다음과 같다.

> 한성과 지방에서 복무하는 노비(선상노비)에게는 공물을 면제하고 봉족(奉足) 두 명을 부여한다. 호수(戶首)는 봉족에게서 매년 면포와 정포 각 한 필을 거둔다. 서울에서는 2교대로 돌아가며 복무하고, 지방에서는 7교대로 돌아가며 뽑아 올린다.

선상노비는 『경국대전』에서 호수(戶首)로도 표현되었으며, 관청에서 노동력을 제공하는 공노비를 선상노비로 뽑았다. 호수인 선상노비는 공물을 면제하는 대신, 관청에서 실무 노동력을 제공하였다. 한성에서 2교대로 한

번씩 호수가 되었고, 지방에서는 7교대로 한 번씩 호수가 되었다. 평소 생업에 종사하다가, 자기 순번이 되면 관청에 출퇴근했던 것이다. 선상노비의 복무에 소요되는 경비는 다른 공노비인 봉족이 책임지도록 하였다. 선상노비에게 두 명의 봉족을 붙인 것은 국가가 이들을 배려해서라기보다는, 노비의 호(戶)는 보통 세 명 이상으로 구성되었으며, 그중 호수 한 명이 선상노비가 될 경우 나머지 두 명이 그에게 면포와 정포를 주도록 한 것이다.

읍노비는 지방 군과 현의 선상노비로서 스스로 비용을 충당하였다. 읍노비에게는 봉족이 없다는 것은 읍노비의 가족들은 일반 납공노비와 똑같은 의무를 져야 한다는 의미였다. 그러므로 읍노비는 자기 생활비를 스스로 벌어야 했다. 한성의 선상노비는 2교대이고 지방의 선상노비는 7교대였으므로, 지방 공노비가 상대적으로 부담이 적었다.

한편, 사노비는 "사족과 서민의 노비"이며, 노비의무를 규정한 법전들은 대부분 공노비에 관한 것이었다. 사노비가 주인에게 부담한 관습상 의무는 공노비보다 더 컸다. 사노비는 상전(주인)집 행랑채나 담 너머 집에 기거하면서 노동력을 제공하고 의식주를 제공받는 솔거노비와 따로 독립해 농사를 짓는 대신 1년에 면포 1.5-2필 정도의 몸값을 바치는 외거노비로 나뉜다. 솔거노비는 주인집의 농사와 길쌈, 심부름, 허드렛일을 도맡았다. 사노비의 경우에는 가내 사역 및 농업 노동자가 많았기 때문에 솔거노비란 개념이 필요하다. 독립적인 주택과 토지를 가진 외거노비가 솔거노비보다 경제력을 좀 더 축적할 기회가 있었지만, 대부분 주인의 전답을 경작하는 소작농(전호)이었으며 지대를 부담했고 생활은 불안정하였다. 외거노비는 기회가 생기면 서해안 섬, 이북 오지, 강원도와 경상도 산간으로 도주했다.

15-17세기 조선 인구 900만-1,200만 명 가운데 노비인구의 비중은 30-40%로서 270만-480만 명으로 추정된다. 노비 비중은 지역별로 달랐지만, 왕실과 경화사족(京華士族)으로서 대대로 서울에서 살아온 명문가나 고관대작이 모여 사는 한성 사대문 안에서 노비 비중은 80%를 넘겼다. 1663년도 한성부 서부 성 밖 십 리 지역 호적에 따르면 2,374명 중 1,729명, 즉 73%가 노비로 등록되었다. 서울에 사는 말직 양반 관료도 100명의 노비를 소유하였으며, 홍문관 부제학 이맹현은 758명의 노비를 재산으로 물려줬다. 퇴계 이황도 367명의 노비문서를 남겼으며, 세종의 왕자인 광평대군과 영응대군은 1만 명 이상의 노비를 소유했다. 하지만 1592년 임진왜란과 1636년 병자호란 이후 신분제는 흔들렸고, 도주한 유민들이 증가했다. 17세기 들어서 농촌지역 양반가의 노비는 호당 5-20명을 넘지 않았다. 참고로 노예제의 사례인 고대 로마나 남북전쟁 이전 미국의 노예 비중은 총 인구의 30% 정도였다.

국가는 노비를 호적대장에 등재하여 3년마다 갱신했으며, 전국의 각 호구는 아버지, 할아버지, 외할아버지, 증조할아버지 등 4대조(四祖)를 기재한 호구단자를 관아에 제출했다. 관아는 보관 중인 호적과 대조해 변동 사항을 기재한 뒤 돌려줬는데, 개인이 보관하는 호구단자와 관아가 소장한 호적이 신분 확인의 기본 자료였다. 모든 노비의 신원은 장예원의 천적(賤籍)에 기재돼 엄격하게 관리됐다.

노비 문서를 보관한 장예원은 노비의 소유권과 신분을 다투는 소송업무의 주무관청이었다. 특히 한양 거주자의 70-80%가 노비이고, 전국 노비주 대부분이 한양과 경기 지방에 살았으므로 한성에 두는 게 편리했다. 노비는 사람이 아니라 물건처럼 매매·상속·증여가 가능했기에 사법기관이 아닌 장예원이 전담했다. 15-17세기 조선에서 주요 재산인 노비 소송은 지방일수록 많았으며, 거의 모든 민사소송은 노비송사였다. 노비소송은 노비가 양인으로 신분을 바꾸려고 다투는 소송이었으며, 특히 임진왜란과 병자호란 이후 노비문서가 불타 버렸거나 다른 문서와 섞인 혼란을 틈탄 노비소송이 많았다. 억울함을 호소하는 국가청원기구인 신문고에 노비에 관한 청원이 계속 올라오자, 노비 문제로는 신문고를 울리지 못하도록 했으나 끊이지 않았다.(『태종실록』) 1731년 종양법으로 전환 이후 노비소송이 줄어들어서 장예원은 1764년(영조 40) 형조에 소속된 보민사(保民司)로 바뀌었으며, 노비소송 업무를 형조로 이관했다.

2. 호적대장과 노비도망

조선 제도사 연구에서 큰 쟁점 가운데 하나는 18-19세기 노비인구의 급감현상이다. 전체 인구 가운데 노비의 비중은 15-17세기 30-40%에서 19세기 2-5%로 급락하였다. 노비의 급격한 감소와 노비의 성격 변화에 대한 연구는 조선 후기 제도를 이해하는 중요한 과제이다. 기존 연구는 19세기 노비가 급감한 원인으로 세 가지 사실에 동의하고 있다. 첫째, 노비에 대한 우호적인 방향으로 국가정책 변화, 둘째, 노비의 자기성장 노력으로 인한 노비의 태업과 도망 증가, 셋째, 소농으로 농업경영방식의 변동이다. 노비제의 해체 원인에 대해 첫째와 둘째 사실은 견해의 일치를 보이지만 농업경영방식에 대한 것은 상반된 시각을 보이고 있다. 한쪽은 이앙법 보급과 시비법 발전 등 농업생산력의 발전으로 토지의 광작경영과 상업적 경영이 확대되면서 보다 효율적인 농업경영을 위해 노비보다는 고공이나 임금노동자를 많이 사용했을 것이다. 이 경우 노비수요가 줄어들고 대신 고공에 대한 수요가 증가했다.[19] 다른 쪽은 농업생산력의 발전으로 인해 노비가 소농으로 성장하고 토지 소유의 하향평준화가 진행되었다. 소농경영의 발달은 농업에서 가족 노동력을 이용하면서 노비수요가 감소되었다는 점을 강조하고 있다.

이 장에서는 노비의 도망사례를 찾아보기 위해 대구, 단성, 언양 호적대장의 노비사례를 파악해 보았다. 또한 호적대장에서 노비와 고공이 서로 노동 대체적이었는지를 살펴보았다.

대구 호적대장의 노비도망

17-18세기 경상도 대구 경주최씨 문중의 호구단자(단), 준호구(준), 호적대장(적)에서 노비의 도망비율은 다음과 같다. 〈표 1〉은 대구 경주최씨가의 호적대장에서 노비의 재래, 도망, 가현의 추이를 정리한 것이다.

〈표 1〉 1672-1807년 대구 경주최씨가의 호적대장에서 나타난 노비 도망(단위: 명, %)

식년	재래	유고				가현 매득	방량	노비 도망 비율(%)	노비 총계 (노/비)
		이거	도망	사망	승, 출가, 투탁 피탈 등				
1672준			**14**					19.1	73(40/33)
1681준	31	5	**11**					12.5	88(52/)
1684준	19	2	**17**					22.1	77(46/)
1684적	20	11	**11**	3		3		12.8	86(49/)
1687준	16	4	**16**	1				21.9	73(45/)
1690준	14		**6**					9.3	64(38/)
1690단	7	3	**6**					10.3	58(37/)
1693준	15		**14**					18.9	74(39/)
1696준	19	4	**14**	7				17.0	82(36/)
1696준1	22		**4**	1				6.8	59(27?)
1696적	17		**2**			1		3.6	55(28/)
1705준			**23**					14.5	158(80/)

19 허종호(1965), 김용섭(1970, 1971), 윤용출(1998), 이정수·김희호(2006).

식년	재래	유고				가현 매득	방량	노비 도망 비율(%)	노비 총계 (노/비)
		이거	도망	사망	승, 출가, 투탁 피탈 등				
1708준			**23**					15.5	148(73/)
1714준				2					155(77/)
1717준			**2**					2.8	70(41/)
1720준									5(3/)
1723준			**8**					8.5	94(52/)
1729준			**22**	4				14.9	157(80/)
1735단	1		**23**	16				14.0	164(84/)
1735준			**29**					20.4	142(76/)
1738적			**17**	2				11.4	149(77/)
1738준	4		**23**	2				15.1	152(78/)
1741적	12		**16**					11.0	145(77/)
1744준	42		**23**	3				15.0	153(79/)
1747적			**15**					9.4	159(81/)
1750준	37		**24**					18.2	132(66/)
1750단	40		**25**					18.5	135(67/)
1753단	39		**23**					16.8	137(69/)
1753단	39		**23**	1				16.7	138(69/)
1759준	23		**27**					20.4	132(62/)
1762준	27		**36**	4				26.8	134(59/)
1768준	22		**33**	2				22.9	144(68/)
1774적	19	4	**29**	2				21.8	133(58/)
1777준	11		**28**	3				21.7	129(60/)
1786준	16		**27**					28.7	94(38/)
1789적	16	1	**2**	1				2.1	93(38/)
1789준	14	3	**20**	3				23.8	84(35/)
1792적	3	1	**10**	1				13.0	77(33/)
1792준	13								75(33/42)
1795적	3	5	**21**	5				29.2	72(31/)
1798단	9	1	**35**	1				50.7	69(29/)
1801준	4	2	**41**	2				56.1	73(32/)
계	570	71	**702**	64		4		16.0	4418

* 자료: 경상도 대구 경주최씨의 호적대장 참조. 저자 작성.

** 준-준호적, 단-호구단자, 적-호적대장 등이다. 최씨 문중가는 1672준-1696준까지 최경함(1690년 나이 71세), 1696준-1708준까지 최수학(1708년 나이 57세), 1714준-1735단 최정석(1735년 나이 58세), 1735준-1786준 최홍원(1786년 나이 82세), 1789적-1789준 최홍(28세), 1792적-1801준까지 최식(1801년 나이 40세)의 호적대장이다.

〈그림 1〉 1672-1801년 대구 경주최씨가의 노비 숫자 변동(단위: 명)

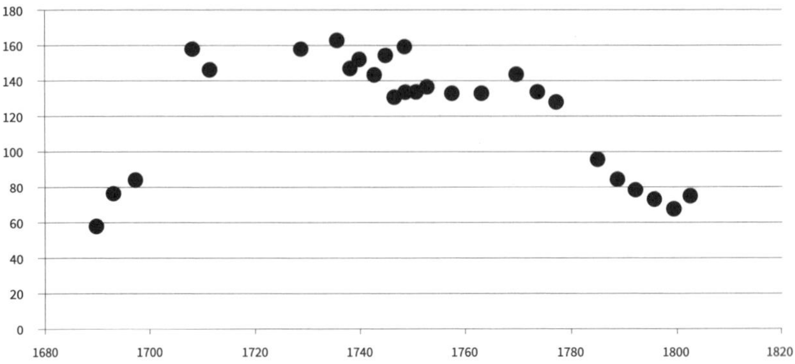

* 자료: 대구 경주최씨가 호구단자와 호적대장 참조. 저자 작성.

〈그림 2〉 1672-1801년 대구 경주최씨가의 노비 도망비율

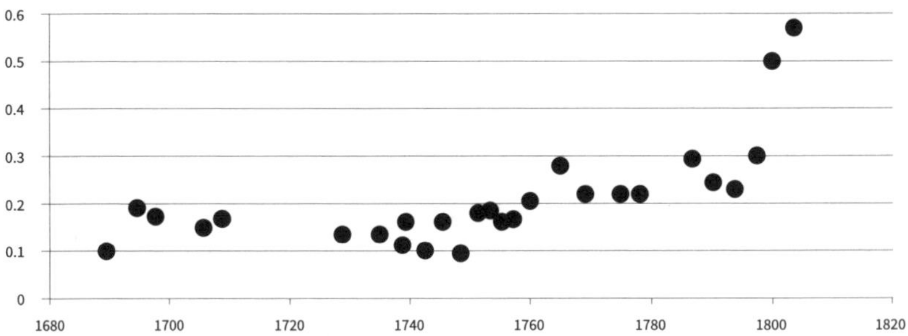

* 자료: 대구 경주최씨가 호구단자와 호적대장 참조. 저자 작성.

대구 호적대장에서 경주 최씨가의 노비 도망비율은 1680년 고공법의 제정 전후인 1681년 12.5%, 1783년 고공정제 전후인 1786년 28.1%로 급격하게 증가하였으며, 1672-1801년 노비의 평균 도망비율은 16%였다. 〈그림 1〉은 대구 경주최씨가의 보유 노비 숫자이며, 〈그림 2〉는 전체 노비 가운데 노비의 도망비율을 나타낸다.

도망노비 702명 가운데 농업생산이 가능한 장년층인 30-50세가 270명으로 전체 도망노비인구 가운데 39%를 차지하고 있었고, 20-30세도 108명(15%)으로 노동생산이 가능한 청장년 노비의 도망 비중이 378명(54%)으로서 과반을 넘었다. 이 외에 20세 이하 55명, 51-60세가 118명, 61-70세가 92명, 71세 이상도 114명이었다. 71세 이상의 도망노비에 대한 기록은 그 노비가 이미 도망을 했지만, 생존 여부와 무관하게 다음 세대에서 그 노비에 대한 소유권을 주장하기 위해 호적에 그대로 둔 것이다. 대구 최씨가의 실제 노비는 587명이었으며, 이 가운데 한 번 이상 도망한 노는 91명, 비는 80명으로 총 171명이 도망한 적이 있었다.

전체 노비숫자 가운데 노비의 도망비율은 1731년 종양제 이후 지속적으로 증가하다가 공노비가 폐지되는 1801년에 50-60%로서 정점을 나타내고 있다. 그림에서 대구 경주최씨의 노비 보유 숫자 변동추이와 노비 도망추이에는 1731년 종양제로 전환, 1801년 공노비 폐지라는 신분제의 변화가 중요한 역할을 했다는 것을 알 수 있다.

경상도 단성과 언양 호적대장의 노비 도망

조선 후기 호적대장에 따르면 호 단위의 구성은 호의 대표자를 주호로 하며, 그 이하 가족과 주인에게 의탁해서 살고 있는 친인척, 노비, 고공, 협인 등을 개별로 등재하는 것이 원칙이다. 주호 안에 별도의 호를 두지 않으며, 3년 주기로 호적대장을 기재한다. 따라서 현실적으로 한 주호 안에 여러 가족이 개별로 동시에 포함되어 있을 수 있다.

〈표 2〉는 단성 호적대장에서 나타난 단성현 전체 인구와 노비 수를 보여주고 있다. 단성 노비 수의 비율은 18세기 전반 50-60%, 18세기 후반 30-

40%, 19세기 20-30%였다. 전체 인구 가운데 노비 비율은 1820년 20%가 최저이다. 전체 호에서 노비 독립호가 차지하는 비중도 1678년 50% 이상이었으나, 18세기 전반 30%, 18세기 후반 10%, 19세기에는 5% 이하로 감소하였다.

〈표 2〉 단성 노비의 인구비중(단위: 명, %)

식년	전체 인구	노비 수	노비 수/전체 인구	노비 독립호 구성원	솔하 노비	노비독립호/노비 수	전체	노비 독립호	노비 호/전체 호
1678	8251	5102	**62**	3701	1401	73	2118	1164	55
1717	11999	5874		3165	2709		2512	834	
1720	12042	5690		3160	2530		2563	845	
1729	13386	6233		3559	2674		2912	979	
1732	13124	5832		3385	2447		2921	935	
1735	8547	3732		2020	1712		1857	573	
1759	11331	4040		2267	1773		2487	575	
1762	11585	3826		2104	1722		2485	538	
1780	13342	3418		1298	2120		2979	354	
1783	13565	3337		1212	2125		3003	334	
1786	13403	3247		1142	2105		3042	332	
1789	11792	2832		883	1949		2569	258	
1820	11000	2145		176	1969		3083	84	
1860	9795	2408		70	2338		2632	36	

* 자료: 단성 호적대장 참조. 저자 작성.

호적대장에서 노비와 고공의 호적 등재 변동은 재래(在來), 가현(加現), 유고(有故)로 구분할 수 있다. 〈표 3〉은 단성 호적대장에서 노비의 도망 추이를 정리한 것이다.

〈표 3〉 단성 노비의 도망 추이(단위: 명, %)

식년	재래	유고				가현 매득	방량	노비 총계	전체 인구
		이거·별호	도망	사망	승, 출가, 투탁 피탈 등 소계				
1678	43	867	1170	267	236	5	14	5102	8251
1717	27	475	1798	339	116	13	16	5874	11999
1720	32	530	1948	450	93	18	28	5690	12042
1729	1	1023	2048	409	58	5	19	6233	13386
1732	5	481	1973	500	71	2	22	5832	13124
1735	9	299	1251	401	43	2	7	3732	8547
1759	16	365	1082	239	71	4	1	4040	11331
1762	4	311	1131	153	44	3		3826	11585
1780	1	206	1140	175	55	4	7	3418	13342
1783		226	1235	156	38	1		3337	13565
1786	4	221	1160	181	42	3	5	3247	13403
1789		151	923	148	33	1	2	2832	11792
1820		51	458	155		1		2145	11000
1860		6	412	249				2408	9795

* 자료: 단성 호적대장 참조. 저자 작성.
** 노비는 솔거, 외방, 외거 노비가 존재하며, 이들 노비의 숫자는 전체 노비 수에 포함.

18-19세기 노비의 이동은 주인을 따라 이사하거나 사망, 또는 스스로 도망하는 경우이다. 노비도망이 증가하면서 주인은 도망노비를 추쇄하거나, 노비를 감시하는 비용이 증가하였다. 단성 호적에서 노비가 사라지는 유고 원인은 도망이 가장 크고, 그다음이 사망과 이거의 순서이다.

〈표 4〉는 단성 노비의 도망과 비교하기 위해서 경상도 언양 호적대장에서 노비의 도망비율을 정리한 것이다. 언양 노비의 유고에서 1777년과 1798년 노비도망 건수는 243건과 218건으로 전체 노비의 유고 사유 가운

데 가장 높았다. 하지만 19세기 들어서 노비도망은 급격히 줄어서 1813년 74건, 1825년 20건으로 낮아졌다. 노비의 도망비율은 1777년 12%, 1798년 14%로 증가하였다가, 1813년 9%, 1825년 5%, 1858년 7%, 1861년 4%로 감소하였다. 특히, 고공정제가 제정되는 1783년 직후 노비의 도망비율은 12-14%였다가 공노비가 폐지되는 1801년 이후 9% 이하로 줄어들었다.

재래노비의 숫자는 1825년 350명을 기점으로 1858년 684명, 1861년 1264명으로 급증하였다. 또한, 가현노비의 경우는 매득에 의한 사유가 대부분인데 1777년에 105명, 1795년 137명, 1798년 199명으로 18세기 말까지 지속적으로 증가하고 있다. 하지만 1801년 공노비 폐지 이후, 매득에 의한 가현노비 숫자는 감소하여 1825년에 5명, 그리고 1858년과 1861년에는 한 명도 없었다. 결국 1801년 이후 노비도망과 새로운 노비는 줄고 재래노비는 증가하였다. 이는 노비가 장기적으로 주인집에 머무는 확률이 증가하고 있다는 것이다.

〈표 4〉 언양 노비의 도망 추이(단위: 명, %)

식년	재래	유고				가현 매득	방량	노비 총계	전체 인구
		이거	도망	사망	계				
1777	1391	276	**243**	87	606	105	8	2110	8802
1795	566	32	**41**	56	129	137	4	836	4904
1798	815	192	**218**	110	520	199	5	1539	10200
1813	645	71	74	31	176	24	0	845	5515
1825	350	15	20	7	42	5	0	397	2547
1858	684	9	52	9	70	0	1	755	3680
1861	1264	1	63	32	95	0	0	1359	4667

* 자료: 언양 호적대장 참조. 저자 작성.

언양호적 노비와 고공의 대체관계

18-19세기 언양 호적대장에서 노비와 고공의 인구비율은 〈표 5〉에 나타나 있다. 언양 호주와 인구의 숫자는 19세기 초까지는 증가했지만 그 이후 점차 감소하였다. 언양에서 노비를 보유한 노주호는 19세기 중후반에도 증가하는 추세를 보이고 있다. 전체 호 가운데 노주호의 비율이 1795-1825년 사이에는 51-75% 정도로 주호 2호당 1호 이상이 노비를 보유하고 있었으며, 전체 인구에서 노비의 비중도 15-17% 정도로 적지 않은 수였다.

언양에서 고공을 보유한 고주호의 비율은 1813년과 1825년에 그 비율이 18%로 감소했고, 그 이후에는 더 이상 나타나지 않았다. 흥미로운 것은 1825년 이후 고공은 호적에서 사라졌고, 언양 인구가 감소하는 데 반해 노비 비중은 오히려 늘었다는 사실이다. 19세기 조선의 신분제 약화와 노비 급감 추세에서 언양 지역에서만 노비가 증가한 이유는 무엇인지 의문이다. 그것은 19세기 이후 호적대장의 기재방식 변화보다는 언양 지역의 특수한 지리적 환경과 관련이 있을 것으로 보인다. 국역수취방식의 변화가 그 원인이라면 언양의 인구 감소와 함께 노비인구도 자연스럽게 감소했어야 했다.

언양 호적대장에서 노비가 농업생산에 적당한 노동력으로서 역할을 할 수 있는 연령대였는지를 살펴보기 위해 이들 나이를 연령별로 살펴보았다. 1777년 노비는 16-30세의 비중이 28%로 가장 많았으며, 1-16세의 비중이 13%, 31-40세의 비중이 11%, 41-50세의 경우 7% 순이었다. 1795년에 16-30세 비중이 33%로 증가하였으며, 1-16세도 38%로 증가하였다. 31-40세는 17%, 41-50세의 경우 4%였다.

요약하면, 노비는 청장년 16-40세의 연령비중이 커서 생산노동력을 제공한 것으로 보인다. 고공이 사라진 1825년 이후 여비가 증가했으며, 생산

〈표 5〉 언양 노비와 고공의 인구비중(단위: 명, %)

식년	주호	인구	노주호	노비	고주호	고공	호당 인구 (인구/주호)	노주호 비중 (노비호/주호)	고주호 비중 (고주호/주호)	노비 비중 (노비/인구)	고공 비중 (고공/인구)
1777	1213	8802	621	2110	261	419	7.3	51	21.5	24	4.8
1795	618	4904	395	836	148	196	7.9	64	23.9	17	4.0
1798	1224	10200	795	1539	246	377	8.3	65	20.1	15	3.7
1813	614	5515	459	845	93	155	9	75	15.1	15	2.8
1825	310	2547	232	397	58	71	8.2	75	18.7	16	2.8
1858	619	3680	536	755	-	-	5.9	87	-	21	-
1861	802	4667	705	1359	-	-	5.8	87	-	29	-

* 자료: 언양 호적대장 참조. 저자 작성.

노동력에 적합한 나이였다. 대구 경주최씨가 도망노비의 나이와 언양 도망노비의 나이를 비교해 보면 언양에서 생산노동이 가능한 16-50세의 노비 비중은 54%로서 대구 경주최씨의 노비와 거의 일치한다.

노비의 성별은 1777년부터 1825년까지 호당 1명의 노비를 보유하는 것이 일반적이었으며, 여비만 보유하는 비율이 35-61%로 가장 많고, 남노만 보유한 비율이 20-30%대였다. 두 명 이상의 노비를 보유하는 경우는 여비만 두 명 이상 보유하는 비율이 가장 높았다. 흥미로운 사실은 19세기에 주호는 고공보다 노비를 생산노동력으로서 많이 사용하였으며, 고공은 여자 비중이 높게 나타났다. 노비를 생산노동력으로 사용하고, 고공은 여성으로 가사나 생계 노동을 목적으로 사용한 것으로 보인다.

18-19세기 조선에서 양반지주가 노비와 고공이 서로 대체적이었는지를 살펴볼 수 있다. 언양에서 주호는 고공이나 노비를 동시에 보유하는 경우가 많았다. 주호가 고공 또는 노비를 보유한 숫자는 1777년 호당 1.54명,

1795년 1.47명, 1798년 1.32명, 1813년 1.20명, 1825년 1.08명으로 점차 감소했다. 하지만 고공이 호적에서 사라지는 1858년과 1861년에는 호당 노비 숫자가 1.56명과 1.39명으로 증가하였다. 주호는 고공보다 노비를 더 많이 보유했으나, 1825년 이후 고공이 사라지고 노비만 남게 되었다. 이는 실제 고공이 사라졌다기보다는 여러 이유로 호적대장에서 고공의 등재가 사라지고 이를 노비로 기록했기 때문으로 생각된다.

주호는 고공에 비해 노비를 두 배 이상 보유하였으며, 노비는 생산노동력으로, 고공은 장년남성의 경우 생산노동력, 여자고공은 가사노동력으로 사용하여 그 역할이 서로 달랐다. 노비와 고공 모두 여성이 남성보다 거의 두 배 정도 더 많았다. 여성을 선호했던 경제적 이유로는 여성 노동의 유용성을 들 수 있다.

언양 노비의 평균 나이는 1777년 남자 28.5세, 여자 29.6세, 1795년 남자 31.2세, 여자 29.1세였다. 1798년에는 남자는 32.2세, 여자는 28.6세로 남자의 나이가 상승했으나, 여자 나이는 낮아졌다. 1813년에는 남자 32.2세, 여자 30.1세, 1825년에는 남자 32.5세, 여자 32.3세였다. 이처럼 19세기 초 언양 노비의 나이는 20대 후반-30대 초반으로 농업생산에 적합한 나이이며, 비의 비중이 상대적으로 높았다. 노와 비의 나이 차이에는 특정한 일관성이 없어서 서로 부부관계가 아니라는 것을 보여 준다. 언양 노비의 나이 추세는 노비가 생산노동력으로서 역할을 지속했다는 것을 알 수 있다.

3. 노비매매와 생산성

18-19세기 노비의 도망비율은 단성에서 17-37%, 언양에서 9-14%, 대구 최씨 집안에서 12-29%였다. 지역별로 다르지만, 공통적으로 공노비가 폐

지되는 1801년까지 노비도망이 급격하게 증가하다가, 그 이후 감소하였다. 도망노비의 연령은 농업생산이 가능한 장년층인 30-50대가 39%, 20-30대도 15%에 달하고 있어서 생산이 가능한 청장년층 노비의 도망이 54%로서 과반을 넘었다.

노비의 도망과 생산성의 관계를 파악하기 위해서 18-19세기 조선의 생산성을 파악해야 하지만, 노비의 생산성에 대한 직접 자료는 남아 있지 않다. 이 장에서는 Eltis, et al.(2005)의 연구와 유사하게 18-19세기에 매매된 노비의 가격을 통해서 그 생산성을 추계하였다. 노비의 도망이 증가하면서, 노비주는 합법적으로 노비의 추쇄나 사적인 태형을 통해서 강제노동방식을 택하였다. 하지만, 도망가지 못한 노비들은 지속적으로 도망을 모색하거나, 태업과 파업으로 지주에 저항하였다. 노비의 높은 감시비용과 낮은 생산성은 노비가격에 그대로 반영되었다.

노비매매자료

노비매매자료는 17세기 후반부터 19세기 후반까지 약 200년간 노비의 성별, 나이, 노비가격, 매매된 노비 숫자, 노비매매 사유 등을 포함하고 있다. 노비매매자료는 여러 가문과 지역의 다양한 자료를 정리했기 때문에 일관성을 갖는 데는 한계가 있지만 토지와 달리 지역별로 노비의 질적인 측면이 서로 유사하고, 이주와 이동이 용이하여 지역적으로 노비가격의 차이가 크지 않았다.

17세기 이전 조선에서 양반 지주의 노비 관련 고문서 소실 등으로 노비매매자료가 거의 존재하지 않아서 불확실하지만, 노비매매는 많지 않았다. 노비매매자료를 사용하여 1423-1690년 노비매매 숫자를 분석해 보면, 노비매매 숫자는 17세기 이전 시기 270년 동안 50건에 그치고 있다. 15세기 양반지주의 노비유산에 대한 사례는 1452년 안동 진성이씨가 이우양(李遇陽)의 유언(遺言)에서 볼 수 있다. 그는 후손들에게 노비유산을 방매(放賣)하지 말 것을 당부하고, 만일 방매가 불가피하다면 '동종족류(同宗族類)'에게만 방매토록 경계하였다.[20] 이처럼 조선 중기까지 노비는 양반층의 사회적 신분을 유지해 주는 중요한 수단으로서 그 매매건수가 상당히 적었으며, 노비매매 자체가 신분제 사회에서 천한 상행위로 치부되었다. 노비주가 노비를 매도할 때는 그 사유가 흉년, 부채 등 생계와 관련된 긴급한 경우였다. 1678년 상평통보의 유통으로 노비매매가 점차 증가하였는데, 노비의 보유비용이 노비의 생산 가치보다 크다면 노비를 방매하였다.

노비매매자료는 양반가의 노비매매문서, 규장각과 국립중앙도서관의 매매문서, 국내 대학과 일본 텐리대도서관의 노비매매문서 등 다양한 출처에서 발췌되었으며, 다음과 같다; 서울대 규장각, 국립중앙도서관, 영남대 박물관, 전북대박물관, 원광대박물관, 순천대박물관, 목포대박물관, 전주역사박물관, 국립전주박물관, 일본 텐리대(天理大)소장고문서, 교토대소장고문서, 『경북지방고문서집성』, 『영남고문서집성』, 광산김씨오천(烏川)고문서, 부안김씨고문서, 『고문서집성-부안김씨편, 의성김씨편, 김해김씨편』 등, 『일성록』, 『승총명록(勝聰明錄)』, 경상도언양호적대장, 경상도단성호적대장 등이다.

이 장에서는 1689-1894년 시기별로 총 634명의 매매노비를 성별과 나이별로 정리해 보았다. 매매노비 634명 가운데 노(奴)가 255명(40%), 비(婢)가

---

20 『慶北地方古文書集成』, 128쪽.

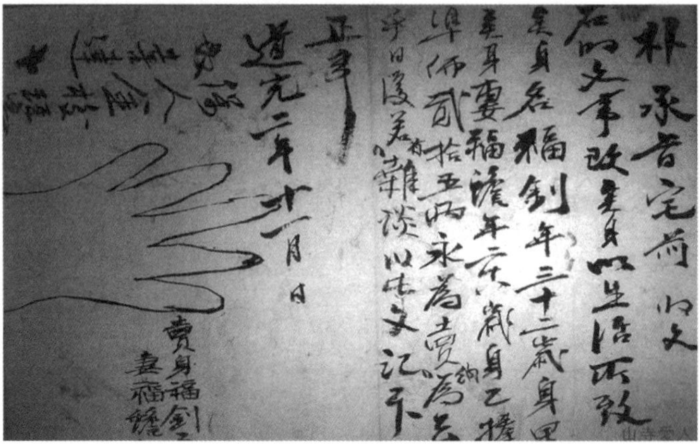

1822년 자매노비의 매매문서. 출처: 국립중앙박물관.

379명(60%)이었다. 시기별 노비의 성별 매매비율이 호적대장에서 등재된 고공의 성별 비율과 거의 유사하다. 18-19세기 노비 매매는 증가했지만 전체 호구에서 노비가 차지하는 비율은 점차 감소하였다. 노비인구는 1731년(영조 7) 종천제에서 종양제로 노비제가 변화하면서 감소하였다.

노비의 자기성장 노력은 사회·경제적 변화와 함께 두드러졌으며, 노비주의 감시에도 불구하고 납속(納粟)·군공(軍功)을 통한 신분상승과 태업, 도망, 신공납부 거부, 살주(殺主)·작난(作亂) 등 저항을 통해 신분사회의 질서를 극복해 갔다. 노비 도망의 사례는 양반 가문에서 보관하고 있는 호구단자(戶口單子)·분재기(分財記), 호적대장에서 잘 나타나 있다. 앞서 단성과 언양, 대구 호적대장에서도 노비인구가 감소하는 이유가 노비도망이었다.[21] 양반의 노비도망에 대한 추쇄기록은 급격히 감소하고 있다. 국가의 노비정책도

21 四方博(1938), 김건태(2004).

노비에게 편향적으로 변화하고 있었으며, 주인은 노비감시비용이 증가하면서 노비를 점차 방매하였다. 노비매매는 17세기 후반에서 18세기로 넘어가면서 급격히 증가하였지만 19세기에 감소 추세로 돌아섰다. 노비매매의 감소는 노비의 인구와 수요 감소와 관련이 깊다. 흥미로운 점은 매매노비 중에서 노(奴)보다 비(婢)의 매매건수가 20% 정도 더 많이 나타나고 있다는 점이다. 이는 노비매매의 목적이 농업생산력뿐 아니라 여비의 경우처럼 가사노동이나 양잠·면직·길쌈 등 겸업노동을 목적으로 매매되었을 가능성이 큼을 보여 준다. 여비는 남노와 달리 가사노동만 하였다고 보기 힘들며 여비의 노동강도는 남노에 비해 적지 않았다.

『국역 유서(迂書)』 권9, 논한민(論閑民)에서는 "명주와 모시의 길쌈으로 말하면, 이 또한 농가의 예삿일인데 「주례(周禮)」에서 둘로 나눈 것은 무엇 때문인가. 농가의 부녀들은 김매고 밥 짓는 등 계속되는 일에 여가가 없는데, 반드시 자기가 길쌈하여 옷을 지어 입게 한다면 자연히 늦어지게 될 것이다. 그러므로 우리나라의 목화는 수확한 그해 안에 전부 짜서 무명을 만들기가 어렵다. 이리하여 시장 점포에 무명이 성행하지 못하며, 시골 아낙네들이 손수 짠 무명도 좋지 않아서 대체로 거친 무명이 많다. 아까운 목화를 가지고 질기고 곱지 않은 무명을 짜내니 어찌 생활 속의 한 가지 폐단이 아니랴. 중국은 그렇지 않아서 심는 사람은 짤 필요가 없고 짜는 사람은 심을 필요가 없다"며, 우리나라 농가의 여성은 중국과 달리 농사와 가사, 그리고 방직 등을 모두 겸하고 있어 질 좋은 무명을 직조하지 못하는 한 원인이 된다고 설명하고 있다.

〈표 6〉은 18-19세기 시기별로 매매노비의 평균 나이를 세분화하여 나타내었다. 시기별 구분은 노비가격의 추세가 변화하는 시기로 구분한 것이다.

〈**표 6**〉 18-19세기 매매노비의 연령 변화(단위: 세)

시기	노의 평균 나이	비의 평균 나이	노비 평균 나이
1689-1710	21.0	21.8	21.4
1710-1750	15.1	21.3	**18.2**
1750-1790	16.3	20.8	**18.5**
1790-1820	16.0	18.9	17.4
1820-1860	13.0	17.0	15.0
1860-1894	27.3	13.7	20.5
평균	18.1	18.9	18.5

* 자료: 서울대 규장각, 국립중앙도서관, 영남대박물관, 전북대박물관, 원광대박물관, 순천대박물관, 목포대박물관, 전주역사박물관, 국립전주박물관, 일본 텐리대(天理大)소장고문서, 교토대소장고문서, 『경북지방고문서집성』, 『영남고문서집성』, 광산김씨오천(烏川)고문서, 부안김씨고문서, 『고문서집성-부안김씨편, 의성김씨편, 김해김씨편』 등, 『일성록』, 『승총명록(勝聰明錄)』, 경상도언양호적대장, 경상도단성호적대장 등 참조. 저자 작성.

18세기 이후 매매노비의 연령이 점차 낮아졌으며, 그 평균나이가 15세 이하여서 이들 노비는 농업노동보다 가사노동으로 사용되었을 것으로 보인다.[22] 이러한 사실은 노(奴)의 특성에서 두드러졌다. 남노의 평균나이가 17세기 후반 21세였는데, 18세기 15-16세, 19세기 중반 13세로 낮아졌다. 매매노비는 18세기 이후 연소화, 여성화되고 있는데, 이는 앞에서 살펴본 고공의 성격변화와 거의 일치하고 있다. 만약 고공이 노비의 대체 노동력이었다면 노비 나이가 어려지고 비(婢)의 매매비율이 증가할 때, 고공은 이와 반대로 생산노동을 담당할 수 있는 청장년층이 증가하고, 남자고공의 비율이 높았을 것이다. 하지만 호적대장에서 나타난 고공은 매매노비와 같이 연소화, 여성화 현상을 보이고 있어서, 고공이 노비의 대체노동이 아닌 호적상 노비의 다른 이름이었거나 보완적 관계라는 것을 나타낸다. 이 같은 사실은 1783년 고공정제 이후 고공의 출신신분으로 양민보다 노비의 비율이 증가

22 久間健一(1935).

하는 것과 일치한다.

18-19세기 조선에서 흥미로운 노동형태는 유민과 빈농층 가운데 일부가 자기 자신이나 자녀를 스스로 매매(=自賣)함으로써 노비신분으로 전락하는 자매노비이다.[23] 18세기 중반 이후 빈번하게 나타나는 자매노비는 일반노비에 비해 그 매매 숫자가 적고 나이도 어리며, 또한 아주 헐값에 거래되었다. 하지만 18세기 말부터는 전체 노비매매에서 자매노비가 차지하는 비율이 급격히 증가하였다. 이는 18세기 말 이후 신분제의 해체와 정부의 부세 수탈 강화, 부의 양극화로 인해 유민과 빈농층이 증가한 사실과 관련이 깊다. 〈표 7〉은 18-19세기 자매노비의 매매건수와 나이 등을 기록하고 있다.

〈표 7〉 18-19세기 자매노비 매매 숫자와 매매비율, 평균 나이(단위: 명, 세, %)

시기	노비매매 숫자(명)				자매노비 매매비율 (%)	자매노비 평균 나이 (세)	일반노비 평균 나이 (세)
	자매노비			전체			
	남자	여자	계				
1689-1710				83			21.4
1710-1750				**159**			18.2
1750-1790	7	6	13	**165**	7.8	14.8	18.5
1790-1820	10	18	28	101	27.7	15.0	17.4
1820-1860	4	10	14	93	15.1	23.7	14.9
1860-1894	3	11	14	33	42.4	27.4	20.5
전 기간	24	45	60	634	23.25	20.2	18.5

* 자료: 서울대 규장각, 국립중앙도서관, 영남대박물관, 전북대박물관, 원광대박물관, 순천대박물관, 목포대박물관, 전주역사박물관, 국립전주박물관, 일본 텐리대(天理大)소장고문서, 교토대소장고문서, 『경북지방고문서집성』, 『영남고문서집성』, 광산김씨오천(烏川)고문서, 부안김씨고문서, 『고문서집성-부안김씨편, 의성김씨편, 김해김씨편』 등, 『일성록』, 『승총명록(勝聽明錄)』, 경상도언양호적대장, 경상도단성호적대장 등 참조. 저자 작성.

---

23 김재호(2005).

자매노비의 증가는 신분제사회에서 노동시장을 대체하는 기능을 잘 나타내고 있다. 노비제가 제도적으로 혁파되는 것은 1894년 갑오개혁이지만 18세기 이후 자매노비가 활성화되면서 노비와 임금노동의 차이도 줄어들었다. 자매노비의 매매 숫자와 전체 노비매매에서 자매노비가 차지하는 비율의 추이는 1750-1790년 매매노비 숫자 165건 중에서 13건으로, 그 비중이 7.8%에 불과하였다. 1790-1820년 노비매매 숫자 101건 중에서는 자매노비가 28건, 그 비중도 27.7%로 급증하였다. 1820-1860년 노비매매 93건 중에서는 자매노비가 14건이었지만, 1860-1893년 노비매매 33건에서 자매노비는 14건으로 그 비율은 42.4%로 증가하였다. 이처럼 노비매매에서 자매노비가 차지하는 비율은 증가추세였다.

1750-1820년 자매노비의 평균 나이는 15세로서, 일반노비의 18세보다 3살 정도 낮다. 이는 자매노비의 매매목적이 생계유지를 위한 가사노동이었음을 추정할 수 있다. 1820-1893년 자매노비의 나이는 26세 정도로 갑자기 높아지고 있다. 이는 일반노비의 나이가 1689년 21세에서 1860년 15세로 낮아지고 있었던 것과 대조적이다. 19세기 중반 자매노비의 역할이 가사노동에서 점차 생산노동력을 제공하는 역할로 전환된 것으로 보인다. 자매노비의 성별은 시기별로 차이가 있지만 여성의 비율은 60%로서 일반노비의 경우와 유사하였다.

노비매매서류에서 자매노비의 비중이 높아지고 있는데, 이는 자매노비의 목적이 18세기 가사노동으로 시작되었다가, 19세기 중후반 노비가 사라지면서 생산노동력을 대신한 까닭으로 보인다. 자매노비의 생산노동력 역할은 자매노비의 남성 비율이 높아지고, 장년층이 많다는 점 이외에 자매노비의 가격이 급격히 높아져서 일반노비와 비슷해지고 있다는 점에서도 알 수 있다.

노비가격과 생산성

〈표 8〉은 자매노비와 일반노비의 가격 추세를 보여 주고 있다. 자매노비의 가격은 18세기에 8-9냥에서 18세기 말-19세기 중반까지는 조금 하락하여 8냥 정도를 형성하고 있다. 하지만 1860년 이후에는 이전 가격보다 2배 이상 뛰어 19냥 정도였는데, 이는 인플레이션 현상과 관련이 있다. 18세기 중반 자매노비의 평균가격은 8-9냥인 데 비해 일반노비의 가격은 12냥으로 1.5배의 차이를 보이고 있다. 자매노비가 생산노동보다는 생계유지를 위한 사역노동으로 매매되었다는 것을 알 수 있다. 하지만 19세기 중후반에 자매노비의 가격은, 특히 남자의 경우 일반노비의 가격과 동일한 12.5냥이었다. 자매노비가 일반노비와 같이 생산노동으로서 사용되었다는 것을 알 수 있다.

〈표 8〉 자매노비와 일반노비의 가격 비교(단위: 냥)

시기	자매노비 가격(냥/구)			일반노비 가격(냥/구)		
	남자	여자	평균	남노	여비	평균
1689-1710	-	-	-	20.14	23.90	20.36
1710-1750	-	-	-	12.20	15.07	12.28
1750-1790	8.00	10.02	9.76	9.42	13.47	11.45
1790-1820	7.90	8.91	8.64	7.34	11.06	12.43
1820-1860	8.60	12.50	8.62	10.11	34.16	19.08
1860-1894	12.50	21.43	19.20	12.50	59.79	23.84
전 기간	9.25	13.21	11.65	11.95	27.07	16.40

* 자료: 서울대 규장각, 국립중앙도서관, 영남대박물관, 전북대박물관, 원광대박물관, 순천대박물관, 목포대박물관, 전주역사박물관, 국립전주박물관, 일본 텐리대(天理大)소장고문서, 교토대소장고문서, 『경북지방고문서집성』, 『영남고문서집성』, 광산김씨오천(烏川)고문서, 부안김씨고문서, 『고문서집성-부안김씨편, 의성김씨편, 김해김씨편』 등, 『일성록』, 『승총명록(勝聰明錄)』, 경상도언양호적대장, 경상도단성호적대장 등 참조. 저자 작성.

18-19세기 자매노비의 가격은 일반노비 가격에 비해 낮게 형성되고 있지만 자매노비 남자의 평균가격이 9냥으로 자매노비 여자의 가격 13냥보

다 낮았으며, 18세기 중반 이후 자매노비 남자와 여자의 가격차가 확대되었다. 자매노비의 남녀 평균가격은 약 11냥으로서 남노의 가격과 유사하나 여비의 가격(약 27냥)보다는 훨씬 낮다. 노비가격을 기준으로 여비의 가격이 제일 높고 자매여자가 다음이고, 남노와 자매남자의 가격 순이다. 19세기 후반 여비의 가격은 60냥으로서 남노 12.5냥과 자매남자 12.5냥에 비해 5배나 높다. 이는 이 시기 여성이 남성에 비해 노동가치적 측면에서 훨씬 더 유용했다는 것을 나타낸다.

이러한 자매노비와 일반노비의 가격 차이는 두 노비의 특성 변화를 나타낸다. 19세기 중반까지 자매노비가 일반노비에 비해 가격이 낮았던 이유는 법률적으로 자매노비가 세습되지 않아 일반노비보다 낮게 매매되었기 때문으로 보인다. 그리고 자매노비는 농업노동보다는 흉년이나 부채 등 극단적인 생계유지의 차원에서 매매되었기 때문에 일반노비보다 나이가 어렸고 저가로 거래되었다. 이는 1820년 이전 자매노비의 나이가 15세 이하였다는 것에서 유추할 수 있다. 19세기 후반 자매노비가 일반노비 가운데 특히 남노와 가격 차이가 거의 없어진 것은 노동가치 측면에서 자매노비와 남노가 차별성을 갖지 못할 정도로 유사해졌다는 것이다. 19세기 후반 여비와 남노, 자매여자와 자매남자의 가격 차이가 확대되는 것은 여비의 가치가 더욱 높았으며, 여비는 여전히 노비를 재생산할 수 있는 수단이었기 때문이다.

조선 후기 빈농이 노동력을 매매하는 방식은 임노동을 매매하는 고공이나 신분제의 형식을 갖춘 자매노비로 나누어 볼 수 있다. 자매노비의 증가는 신분제 사회에서 노동시장을 대체하는 기능을 잘 나타내고 있다. 18세기 이후 자매노비가 활성화된다는 사실을 통해 볼 때 노비매매와 임금 노동시장의 차이는 점차 사라졌다.[24] 이는 기능적으로 18세기 중반 이후 노비제의 해체가 시작되었다는 것을 의미한다. 18-19세기 조선에서 농업생산성은 하락추세였다. 최근 연구들은 농업생산성을 토지 생산성과 노동생산성으로 구분하지 않고 동일한 것으로 보고 논리를 전개하고 있다. 하지만 토지생산성과 노동생산성은 전혀 다른 개념이다.

〈그림 3〉은 1780년 기준 단성, 언양, 대구의 호적대장에서 노비의 도망비율을 나타낸다. 노비의 도망비율은 1689년부터 꾸준하게 증가하고 있지만, 공노비가 폐지되는 1801년 이후 급격하게 하락하고 있다. 1731년 종모법에 따른 노비제의 변화는 노비의 도망뿐 아니라 노비 면천으로 노비인구 감소에도 영향을 미친 것으로 보인다. 18세기 노비의 도망이 증가하면서 노비생산성은 하락하였지만, 1801년 공노비 폐지 이후 노비도망이 줄어들면서 노비생산성이 회복되었다. 1801년을 기준으로 U자 모양의 노비생산성 추세가 노비도망과 정반대로 나타나서, 노비도망과 노비생산성의 관계는 음(-)의 관계를 보이게 된다.

〈그림 4〉는 1780년 기준 18-19세기 노비 생산성을 나타내는 노비의 실질가격 추세를 보여 주고 있다. 노비의 실질가격은 노비매매문서에서 발췌한 노비매매가격에서 미곡가격(경주와 영암의 미곡가격의 가중평균값)을 나누어 준 값을 사용하였다.

18-19세기의 중요한 점은 실질매매가격으로 추정한 노비의 생산성은 1801년 기준으로 그 이전에는 하락하다가, 공노비 폐지 이후 다시 증가하는 U자 모양을 보이고 있다는 점이다. 이는 노비제로 인해 노비도망이 증가하면서

---

24 자매노비 매매는 1894년 갑오개혁으로 노비제도가 사라진 이후에도 지속되었다. 1897년 1월에 박성필 부부가 7세의 딸 수희를 30냥에 오씨 댁에 판 경우가 있다.(國立中央圖書館 소장 自賣文記)

〈그림 3〉 18-19세기 노비의 도망비율(단위: 1780=100)

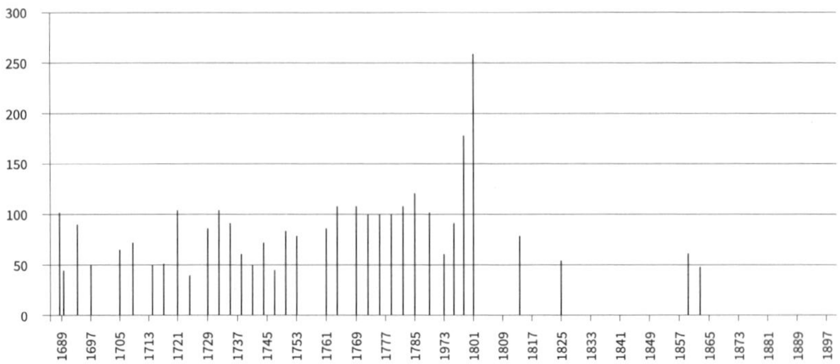

* 자료: 대구, 단성과 언양 호적대장 참조. 저자 작성.

〈그림 4〉 18-19세기 노비 생산성(실질가격) 추이(단위: 미곡 기준, 1780=100)

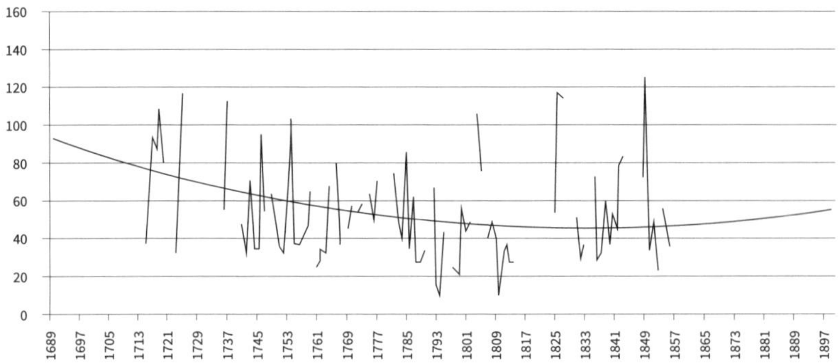

* 자료: 서울대 규장각, 국립중앙도서관, 영남대박물관, 전북대박물관, 원광대박물관, 순천대박물관, 목포대박물관, 전주역사박물관, 국립전주박물관, 일본 텐리대(天理大)소장고문서, 교토대소장고문서, 『경북지방고문서집성』, 『영남고문서집성』, 광산김씨오천(烏川)고문서, 부안김씨고문서, 『고문서집성-부안김씨편, 의성김씨편, 김해김씨편』 등, 『일성록』, 『승총명록(勝聰明錄)』, 경상도언양호적대장, 경상도단성호적대장 등 참조. 저자 작성.

노비생산성도 하락하였지만 1801년 공노비 폐지 이후 노비생산성도 점차 회복하였음을 알려준다.

18-19세기 노비제는 노비이동성을 극단적으로 제약하였으며, 노비도망

〈그림 5〉 18-19세기 노비의 실질가격과 작인의 실질임금 비교(단위: 미가 기준)

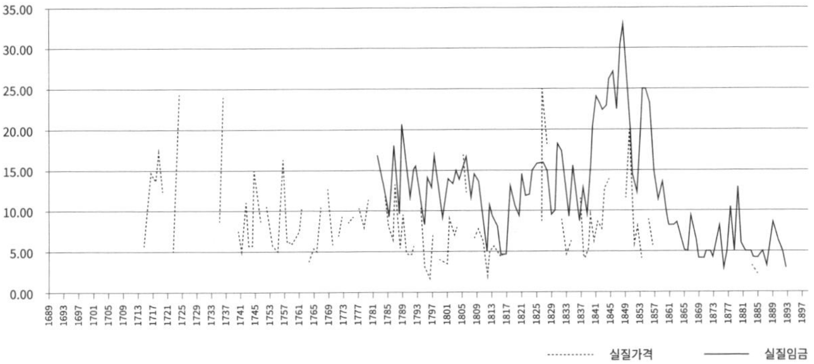

* 자료: 경상도 예천 박조수씨가 일기, 전라도 영암 남평문씨 일기 참조. 저자 작성.

도 증가하였다. 노비의 감시비용과 낮은 생산성은 노비의 실질가격에 그대로 반영되었다. 노비의 도망과 생산성의 관계가 서로 밀접한 관계를 보이지만, 노비생산성은 실제 임금노동자인 단기고공의 생산성보다 크게 낮았다.

〈그림 5〉는 노비의 실질가격과 일고의 실질임금을 비교하였다. 일고의 실질임금 자료는 경상도 예천 박조수씨의 농업일기와 전라도 영암 남평문씨의 일기에서 발췌하였으며, 실질임금의 시계열 자료는 두 지역 실질임금의 가중평균값이다. 경상도와 전라도 지역에서 실질임금은 일일 단위로 지급되므로, 이를 연간 실질임금으로 전환하였다. 한 달에 농업가능 일수를 25일로 하고, 겨울 농한기를 빼고 연간 10개월 정도 농업 일을 한다고 가정하였다.[25]

실질노비가격은 일고의 실질임금보다도 32% 정도 낮았으며, 실질노비가격과 실질임금의 차이는 1801년 공노비가 폐지되는 시기 전후에 가장 컸

25 Jun, Lewis(2007)는 영암 남평문씨의 실질임금(미곡 표시), 김건태(2004)는 전라도 영암 남평문씨가와 예천 박조수가의 작인에게 지급된 실질임금(미곡)을 추계하였으며, 실질임금은 하락추세였다.

다. 단기고공의 실질임금은 변동성을 보이고 있지만, 실질노비가격에 비해 높아서 노비도망과 노동 이동성 제약이 노비 생산성을 얼마나 하락시켰는지를 설명할 수 있다. 1801년 공노비 폐지 이후 노비도망이 줄어들면서, 그 생산성 차이는 줄어들었다.

1833년 화고제 이후 단기고공이 증가하면서 이들의 실질임금은 증가하였으나, 신분노비의 생산성은 오히려 감소하였다. 그 결과 단기고공의 생산성과 노비생산성의 격차는 다시 확대되었으며 1894년까지 지속되었다. 그림에서 일고의 실질임금은 연평균 12.10석(968kg)으로 하락추세였으며, 노비생산성은 9.16석(732kg)이었다.

제3장 | 생산성과 임금의 비교

18-19세기 단순 노동자인 일고의 생계비 수준은 실질임금을 통해 짐작할 수 있다. 일고의 실질임금은 대체로 하락하였으며, 토지생산성과 지대도 하락하고 있었다. 1833년 화고제 이후 노동 이동성이 증가하면서 1850년대까지 실질임금은 2-6배 급등하였다. 이 장에서는 18-19세기 조선의 단기노동자인 일고의 실질임금 수준을 짐작하기 위해서 일본의 단순노동자 실질임금과 비교해 보았다. 또한 단기노동자인 일고의 생산성과 실질임금의 관계를 설명하고자 한다.

1. 생산성과 임금

18-19세기 조선의 고공법은 신분제 틀 안에서 계약기간과 임금을 법으로 정하여 고공의 자유로운 이동을 제약하였다. 18-19세기 수많은 사회제도가 변화하였고 노동생산성도 지속적으로 변화하였지만, 노동생산성의 변화를 가져온 원인에 대한 연구가 많지 않다. 조선 후기 단순노동자인 일고 또는 작인의 실질임금에 대한 연구는 노동생산성의 중요성을 파악하고 있었지만, 실질임금은 노동생산성 변화의 결과이지 그 역의 관계는 아니다.

단기고공인 일고는 토지가 없는 무산자였으며, 가족을 중심으로 소농경영을 하였으며, 병작지를 임차하여 지대를 지불하기도 했다. 이들은 매년 고리대에 의존하여 봄 춘궁기에 식량을 빌려서 가을 수확기에 고리대를 갚았다. 소작농과 고공은 농업경제에서 자기 토지가 거의 없고, 생계수준이 낮아서 고리대 이자가 높은 경우 항상 도망갈 확률이 높았다. 따라서 단기

고공이나 소작농에게 식량이 부족한 춘궁기인 봄에 곡식을 빌려주고 수확기인 가을에 현금이나 곡식으로 되돌려 받는 신용 수단인 환곡과 고리대는 신용위험을 고려해서 35-50%로 매우 높았다. 이 시기 유럽의 이자율은 10-15%였다. 경상도 대구 달성우씨가의 추수기에서 나타난 연간 고리대 이자율은 1731년 노비제가 종양제로 전환된 이후 50%로 높았으나, 1801년 공노비 폐지 이후 35%로 하락하였다. 1801년 이후 노동 이동성 개선과 일고의 사용 확대는 실질임금의 인상뿐 아니라 신용위험을 줄이는 역할을 하였으며 고리대 이자도 하락하였다.

18-19세기 단기노동인 일고의 사용은 단지 지주뿐 아니라 소농에게도 일반적인 현상이었는데, 이는 1774년(정조 23) 김양직(金養直)의 언급을 통해 잘 볼 수 있다.

> 비록 8구(口)의 농가라도 3농(農)이 바쁠 때에 이르면 반드시 고인(雇人)을 필요로 합니다. 고인 1부(夫)에 가격(價)이 10문(文)이 넘고 삼시(三時)를 배부르게 먹인 다음에야 일을 할 수 있는데 수종건파(水種乾播)는 반은 건조하고 반은 습하여 잡초가 먼저 무성하여 1두(斗)를 파종하는 땅에 3차례 제초(除草)하려면 고인(雇人) 20인으로도 오히려 적은데 물로 치앙(治秧)하는 데 있어서는 3인(人)으로 충분합니다.[26]

김양직의 언급에서는 8명의 가족 노동력을 가진 소농에서 농번기에는 반드시 임노동을 고용했었다는 것을 강조하고 있다. 특히 자작소농이 수종건파(水種乾播)를 할 경우에는 1두락의 3차례 제초 작업에만 고공 20명도 부족할 정도라고 하였다. 그렇다면 10두락을 경작하는 소농의 경우 제초

---

26 『일성록』 권629, 정조 23년 3월 28일.

하는 작업에만 고공 200명 이상이 필요했다는 것이다. 김양직은 고공의 1일 고가(雇價)가 10문(文)이 넘는다고 언급하고 있다. 이처럼 18세기 이후 농업경영에 있어 임노동의 사용은 상당히 확대되었다.

18-19세기 지주들은 토지생산성의 하락에 대응해서 거주지 인근 토지는 단기고공을 집중적으로 활용하여 생산성을 높였지만, 원거리에 있는 토지는 병작제를 선택하였다. 병작제는 지주 입장에서 생산성을 높이기 위한 대안으로서 활용되었지만, 소작농 입장에서도 수확물을 반으로 나눌 수 있는 인센티브가 있어서 선호하였다.[27] 병작제는 지대방식에 따라 정액지대(도조)와 정률지대(타조)가 있다. 이때 지대방식의 결정은 지주의 노동 감시비용과 수확물 위험에 따라 다르게 결정된다. 예를 들어, 임금을 주고 고용노동을 사용하는 농업경영에서는 임금 이외에 추가적인 생산에 대한 인센티브가 없어서 작인의 모럴 해저드(moral hazard)와 감시비용이 존재한다. 따라서 노동생산성을 높이기 위한 방법은 감시를 통해 노동 강도를 높이거나, 농업생산의 공정과 수확을 보상 인센티브로 재분배하는 것이다.

첫째, 정액지대 수취 방식은 생산량이 늘어날수록 미리 정한 지대를 제외하고 소작인의 수확이 증가하는 인센티브가 존재한다.[28] 하지만 흉작 등으로 인해 생산물의 수확이 감소하면 소작인의 생산 위험도 상대적으로 증가한다. 생산물에 따라 수확 위험이 증가하면 소작인은 정액지대를 기피하며, 지주는 지대를 낮추게 된다. 둘째, 정률지대 방식은 지주와 소작인

---

27 조선시대 자료에는 주로 작인으로 표현되고 있다. 소작인(농)이라는 용어는 식민지 시기 이후 사용되었지만, 여기에서 편의상 그대로 사용하기로 한다.

28 오카자키 데쓰지/이창민 옮김(2005).

이 생산량을 반분하기 때문에 정액지대 방식보다는 수확 위험은 줄일 수 있으며, 소작인이 열심히 노력하는 만큼 생산도 증가하는 인센티브도 존재한다. 따라서 정률지대는 소작인의 수확 인센티브와 위험 측면에서 노동력을 직접 고용하는 직영과 정액지대 방식의 중간 정도에 해당한다. 따라서 병작 반수제는 지주와 소작인이 수확과 위험을 분담하는 것이므로 18-19세기 토지생산성이 하락하는 가운데 지주가 가장 많이 사용한 농업경영방식이었다.[29]

18세기 이앙법의 확산으로 농업생산에서 3-9월 사이에 노동력을 집중적으로 사용하며 일시적 노동력이 더욱 필요해졌지만, 농한기인 10-2월까지 일하지 못하고 쉬는 날이 더 많았다. 지주들은 농업생산의 효율성을 위해 노비보다 농사철에만 집중적으로 고용이 가능한 단기고공을 선호하였다. 하지만 18세기 이후 토지의 지대와 더불어 토지 생산성도 하락하는 추세에 있었다.

토지생산성의 하락은 18세기 경상도 칠곡 광주이씨가와 19세기 경상도 예천 박조수씨가의 추수기 자료에서 확인할 수 있다. 〈그림 1〉과 〈그림 2〉는 17-18세기와 18-19세기 두 집안의 토지생산성 변화추이를 보여 주고 있다. 토지생산성은 토지 단위당(두락) 미곡생산량(석)을 나타내며, 실질임금(미곡 기준)은 전라도 영암과 경상도 예천 일고의 실질임금을 사용하였다.

양반지주는 토지생산성이 떨어지면 이앙법과 퇴비의 사용, 수리시설 개선 등 새로운 농업기술을 도입하거나, 토지 면적당 노동력 투입을 증가시

29 17-19세기 유럽의 경우는 토지의 비옥도가 낮고 위치가 나쁘며 가축 사용이 적은 곳일수록 정액보다는 정률지대를 선호하였다.(Ackerberg, D. and Botticini, M., 2000)

<그림 1> 17-18세기 경상도 칠곡 광주이씨가의 토지생산성 변화(단위: 석/두락, 1780=100)

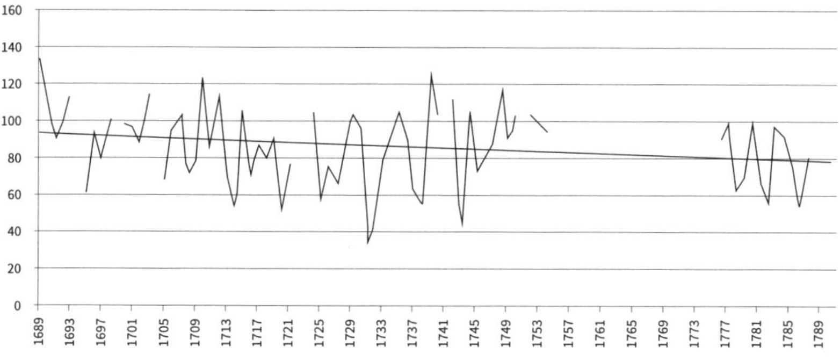

* 자료: 경상도 칠곡 광주이씨가 추수기 참조. 저자 작성.

<그림 2> 19세기 경상도 예천 박조수씨가의 토지생산성 변화(단위: 석/두락, 1780=100)

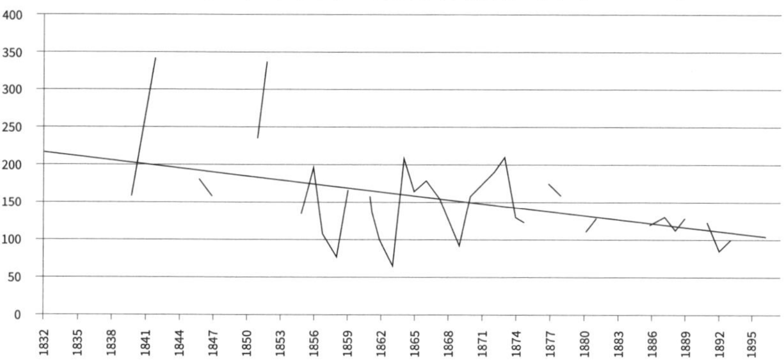

* 자료: 경상도 예천 박조수씨가 추수기 참조. 저자 작성.

켰다. 하지만 농업기술은 일정 기간 고정적이어서, 지주들은 토지 면적당 더 많은 노동력을 투입하여 노동 집약도를 높이거나 노동강도를 높였다. 실제 18-19세기 경상도 칠곡과 예천에서 양반지주의 토지에서 일고와 작인

〈그림 3〉 1689-1790년 경상도 칠곡 지역 작인 1인당 경작면적 변화(단위: 두락)

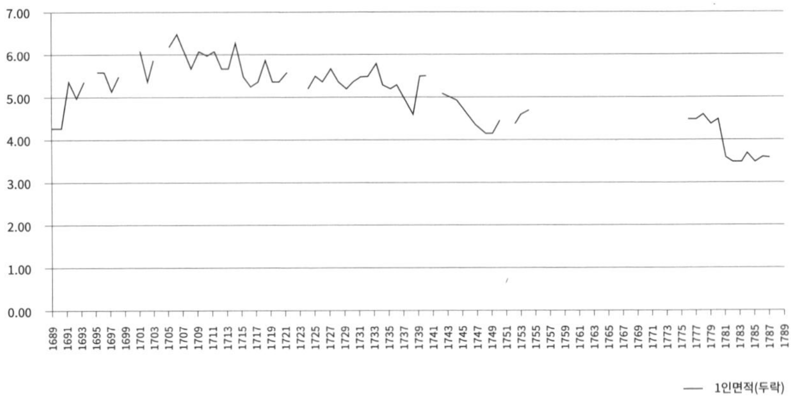

* 자료: 경상도 칠곡 광주이씨가 추수기 참조. 저자 작성.

의 일인당 토지 경작면적이 줄어들었다. 〈그림 3〉은 1689-1790년 경상도 칠곡의 작인 1인당 경작면적을 기간별로 나타낸 것이다. 1689-1710년을 제외하고 작인의 1인당 경작면적은 지속적으로 감소하였다. 이는 자작농이나 양반지주가 토지생산성의 하락에 대응하여 노동투입강도를 높여서 생산성을 유지한 결과이다.

〈표 1〉은 경상도 칠곡과 예천의 토지생산성과 작인의 경작면적 변화를 비교해서 나타낸 것이다. 경상도 칠곡의 작인 경작면적은 연 -0.002%로 하락하는 추세이며, 토지 생산성도 연 -0.27%의 감소율을 보이고 있다. 작인 1인당 경작면적과 토지생산성은 1689-1710년에 이앙법과 시비법 등 농업기술의 발전으로 인해 일시적으로 0.41% 상승을 보였지만 그 이후 지속적으로 감소하였다.

〈표 1〉 18-19세기 경상도 칠곡과 예천 토지생산성과 작인당 경작면적의 변화율(단위: 년, %)

기간	토지 생산성 변화율 (석/1두락)	작인 경작면적 변화율 (두락/1인)
1689-1710	0.41	0.016
1711-1750	-0.68	-0.008
1751-1790	-1.07	-0.004
1791-1820		
1821-1860	-0.002	
1861-1900	-0.01	
평균	-0.27	-0.002

* 자료: 경상도 칠곡 광주이씨 추수기, 경상도 예천 박조수씨가 추수기 참조. 저자 작성.

18-19세기 토지 생산성이 하락하는 가운데 과도한 조세와 지대로 인해 단기고공과 소작농의 생산이윤은 줄어들어서 생계를 유지할 수 없을 정도였다. 고리대 이자를 사용한 소작농은 야밤에 도주하는 일도 자주 있었다. 남아 있는 소작인들은 토지생산성 하락으로 지대의 삭감이나 지대납부의 연기를 요구하였다. 이는 18-19세기 지주제에서 지대 감소나 지대 수취율의 하락으로 나타났다. 전라도 영암에서 1740년대 두락 당 지대가 20두(벼)에서 1820년대 12두, 1880년대에는 5두로 떨어져서 140년 동안에 지대 도조가 1/4 수준으로 급락하였다. 한편, 18세기 경상도 칠곡의 광주이씨, 전라도 영암의 남평문씨, 충청도 부여 창원황씨 등 양반가의 농업경영에서도 처음 책정된 지대 도지가 실제 100% 수취된 해가 거의 없었으며, 18세기 후반 이후 도지의 수취율도 점차 떨어지고 있었다.

〈그림 4〉는 19세기 경상도 예천 박조수씨가의 지대량 변화 추이를 나타내고 있다. 그림에서 19세기 이후 지대는 지속적으로 하락하고 있다.

18-19세기 토지생산성이 하락하는 추세에서 양반지주는 생산성을 향상

〈그림 4〉 19세기 경상도 예천 지대량(단위: 석/두락)

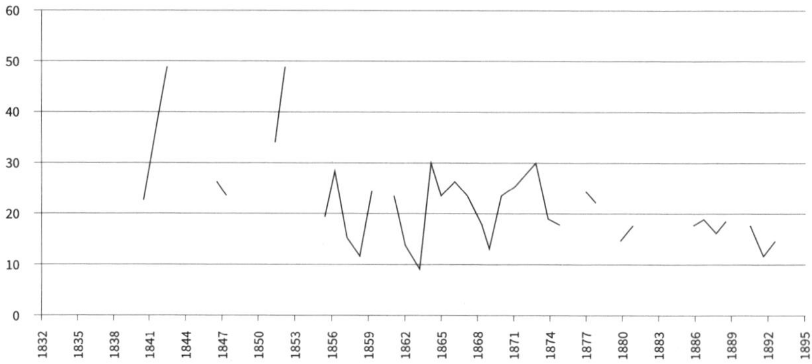

* 자료: 경상도 예천 박조수씨가의 추수기 참조. 저자 작성.

시키기 위해서 강제노동을 시키는 노비제의 한계보다는 단기고공을 사용하는 임금 고용계약제(labor contract)를 택하게 된다. 1833년 화고제 이후 단기고공인 일고가 확대되었으며, 고공의 도망도 더 이상 나타나지 않았다. 18세기 경상도 칠곡 감사댁과 19세기 경상도 예천 박조수씨가, 단성 김인섭씨가의 가작답에 대한 추수기 자료를 보면 노비 이외에 단기고공을 많이 고용했다는 것을 확인할 수 있다. 또한 1801년 공노비의 폐지 이후 단기고공의 실질임금(미곡 기준)은 1801년 15석이었는데, 1850년 30석으로 2배 이상 급등하였다. 하지만 그 이후 실질임금은 다시 하락하였는데 이는 당백전 발행 등 화폐 남발로 인한 인플레이션 현상 때문으로 보인다.

호적대장에 등재되는 노비나 장기고공과 달리 일고의 사용은 그 존재 형태나 노동 성격을 파악하기가 쉽지 않다. 그것은 일고와 관련된 자료가 거의 없어서 양반가 일기나 수확기 등을 통해서 단편적으로 추정할 수 있기 때문이다. 이들은 지주들에게 경제적, 신분적 예속관계를 가지고 있지 않기 때문에 다른 노동력보다 자유롭고 생산성이 높았다. 농업경영방식에 관계없이 계절적으로 농번기에 일고를 고용하는 경우가 많았다.

18-19세기 생산성 하락과 경작면적의 감소로 인한 소작농의 궁핍의 실태는 박문수(朴文秀, 1691-1756)의 언급을 통해 짐작할 수 있다.

> 농민의 사정으로 말하자면 전답(田畓)이 모두 사부(士夫)·향족(鄕族)·부호(富戶)의 수중에 들어갔습니다. 그러므로 그 경작하는 땅이 병작 아닌 것이 없는데 다득자(多得者)라야 10두락(斗畓)을 넘지 않습니다. 1일의 역(役)은 반드시 10인(人)이라야 하고 일조수(一鋤手)의 하루 임금은 양식이 3되이고 고가(雇價)가 5분전(分錢)입니다. 3차례 김매기하고 1차례 벼 베기 하고 1차례 타작에 들어가는 노동력이 거의 50인이니 필경 소득이 20석(石)에 불과합니다. 10석은 지주에게 돌아가고 단지 10석만이 자기 것이 됩니다.[30]

1726년(영조 3) 박문수의 상소는 18세기 초반 농촌 토지 소유의 양극화 현상과 소농의 궁핍한 생활을 잘 보여 주고 있다. 박문수는 당시 사대부, 향족, 부호들의 토지 집중이 심화되고 있었기 때문에 소농의 경우 병작으로 생계를 유지하는 것이 일반적이며, 병작을 많이 하는 소농이라도 10두락을 넘지 않았다고 말하고 있다. 그리고 병작에서 가족 노동력 외에 임노동의 사용을 전제로 하고 있다. 10두락의 경작에 묘(苗)를 심은 뒤에도 제초에서 타작까지 5차례 작업이 필요하고, 그동안 50인의 임노동이 필요하다고 계산하였다. 당시 1일의 임금(雇價)은 1인당 5분전(分錢)이고 세끼 양식을 3되라고 보면 50인의 고가는 2.5냥이며 양식은 15두(斗)이다. 결국 10두락을 경작하는 소농의 수입은 10석인데, 1석을 20두로 환산할

---

30 『비변사등록』 82책, 영조 3년 10월 22일.

때 200두가 된다. 이를 가지고 소농은 식료품비(양식, 부식, 연료비 등 포함), 의복비, 주거비, 관혼상제비, 그리고 다음 해 농사를 위한 종자비까지 지출해야 했다.

중국의 송대와 청대의 소농 경제를 연구한 중국학자 칠협(1987)은 북송시기 한 농촌에서 1가구 5인 가족(성인 3명, 미성년 2명)이 소와 농기구를 보유하고 농업생산을 하면서 지출한 연간비용을 분석하였다. 연간 최대 지출항목은 미곡 28.8석이 필요하며(성인은 하루 2되, 미성년은 1되로 계산), 소금비용이 쌀 1-2석, 의복이 쌀 3-4석, 소 사육비로 쌀 3-4석이 소요된다. 이들 비용을 합하면 한 농민이 연 36-38석의 곡식을 수확한다면 최소 생활을 유지한다고 보았다. 중국학자 방행은 청대 강남지방 소농의 경우, 5인 가족의 양식으로 연 쌀 18석(은 18냥)이 필요하며, 부식으로 일인당 1.4냥씩 일가족이 모두 은 7냥이 필요하고, 의복비로 은 3냥, 주택비로 은 1.6냥, 연료비로 은 3냥이 필요하다고 분석하였다.[31]

이들 항목을 모두 합하면 청대 강남지역에 거주하는 한 농가의 생활비로 연 은 32.6냥(쌀 32.6석)이 필요하다. 이를 항목별로 볼 때 양식비가 전체 소비의 55%이고, 부식이 21%를 차지하여 주식과 부식을 합한 식료비의 비중이 76%로서 높았다. 두 연구에서 소비항목의 차이는 있지만 중국 농가의 연간 최소 생계비는 쌀 33-38석 정도였다. 이 숫자는 국가 조세, 교육문화비, 관혼상제비를 제외한 생계비만 계산한 최소 비용이기 때문에 소농의 삶을 영위하기 위해서 최소 40석 이상의 소득이 필요했다.

---

31 漆俠(1987, 377-378쪽). 청대에 한 사람이 하루 1-2되를 먹지만 연평균 5.5석을 먹어서 하루 평균 1.52되를 먹는다. 남녀, 노소를 고려하면 한 사람이 연평균 3.6석을 소비한다. 5인 가족은 연 18석을 소비하는데 은 18냥에 해당한다.

박지원은 18세기 말 충청도 면천 소농의 연간 소득은 소작료를 내고 나면 400두(20석)가 남고 전세와 종자곡을 빼고 나면 280두(14석)밖에 남지 않는다고 했다.[32] 정약용은 19세기 초 농가의 연간 소득은 소작료를 내고 나면 300두(15석)가 남고 양식과 부채를 빼고 나면 100두(5석)가 남는다고 보았다.[33] 이를 단순하게 중국 청나라 농가의 연간 최소 생계비인 쌀 33-38석과 비교할 때 18-19세기 조선 소작농의 소득은 연 쌀 5-20석에 불과하였다. 조선 후기 소작농은 농업생산을 지속적으로 유지하기 어려웠으며, 재해가 발생하는 경우 부채를 지고, 그로 인해 소유하고 있던 작은 토지조차 방매하는 악순환이 이어졌다.

〈표 2〉는 18-19세기 조선에서 미곡으로 표시한 실질노비가격과 실질임금의 추세를 보여 준다. 1801년 공노비 폐지 이후 노비도망이 줄어들면서 노비 생산성도 점차 회복하였다. 또한 고공의 도망도 급격하게 줄어들면서 실질노비가격과 실질임금으로 표시한 노동생산성도 점차 회복하였다. 이 시기 주요 노동력으로서 노비와 일고의 생산성 대용변수로서 실질노비가격과 실질임금(미곡가격 기준)을 비교해 보았다. 실질노비가격으로 표시한 노비 생산성의 수준이 일고의 생산성과 실질임금보다 크게 낮았다. 일고의 생산성을 파악하기 위해서 전라도 영암과 경상도 예천에서 양반지주가 소작인들에게 직접 지급한 실질임금(미곡 가격 기준)을 일고의 생산성 대용변수로 사용하였다.

---

32 朴趾源, 『課農小抄』 「限民名田議」: "故農人諺云 終年勤作 不贍塩價 而況見戶之中 有田自耕者 十無一二 而公賦什一 私稅分半 並計公私 則已爲十六."

33 정약용 『牧民心書』 戶典, 稅法 下.

〈표 2〉 18-19세기 조선의 실질노비가격과 실질임금 비교(단위: 미곡 기준, 1780=1)

	실질노비 가격	실질노비 가격지수	작인 노동생산성	작인 노동생산성 지수	일고 실질임금	일고실질임금 지수
1689			41.07	1.89		
1690-4			37.04	1.71		
1695-9	30.08	3.38	32.51	1.50		
1700-4			31.12	1.43		
1705-9	16.79	1.89	36.47	1.68		
1710-4	6.72	0.75	37.79	1.74		
1715-9	12.44	1.40	34.04	1.57		
1720-4	10.36	1.16	29.84	1.37		
1725-9	18.33	1.34	29.72	1.37		
1730-4			27.88	1.28		
1735-9	16.40	0.98	32.62	1.50		
1740-4	7.28	0.82	38.25	1.76		
1745-9	9.70	1.09	31.81	1.47		
1750-4	8.67	0.97	35.67	1.64		
1755-9	7.10	0.80	27.77	1.28		
1760-4	6.09	0.68	25.70	1.18		
1765-9	8.30	0.93	26.23	1.21		
1770-4	8.89	1.00	25.60	1.18		
1775-9	8.75	0.98	23.24	1.07		
1780-4	8.66	0.97	21.95	1.01	13.28	0.96
1785-9	7.41	0.83	21.12	0.97	14.96	1.08
1790-4	5.13	0.58	22.18	1.02	12.55	0.91
1795-9	4.33	0.49	22.93	1.06	12.79	0.93
1800-4	10.05	1.13	28.03	1.29	14.10	1.02
1805-9	8.06	0.91	24.26	1.12	13.28	0.96
1810-4	4.20	0.47	17.06	0.79	7.26	0.53
1815-9			23.24	1.07	9.16	0.66
1820-4	6.77	0.76	22.59	1.04	13.67	0.99
1825-9	13.61	1.11	21.82	1.01	13.21	0.96
1830-4	6.21	0.70	19.63	0.90	14.57	1.05
1835-9	7.56	0.85	18.98	0.87	11.14	0.81
1840-4	9.39	1.06	19.79	0.91	22.43	1.62
1845-9	12.90	1.45	20.10	0.93	27.60	2.00
1850-4	9.18	1.03	18.14	0.84	18.13	1.31
1855-9	7.24	0.81	15.18	0.70	17.20	1.25

	실질노비 가격	실질노비 가격지수	작인 노동생산성	작인 노동생산성 지수	일고 실질임금	일고실질임금 지수
1860-4	11.60	1.30	13.86	0.64	8.09	0.59
1865-9	4.24	0.48	14.55	0.67	6.26	0.45
1870-4	5.90	0.66	16.29	0.75	4.90	0.36
1875-9	6.87	0.77	17.66	0.81	6.38	0.46
1880-4	2.69	0.30	10.39	0.48	6.74	0.49
1885-9	1.64	0.18	7.16	0.33	4.62	0.33
1890-3	9.05	1.02	11.55	0.53	5.99	0.43
평균	9.16	0.97	24.59	1.13	12.10	0.88

* 자료: 경상도 칠곡 광주이씨 추수기, 경상도 예천 박조수씨가 추수기. 본문 노비매매문서 참조. 저자 작성.
** 작인의 노동생산성은 지주의 종자비용(생산물의 10%)과 정부의 결세(15%)를 제외한 값이다.

2. 국제 임금 비교

조선에서 일고의 실질임금은 1833년 화고제 시행 이후 급격하게 상승하였으며, 1850년대 정점에 달했다. 한편, 18-19세기 조선에서 일고의 실질임금과 생계비 수준을 파악해 보기 위해서 이 시기 일본 단순노동자의 실질임금과 비교해 보았다. 부록 〈표 1〉은 18-19세기 조선과 일본의 물가지수와 실질임금을 나타낸다. 18-19세기 일본의 물가지수와 단기노동자의 실질임금에 대한 자료는 草野正裕(1996)에서 발췌하였다. 〈그림 5〉는 18-19세기 조선의 물가와 단기노동자 실질임금을 비교해서 보여 준다. 물가는 1860년 이전에 완만하게 상승하다가 1865년 당백전 발행 이후 급격하게 상승하였다.

〈그림 6〉은 1780-1890년 조선과 일본에서 단기노동자의 실질임금지수를 보여 준다. 조선왕실의 의궤에 나타난 단기노동자인 모군의 실질임금은 왕실의 건축과 행사에 동원된 일일 노동자의 임금인데, 임금 변화가 거의 없어서 그 당시 단기노동자의 실질임금을 제대로 반영하지 못한다. 단기노동자의 실질임금은 조선 의궤에서 나타난 모군의 실질임금보다 농업생산

<그림 5> 18-19세기 조선의 물가와 일고의 실질임금 비교(단위: 1750=100)

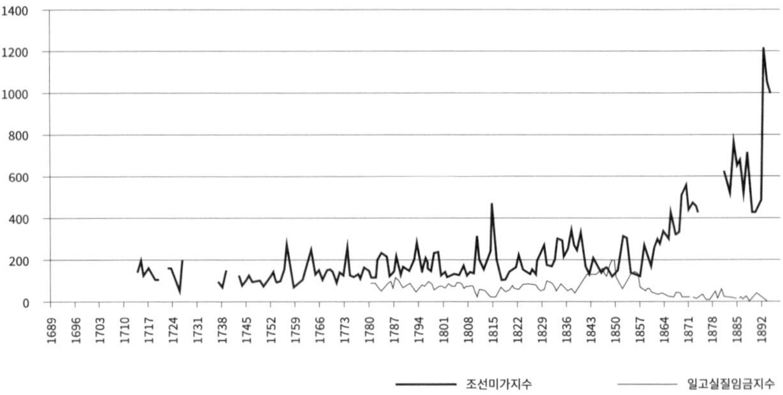

* 자료: 일본 단순노동자 임금은 草野正裕(1996) 참조. 조선 일고의 임금은 전라도 영암 남평문씨 일기와 경상도 예천 박조수씨의 추수기 참조. 저자 작성.

<그림 6> 18-19세기 일본과 조선의 단순노동자 실질임금 비교(단위: 1750=100)

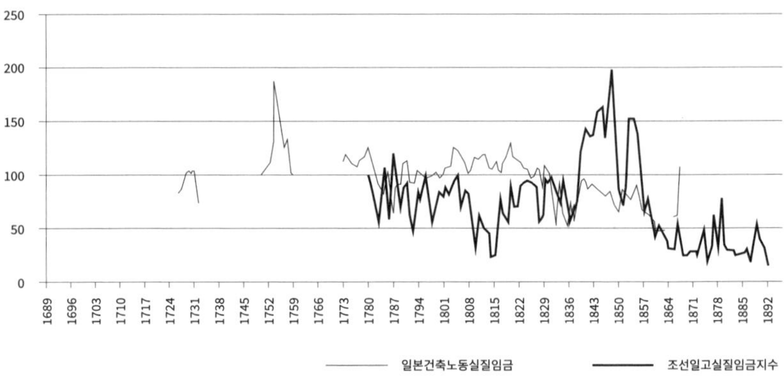

* 자료: 일본 단순 노동자 임금은 草野正裕(1996) 참조. 조선 일고의 임금은 전라도 영암 남평문씨 일기와 경상도 예천 박조수씨의 추수기 참조. 저자 작성.

에서 사용된 일고의 실질임금지수를 대용변수로 사용하였다. 일고의 실질임금자료는 전라도 영암 남평문씨 일기와 경상도 예천 박조수씨의 추수기에서 발췌되었다.

조선 일고의 실질임금은 1780-1830년 안정적인 수준을 유지하다가, 1830-1850년 두 배 정도 상승하였다가, 그 이후 다시 급락하였다. 1830-1850년 실질임금의 급상승은 노동생산성 변화보다 화고제로 인해 노동 이동성이 개선되면서 단기노동자들이 높은 임금을 주는 곳으로 자유롭게 이동함에 따른 것으로 보인다.

일본 단기노동자로서 일용직 건축노동자의 실질임금은 1760년에 1750년 대비 두 배 증가했으나, 그 이후 다시 하락하여 안정적인 추세를 보여주고 있다. 1785-1820년 일본 건축노동자의 실질임금은 상승하는 추세였으나, 1820-1865년 실질임금은 하향 추세를 보인다.

1750년 기준 일본 물가에 비해 조선 물가가 더 높았으며 변동성이 심했다. 조선의 실질임금지수는 일본에 비해 더 낮았으며 그 변동성도 심했다. 특히, 일본과 조선 단기 노동자의 실질임금 괴리는 조선의 물가가 급등하던 1810년대와 1850년대에 크게 나타났다. 실질임금은 단기노동자의 생계비 수준을 나타내는 대용변수로서 1850년대 임금을 제외하면 일본의 단순노동자 생계비 수준이 조선보다 높은 수준이었다는 것을 알 수 있다. 그림에서 1780-1830년 일본 단기 노동자의 실질임금은 상승하는 데 반해, 조선의 실질임금은 변동이 없었다. 1830-1850년 일본의 실질임금은 하향 추세이지만, 조선의 실질임금은 상승하였다. 하지만 1850년 이후 조선의 실질임금도 인플레이션으로 인해 하락하였고 생계비도 크게 감소하였다. 일본의 실질임금은 1780-1865년 장기적으로 안정적인 추세를 보이고 있어서 일본 단순노동자의 생계비도 안정적으로 유지되었다.

〈그림 7〉은 18-19세기 조선과 일본의 물가를 비교하고 있다. 1750년 기준 일본의 물가는 안정적이고 변동성도 낮게 나타났다. 하지만 조선의 물가는 일본에 비해 더 높았으며, 변동성이 큰 것으로 나타났다. 19세기 초 조선의 천재지변과 민란 등이 조선의 물가를 급격하게 변화시키고 변동성도 증가한 것으로 보인다.

〈표 3〉은 18-19세기 조선과 일본의 물가와 실질임금 변동률을 비교하고 있다. 1750년 기준 18-19세기 일본 물가변동률은 1751-1800년 -1.03%로 안정적이었으나, 1801-1850년 11.03%, 1851-1868년 288.5%로 급격하게 증가하였다. 조선의 물가변동률은 1751-1800년 61.54%, 1801-1850년 100.1%, 1851-1868년 197.97%로 크게 상승하였다. 1726-1868년 평균 일본 물가는 1750년 대비 72.34% 상승하였으나, 조선 물가는 같은 기간 평균 149% 급증하였다. 따라서 18-19세기 일본 물가에 비해 조선 물가는 2배 정도 높았다.

〈그림 7〉 18-19세기 조선과 일본의 물가 비교(단위: 1750=100)

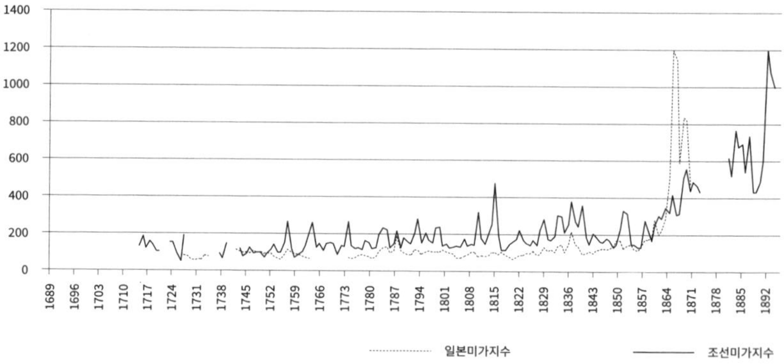

* 자료: 일본 물가는 草野正裕(1996) 참조. 조선 물가는 전라도 영암 남평문씨 일기와 경상도 예천 박조수씨의 추수기 참조. 저자 작성.

〈표 3〉 18-19세기 조선과 일본의 물가와 실질임금 변동률(단위: %, 1750=100)

	일본 건축노동자 실질임금 변동률(%)	일본미가 변동률(%)	조선 일고 실질임금 변동률(%)	조선미가 변동률(%)
1726-1750	-6.69	-9.16		7.41
1751-1800	8.59	-1.03	-18.69	61.54
1801-1850	0.06	11.03	-10.33	100.1
1851-1868	-7.09	288.5	-31.92	197.97
평균	-1.28	72.34	-20.31	149.04

* 자료: 일본 물가는 草野正裕(1996) 참조. 조선 물가는 전라도 영암 남평문씨 일기와 경상도 예천 박조수씨의 추수기 참조. 저자 작성.

일본 건축노동자의 실질임금은 1751-1800년 8.59%로 빠르게 증가하였으나, 1801-1850년에는 0.06%로 완만하게 상승하였다. 하지만 인플레이션이 나타나는 1851-1868년 일본 실질임금은 -7.09% 감소하였다. 조선 일고의 실질임금은 1751-1800년 -18.69%로 감소하였으며, 1801-1850년 -10.33%, 1851-1868년 -31.92% 등 지속적으로 감소하였다. 1726-1868년 일본의 실질임금은 1750년 대비 -1.28% 감소하여 미미한 감소세를 보였으며 안정적이었다. 하지만 조선의 실질임금은 같은 기간 평균 -20.31% 감소하였다.

조선의 실질임금 소득은 20.31% 감소하였지만, 물가는 크게 급등하여 생계유지가 어려웠을 것이라고 추측할 수 있다. 19세기 초 잦은 민란은 조선왕실과 신분사회에 대한 저항이라기보다는 백성의 삶이 힘들어서 나타난 결과이다. 18-19세기 일본의 단기노동자에 비해 조선 일고의 생계비는 약 19% 낮았다. 단기노동자의 실질임금이 노동생산성을 나타낸다면 18-19세기 조선의 생산성이 일본 생산성에 비해 크게 낮았다는 것을 알 수 있다.

김재호(2019)는 15세기 이전 조선은 일본과 유사한 경제성장 속도를 보였으나 그 이후 경제성장률 격차가 발생하였다는 것을 지적하고 있다. 조선과 비교해서 일본의 경제성장 원인은 먼저, 집약농업발달이다. 15세기 이후 농민의 정주화, 농민공동체인 촌락의 형성을 통해 집약농업을 하였으며 농업생산성을 증가시킬 수 있었다. 둘째, 분권적 정치체제와 방임적 시장경제를 들 수 있다. 민간의 거래 활동을 장려하면서 민간 주도 시장경제가 발달하였다. 12세기 중국 화폐의 사용, 13세기 이후 영주에게 상납하는 연공을 동전으로 대납하는 대납제가 발달하면서 시장경제가 구축되었다.

셋째, 일본의 인구와 비농업부문의 성장을 들 수 있다. 일본의 인구는 빠르게 성장하였다. 인구 증가를 부양할 생산수단은 농업에서만 의존하기 힘들며 비농업부문의 발달이 필요하다. 일본에서 시장경제의 발달과 더불어 수공업 등 비농업 부문의 생산창출이 중요한 성장의 요인이 되었다. 넷째, 일본 막번체제는 연방제적 국가체제로서 정치체제가 분권적이었다. 이는 유럽의 영주제, 장원제와 유사하였으며, 분권적 권력으로 인해 지역단위로 사회간접투자(도로, 물류, 농업 등)가 가능하였다. 유민들이 촌락을 구성하여 촌락단위로 공물, 조세를 부과하였으며, 촌락단위로 독립적 운영자치제를 운영하였다. 국가의 지배는 분권적 지배체제로 국가-촌락, 촌락-농민으로 지배체제가 이중적으로 구분되었다. 독립적 촌락단위로 지배와 농업경영이 분리되었으며, 농민은 군역으로부터 자유로웠다. 조선은 강력한 중앙집권적 체제를 유지했으며, 국가-개인 농민의 직접적인 인신지배로 인해 조세뿐 아니라, 군역, 신역에 농민이 동원되었다. 다섯째, 일본의 토지소유권 보장과 토지매매 활성화를 들 수 있다. 일본은 토지소유권의 공적 관리를 농민공동체인 촌락단위에 맡겨 농민의 자치적 토지소유권 제도를 운영하였으며, 이를 통해 민간의 토지매매가 활성화되었다.

여섯째, 농업생산에서 생산증가분이 토지소유권자인 농민과 촌락에 귀속되어서 생산 인센티브가 존재하였다. 국가나 막부에 대한 조세 납부의 책임이 개인이 아닌 촌락단위로 이루어졌다. 따라서 생산 잉여는 촌락단위로 발생하였으며, 이를 통해 자치적 촌락단위의 사회간접투자가 이루어졌다. 조선에서는 조세 납부 책임이 개인에게 있으며, 조세관리를 국가 대신 지방관이 대행하였다. 생산증가분은 토지소유권의 관리자인 지방관의 조세 수탈 또는 지주의 지대로 사라졌다. 일곱째, 일본에서 농민부터 영주까지 금전 대차가 활발하였고, 토지소유권의 증권화가 진행되어서 위험과 자본에 대한 신용과 금융시장이 활발하게 작동하였다. 조선에서는 농민의 유민화와 상민층의 토지분해로 신용위험이 컸으며 신용과 금융시장이 취약하였다. 여덟째, 일본의 조세 부담률은 30%로서 조선의 12%보다 훨씬 크며, 일본은 이를 각종 사회간접사업에 투자하여 경제 효율성을 증대시킬 수 있었다. 아홉째, 일본 도시화율은 1721년 12.6%로서 영국의 23%보다는 낮았지만, 조선의 2.4%보다 5배 이상 컸다. 일본의 도시발달은 잉여노동의 배출로 경제성장과 시장경제의 발달로 이어졌다.

◦ 제2부 ◦

조세제도와 지가, 토지분해

⁂

조선 후기의 경제를 특징적으로 나타내는 농업경영과 노동양식은 경제적 개방성을 가진 병작제와 신분적 개방성을 가진 단기고공인 일고이다. 노비제의 해체와 노비의 사회경제적 성격을 바꾸게 되는 중요한 계기는 농업경영방식의 변화와 단기고공의 등장이다. 고공은 후천적으로 얻어지는 사회적 신분제이며, 양민과 양반도 고공이 될 수 있었다. 신분 규정에서 양민보다 낮지만 스스로 원하면 다시 원래 신분을 회복할 수 있어서 신분적 개방성을 갖고 있었다.

1678년 상평통보가 도입되면서 양민과 양반층은 빈곤을 이유로 토지를 매각하기 시작했다. 농업 경제에서 토지를 갖지 못한 사람들은 토지 대신 노동을 매매하기 시작해 사회적 신분제가 흔들리기 시작하였다. 임금노동은 본질적으로 신분적 예속관계보다는 수평적 경제관계를 나타낸다. 노비를 대체할 수 있는 고공이 등장하면서 노비주는 노비의 태업, 도망으로 인해 감시비용이 커진 노비를 팔고 대신 고공을 이용할 수 있었다.

병작제는 지주의 직접 경영이나 노비를 이용한 작개지 경영을 대체하는 농업경영방식이며, 생산적 개방성을 가지고 있다. 지주들은 가작지의 생산성 하락을 보완하기 위해 거주지로부터 멀리 있는 토지에 대해 병작제를 선택하였으며, 가까운 토지는 단기고공을 고용하여 생산성을 높이는 노력을 하였다. 병작은 지주 입장에서 생산성을 높이기 위한 대안으로서 활용되었지만, 소농과 소작인 입장에서도 수확물을 반으로 나눌 수 있는 인센티브가 있어서 선호되었다. 병작제의 확대는 노비의 사용 감소와 단기고공의 사용 확대를 가져왔다.

19세기 단기고공인 일고는 지주에게 경제적, 신분적 예속관계를 가지고 있지 않기 때문에 다른 노동자보다 자유롭고 생산성이 높았다. 농업경영방식에 관계없이 계절적으로 농번기에 일고를 고용하는 경우가 많았다.

제2부에서는 경제사 분야에서 오랜 논쟁으로서 조선 후기 토지소유문제에 대해 중요한 의미를 제시하고자 한다. 즉, 이 시기 지역별 양반층의 토지소유는 증가하고 상민과 노비층의 토지는 분해되었다. 이는 기존 연구에서 가정하고 있는 토지의 하향분해 현상이 계층별로 공통적이지 않다는 역설을 보여 준다. 조선 후기 토지소유계층의 변동에서 토지 하향분해 현상보다는 토지의 양극화가 일반적이라는 사실을 보여 준다.

18세기에 상민층의 토지가 빠르게 분해되는 이유는 토지에 부과하는 토지세와 토지보유 비용의 증가 때문이었다. 조선 후기 조세부담의 크기가 시간에 따라 다르지만, 18세기 말 조세의 토지세화, 정액화, 금납화로 토지세 비중이 커지면서 토지보유 비용이 상승하였다. 특히, 상민층의 대규모 이동과 노비도망으로 조선정부는 세수재원이 부족해지자 안정적인 조세재원을 마련하기 위해 불확실한 공납과 대동법에 의한 호별 조세, 군역과 부역 등 사람에 부과하던 인두세도 토지 전결을 대상으로 토지세로 전환했다. 1770년 비총제를 통해서 조세액을 미리 일정하게 정해서 특정 지역에 부과하는 조세의 정액화, 조세의 금납화도 토지세를 증가시키는 원인이었다. 양반층은 전세와 잡세를 소작농과 상민층에게 전가하여 상민층의 토지보유비용은 가중되었다. 상민층이 과중한 토지세와 토지보유비용에서 벗어나는 방법은 자기 토지를 매도하는 것이었다. 상민들은 자신의 토지를 팔고 다른 양반 지주의 토지에서 소작을 하거나 다른 도시로 이동하여 임노동을 하였다.

제4장 | 토지소유계층의 변동과 지가

이 장에서는 1590-1900년 경상도와 전라도 지역에서 거주하였던 여덟 양반가의 전답매매명문(田畓賣買明文) 자료를 수집하여, 이를 시계열 자료로 정리하였다. 또한 이 자료를 사용하여 조선 후기 두 지역에서 신분별 토지소유규모의 변화를 살펴보고, 토지소유변화가 지가변동을 초래했는지를 설명하고자 한다. 조선 후기 토지매매자료는 점련문기로서 동일한 토지에 대한 가격뿐 아니라 토지매매에 관련된 매도자와 매입자의 신분 변동을 일관되게 보여 준다. 토지매매서류를 통해 토지소유계층이 지역별, 시기별로 어떻게 변화되었는지 유추해 볼 수 있다. 경상도와 전라도는 조선 후기 대표적인 농업생산 지역이며, 이 지역 여덟 집안이 소장한 전답매매명문은 자료 수가 많고 소장처가 분명한 일관된 자료로서, 양반 및 다른 신분층의 전답매매 실태를 파악할 수 있는 자료라는 점에서 그 가치가 높다.

이 장은 조선 후기 전답매매명문에서 나타난 토지소유권의 변화를 신분별, 시기별로 실증적으로 확인하고 있다는 점에서 중요한 의미를 가진다. 다만, 신분별 토지소유변화가 조선 후기에 나타나는 토지의 하향분해 현상을 입증하는 문제와는 구분할 필요가 있다. 토지의 하향분해 현상은 토지소유보다는 토지경작 규모의 분해를 나타내며, 실제 양반지주의 추수기나 징세기 등 사례를 검토하면 상민과 소농의 경작규모는 어느 지방을 불문하고 전반적으로 영세화하였고, 그 규모가 줄었다는 것을 알 수 있다.

신분별 토지소유규모의 변화는 사회적 지배력과 부의 재분배와 관련이 되어 있지만, 토지 경작규모는 생산성, 생산비용, 지대 등에 의해 결정되는 것이다.[1] 토지경작규모가 장기적으로 영세화하는 가운데서도 토지소유규모가 특정 계층으로 집중하는 현상이 발생할 수 있다. 이 장에서는 토지경작규모보다 계층별 토지소유규모의 변화를 중점적으로 살펴보았다. 장기적으로 소농의 토지소유규모가 감소하면 이는 소농경영방식이 불안정하며 지속적인 재생산이 불가능한 농업경영방식임을 의미한다고 유추할 수 있다. 또한, 이 장은 동일한 토지매매문서를 사용하여 이 시기 논과 밭의 가격과 실질지가의 변동을 살펴보았다.

김건태(2004)는 이앙법의 보급 등 경제적 요인으로 조선 후기 토지소유 문제를 모두 설명하는 것은 무리가 있다고 보고 신분제, 관료제 등 비경제적 요인에 주목하였다. 특히 경상도 칠곡 광주이씨(漆谷 廣州李氏)가, 경상도 용궁현(龍宮縣) 경자양안(庚子量案), 진주 금동어리(晉州 金冬於里)와 나동리(奈洞里) 양안의 분석을 통해 칠곡과 용궁현에서는 토지소유규모의 하향분해 현상이, 진주에서는 토지소유의 양극분해 현상이 일어나는 상반된 양상을 확인하였다. 조선 후기 대규모 토지소유를 가능하게 한 가장 중요한 요소로서 정부 관직을 들고 있고, 대규모 토지소유계층의 특징을 관료적 지주라고 보았다.

1. 전답매매명문

1590-1900년 경상도 지역 토지매매자료는 『경북지방고문서집성(慶北地方古文書集成)』에 실려 있는 경북 월성군(月城郡)의 손동만(孫東滿)씨, 영

1 김용섭(1970), 최윤오(2006), 정진영(2008).

덕군(盈德郡)의 이근화(李根華)씨, 예천군(醴泉郡) 권창룡(權滄龍)씨의 세 집안,[2] 그리고 『광산김씨오천고문서(光山金氏烏川古文書)』에 실려 있는 안동군(安東郡)의 김준식(金俊植)씨 집안,[3] 『고문서집성(古文書集成)』의 의성김씨 집안[4]의 전답매매명문에서 각각 발췌되었다. 여기에서 전답매매명문은 손동만씨가, 이근화씨가, 권창용씨가의 세 집안 소장 228건과 김준식씨가 소장 176건, 그리고 의성김씨가 소장 125건 하여 총 529건이다.[5] 전라도 지역 토지매매자료는 『고문서집성(古文書集成)』의 구례 문화류씨,[6] 해남윤씨,[7] 부안김씨[8] 세 집안의 전답매매명문에서 각각 발췌되었다. 여기에서는 1590년 이후 전답매매명문으로서 문화류씨가 소장 524건, 해남윤씨가 소장 654건, 그리고 부안김씨가 소장 103건 하여 총 1,281건이

---

2 이 전답매매명문(還退, 賭地, 相換 포함)은 16세기의 것이 172건, 17세기의 것이 57건, 18세기 이후의 것이 197건이다. 17세기 이후 전답매매 명문은 孫東滿氏家, 李根華氏家, 權滄龍氏家의 세 가문에서 소장한 것이 228건이고, 기타 26건(安東 太華洞 金俊植氏家 9건, 河回洞 永慕閣 7건, 權五赫氏家 2건, 玉山書院 6건, 醴泉郡 竹林洞 權榮基氏家 1건, 嶺南大 博物館 1건)이다.

3 이 田畓賣買明文(還退, 相換, 牌旨, 典當 포함)은 15세기의 것이 1건, 17세기의 것이 1건 그리고 18세기 이후의 것이 175건이다.(한국정신문화연구원, 『光山金氏烏川古文書』, 1998)

4 이 田畓賣買明文(還退, 相換, 牌旨, 典當 포함)은 18세기의 것이 30건, 19세기의 것이 95건 그리고 20세기 이후의 것이 3건이다.(韓國精神文化研究院, 『古文書集成 5~7 -義城金氏篇 正書本』, 1990)

5 전답매매명문을 소장한 세 집안의 소재 지역은 다음과 같다. 손동만씨家는 月城郡 江東面 良洞里, 이근화씨家는 盈德郡 蒼水面 仁良洞, 김준식씨家는 安東市 太華洞이다. 다만 光山金氏禮安派의 종가인 김준식씨家는 원래 예안파가 수백 년간 卜居하던 禮安面 烏川洞에 있었으나 안동댐 공사로 인해 宗宅은 현재의 安東市 태화동으로 옮기게 되었다.

6 구례 문화류씨의 田畓賣買明文은 총 529건을 헤아린다. 17세기의 것이 62건이고, 18-19세기의 것이 462건, 그리고 20세기가 5건이다.(韓國精神文化研究院, 『古文書集成 38 -求禮 文化柳氏篇(Ⅱ)』, 1998)

7 해남윤씨家의 田畓賣買明文은 총 661건이며, 16세기 이전의 것은 5건이고 대부분은 17세기의 것으로 500건, 18-19세기의 것이 149건, 20세기가 7건이다.(韓國精神文化研究院, 『古文書集成 3 -海南尹氏篇 正書本』, 1986)

8 부안김씨家의 田畓賣買明文은 총 103건이며, 16세기 이전의 것은 6건, 17세기 16건이며, 18-19세기의 것은 81건이다.(韓國精神文化研究院, 『古文書集成 2 -扶安 扶安金氏篇』, 1998)

다. 따라서 이 장에서 살펴볼 경상도와 전라도 지역 여덟 집안 소장의 토지매매자료는 모두 1,810여 건에 이른다.

이 장에서 토지매매자료를 가공하는 방법은 다음과 같다. 먼저, 경상도와 전라도 지역 여덟 집안의 토지매매자료를 신분별로 구분하고, 이차적으로 이들 신분별 토지거래 건수, 토지거래 규모, 토지의 종류로 다시 구분하였다. 각 가문의 신분별 자료를 다시 지역별로 전라도 지역은 해남윤씨, 구례 문화류씨, 부안김씨 세 집안 양반층의 자료를 모두 합해서 전라도 지역 양반층의 매매자료로 구분하고, 경상도 지역은 손동만씨, 이근화씨, 권창룡씨, 김준식씨, 의성김씨 다섯 집안 양반층의 자료를 합해서 경상도 지역 양반층의 토지매매자료로 구분하였다. 마지막으로 전라도, 경상도 지역의 신분별 토지매매자료를 다시 전체 자료로 묶어서 전체 신분별 토지매매자료를 구할 수 있었다. 이 시기 두 지역에서 토지거래가 활발했던 신분층은 주로 양반, 상민, 노비였는데 이들의 신분별 토지거래 건수, 토지거래 규모, 토지 종류에 대한 자세한 자료는 본문에 나타나 있다. 이 시기 거래가 활발하지 않았던 중인과 문중, 족계 등을 포함하는 기타 계층의 경우 자세한 분석을 생략하였다.

양반가의 전답매매명문은 자료의 수가 많고 시기적으로도 조선 후기 전답매매 실태와 지가변동, 매매자의 신분과 소유권의 이동, 매매 수단, 매매 사유, 매물의 전래 사유, 매매 단위와 규모를 구체적으로 파악할 수 있는 장기 연속적인 자료이다. 특히 점련문기 형태의 전답매매명문에서 양반가의 토지매매 규모와 매매 당사자의 신분을 대부분 확인할 수 있으므로 신분 간 토지소유권의 이동을 분석할 수 있다.

이들 토지매매자료는 조선 후기 경상과 전라도 두 지역에서만 실제 거래된 토지의 특성을 반영하고 있기 때문에 자료의 대표성 문제가 있을 수 있다. 또한, 18-19세기 전체 인구에서 양반층의 비중 증가로 인해 전체 양반층의 토지소유규모가 증가했으나, 개별 양반의 토지규모는 오히려 감소할 수도 있다. 하지만, 여기에서 사용되는 토지매매자료는 동일한 토지에 대한 점련문기의 자료로서 이러한 인구 구성의 비율 변동으로 인한 오류는 나타나지 않는다. 또한 일반적으로 해당 가문에서 매각한 토지문서보다는 매입한 토지문서가 잘 보존될 수 있었다는 점으로 인해 토지의 매도보다 매입의 실적이 과장될 가능성도 있다.

토지매매를 통한 소유계층의 이동을 분석할 때 나타날 수 있는 기술적 문제를 해결하기 위하여 다음과 같은 몇 가지 기준을 정했다. 첫째, 전답매매명문(田畓賣買明文)에서는 토지의 매매 단위로 결부(結負)와 두락(斗落)을 함께 표시한 경우가 많다. 여기서는 결부보다는 두락이 당시 토지거래 면적을 잘 보여 주는 것으로 생각하여 두락을 매매 단위로 삼아 계산하였다.[9] 다만 두락을 표시하지 않은 경우는 자료 분석에서 제외하였다. 둘째, 전답매매명문에는 매도자와 매수자의 성명과 신분을 대부분 구체적으로 명시하고 있다. 양반층의 경우 17세기 이후 전답매매에 있어서 타인을 통해 전답을 대리하여 매매하는 경우가 많아서 '○○宅(戶)奴○○'라든가 '上典主代奴○○', '上典牌字에 따라'라는 식으로 상전을 대리하고 있다는 표현이 명문에 밝혀져 있어서 대리매매임을 알 수 있다. 이에 반해 명

9 『비변사등록』 31책, 숙종 1년 9월 27일, "田用日耕 畓稱落種 乃是常例". 조선 후기 밭은 日耕으로, 논은 落種으로 계산하는 것이 상례이다. 논의 落種은 種穀을 기준으로 하여 1升[되]의 종자곡을 뿌리는 논의 넓이를 1升落, 1斗[말]의 종자곡을 뿌리는 넓이를 1斗落, 1石의 종자곡을 뿌리는 넓이를 1石落이라 하였다. 그리고 종자곡은 직파법이 아니라 이앙법을 기준하였다. 따라서 斗落制는 이앙법의 보급과 함께 생겨난 토지면적 계산법이었다.(송찬식, 1997)

문 내에 상전을 대신한다는 문구 없이 매수인 란에 그냥 '私奴○○', '奴○○'로 되어 있는 경우나 매도인 란에 전·답주(田·畓主)가 '사노○○', '노○○'로 된 경우는 노비가 자신의 전답을 매수, 매도한 것으로 볼 수 있다.[10] 셋째, 전답매매명문에는 대부분 매수자와 매도자의 직역을 표시하고 있기 때문에 그것을 기준으로 양반, 중인, 상민, 노비 등의 신분으로 구분할 수 있다. 다만 직역을 표시하지 않은 경우 동성동명(同姓同名)의 보유자는 동일인으로 간주하며, 그것이 확인되지 않을 경우에는 분석 대상에서 제외하였다.[11]

여기서는 신분을 양반, 중인, 상민, 노비와 문중, 계, 서원 등을 포함하는 기타 부류로 구분한다. 다만 호적대장과 관련된 연구에 의하면 18세기 중반 이전과 이후 유학 신분의 범위가 서로 달라진다. 18세기 중반까지 유학은 양반이었지만, 18세기 후반 상민층도 유학을 칭하고, 19세기 후반 호적에 등재된 직역자는 대부분 유학을 칭하게 되면서 양반의 수가 급증하고 있다. 따라서 전답매매명문의 매수인과 매도인의 신분도 호적과 같이 신분의 모칭이나 상향 이동이 있을 경우 상대적으로 양반의 수가 늘어나서 신분별 토지소유규모의 변화에 대한 객관성을 저해할 수 있다. 하지만 전답매매명문은 매수자와 매도자 모두에게 재산상 중요한 권리문서이기 때문에 호적과 달리 신분 모칭이나 상향이동은 크지 않다.

---

10 '사노○○', '노○○'와 같이 표기된 경우일지라도 상전을 위한 대리매매가 있을 가능성이 없지 않지만, 그러한 경우는 많지 않았을 것으로 생각된다. 왜냐하면 양반의 대리매매가 일반화되는 18세기 중반 이후로 갈수록 노비의 토지매매는 오히려 줄고 있기 때문이다.

11 직역별 신분 구분은 다음과 같다. 忠義衛: 1750년 이전은 양반, 그 이후는 중인, 忠壯衛·忠順衛: 1620년 이전은 양반, 그 이후는 중인, 業武·業儒: 1696년 이전은 양반, 그 이후 중인.

2. 신분별 토지소유규모의 변화

여기에서는 경상도와 전라도 지역에서 신분별 토지소유규모의 변화를 살펴보고 신분별 토지매매의 특성을 비교해 본다. 이를 통해 조선 후기 양반층의 토지소유규모가 집중되고 있는지 살펴보았다.

양반층의 토지소유

경상도 지역 다섯 양반가를 합한 1590-1900년 동안 양반층의 논과 밭에 대한 토지매매규모는 〈표 1〉에 나타나 있다. 여기에서 토지 순매입은 토지의 매입에서 매도를 빼 준 값이다. 〈표 2〉는 전라도에서 구례 문화류씨, 해남윤씨, 부안김씨 등 세 집안을 합한 전라도 지역 양반층의 논과 밭에 대한 토지매매규모를 나타내고 있다.

경상도 지역 양반층의 논에 대한 매도건수(132건)보다 매입건수(171건)가 39건 정도 더 많고, 논의 매입규모(789두락)도 매도규모(600두락)보다 189두락이 많다. 이로써 그 기간에 경상도 양반층은 논의 매도 대비 매입규모가 증가했으며, 양반층의 논에 대한 토지집중이 이루어졌다는 것을 알 수 있다. 밭의 경우 1590-1900년 양반층은 밭에 대한 매도건수(67건)보다 매입건수(82건)가 15건 정도 더 많고, 밭의 매입규모(433두락)도 밭 매도(315두락)보다 118두락 정도 더 많았다. 이처럼 이들 양반가는 밭도 논과 같이 보유규모를 늘려 갔으나, 논에 비해 거래규모는 작았다.

전라도 지역에서 양반의 논에 대한 토지매입(2,523두락)은 매도(1,626두락)보다 897두락이나 많고 토지매매건수도 매입(492건)이 매도(327건)보다 더 많다. 밭의 경우도 매입규모(559두락)가 매도규모(383두락)보다 더 커서 밭에 대한 집중도 논과 같이 증가하였다. 이처럼 전라도에서도 경상도와 같이 양반층의 논과 밭에 대한 순 매입이 증가하고 있어서 양반층의 토지집중이 이루어졌다는 사실을 알 수 있다.

〈표 1〉 1590-1900년 경상도 지역 양반층의 토지매매(단위: 두락)

내용 / 시기	경상도 지역 양반					
	논 매도 규모	밭 매도 규모	논 매입 규모	밭 매입 규모	논 순매입 규모	밭 순매입 규모
1590-1600	0	0	0	0	0	0
1601-1650	30.5	19	36	42	5.5	23
1651-1700	50.8	9.4	54	29.2	3.2	19.8
1701-1750	113.8	14	158.36	21	44.56	7
1751-1800	128.6	137	207.9	154.2	79.3	17.2
1801-1850	95.4	74.63	125.05	94.37	29.65	19.74
1851-1900	181.5	61.6	208.05	92.4	26.55	30.8
계	600.6	315.63	789.36	433.17	188.76	117.54

* 자료: 경상도 月城郡 孫東滿씨, 盈德郡 李根華씨, 醴泉郡 權滄龍씨, 安東郡의 金俊植씨, 의성김씨 토지매매문서 참조. 저자 작성.

〈표 2〉 1590-1900년 전라도 지역 양반층의 토지매매(단위: 두락)

내용 / 시기	전라도 지역 양반					
	논 매도 규모	밭 매도 규모	논 매입 규모	밭 매입 규모	논 순매입 규모	밭 순매입 규모
1590-1600	0	0	8.75	0	8.75	0
1601-1650	26.2	6	227.1	0	200.9	-6
1651-1700	519.8	205.7	983.5	339.7	463.7	134
1701-1750	254.5	92.2	348.25	96	93.75	3.8
1751-1800	633.85	64.9	753.9	111.2	120.05	46.3
1801-1850	140.4	14.4	138.2	12.2	-2.2	-2.2
1851-1900	51.7	0	63.4	0	11.7	0
계	1626.45	383.2	2523.1	559.1	896.65	175.9

* 자료: 전라도 구례 문화류씨, 해남윤씨, 부안김씨의 토지매매문서 참조. 저자 작성.

상민층의 토지소유

〈표 3〉와 〈표 4〉는 1590-1900년 동안 경상도와 전라도 지역에서 토지를 매매한 상민층의 토지매매자료를 정리하였다.

〈표 3〉 1590-1900년 경상도 지역 상민층의 토지매매(단위: 두락)

내용 시기	경상도 지역 상민					
	논 매도 규모	밭 매도 규모	논 매입 규모	밭 매입 규모	논 순매입 규모	밭 순매입 규모
1590-1600	0	0	0	0	0	0
1601-1650	54.5	27	11.5	15	-43	-12
1651-1700	54.1	6.4	53.2	7	-0.9	0.6
1701-1750	92.66	14	32.8	12	-59.86	-2
1751-1800	148	101.4	79.4	87.8	-68.6	-13.6
1801-1850	117.4	81.4	67.1	56.95	-50.3	-24.45
1851-1900	159.65	59.4	52.45	41.4	-107.2	-18
계	626.31	289.6	296.45	220.15	-329.86	-69.45

* 자료: 경상도 月城郡 孫東滿씨, 盈德郡 李根華씨, 醴泉郡 權滄龍씨, 安東郡의 金俊植씨, 의성김씨 토지매매문서 참조. 저자 작성.

〈표 4〉 1590-1900년 전라도 지역 상민층의 토지매매(단위: 두락)

내용 시기	전라도 지역 상민					
	논 매도 규모	밭 매도 규모	논 매입 규모	밭 매입 규모	논 순매입 규모	밭 순매입 규모
1590-1600	44.75	0	17.75	0	-27	0
1601-1650	345.05	18	151.6	25	-193.45	7
1651-1700	532	161.9	421.6	140.5	-110.4	-21.4
1701-1750	336.85	94.95	341.75	105.35	4.9	10.4
1751-1800	329.55	80	181.75	29.2	-147.8	-50.8
1801-1850	27.4	4	28.2	6.8	0.8	2.8
1851-1900	30.3	0	15.5	0	-14.8	0
계	1645.9	358.85	1158.15	306.85	-487.75	-52

* 자료: 전라도 구례 문화류씨, 해남윤씨, 부안김씨의 토지매매문서 참조. 저자 작성.

1590-1900년 경상도 상민층의 토지 매매에서 논에 대한 매도건수(137건)가 매입건수(63건)보다 더 많고 논의 매도규모(626두락)도 매입(296두락)보다 약 330두락이 많다. 또한 상민층의 논 매도규모는 양반층과 비교해 볼 때 비슷하나 논의 매입은 양반층의 37%에 불과해서, 상민층의 토지 순매도가 지속적으로 이루어졌다는 것을 알 수 있다. 밭의 경우를 보면, 상민층은 매도규모(289두락)가 매입규모(220두락)보다 커서 밭도 논과 같이 지속적으로 순매도되었다. 하지만 밭의 순매도규모는 논에 비해 작아서 상민층의 토지소유는 논 보유보다 밭의 비중이 높아지는 형태로 변해 갔다.

조선 후기 전라도 상민층은 논에 대한 매도규모(1,646두락)가 매입(1,158두락)보다 많고, 토지매도건수(318건)도 매입거래건수(248건)보다 더 많다. 이는 전라도 지역에서도 경상도와 같이 상민층의 논에 대한 순매도가 증가했다는 것을 나타낸다. 밭의 경우도 매도규모(358두락)가 매입규모(306두락)보다 커서 밭도 논과 같이 순매도가 증가했다. 다만 상민의 밭에 대한 순매도는 논에 비해 완만하게 진행되었음을 알 수 있다. 1590-1900년 동안 경상도와 전라도 지역에서 상민층은 1651년 이후 토지해체가 가장 활발히 이루어지는 신분층이며, 토지소유의 분해 현상을 지속적으로 보이고 있다.

문제는 왜 상민층의 토지매도가 18세기 말에 집중적으로 나타나는지이다. 다음 장에 설명하겠지만, 상민의 토지매도는 18세기 말 조세의 토지세화, 정액화와 더불어 지방관이 추가적인 잡세를 상민의 토지세로 떠넘기면서 토지를 보유한 상민층의 부담이 가혹하게 증가했기 때문이다. 토지세의 부담을 줄이는 유일한 방법은 상민층이 토지를 팔고 다른 양반지주의 토지에서 소작을 하거나 다른 도시지역으로 이동하여 임금노동을 하는 것이다. 실제 18세기 말 조세의 토지세화는 급격하게 이루어졌다. 상민층의 토지매도는 18세기 말 이후 지속적으로 진행된 데 반해 토지매입은 1651-1690년을 정점으로 감소하여 상민층이 보유하고 있는 순 토지규모가 감소하였다. 시기별로 상민층의 토지해체 과정은 양반층의 토지집중 과정과 정반대의 행태를 나타내고 있어서 양반층의 토지집중이 상민층의 토지분해로 이루어졌다는 것을 알 수 있다.

노비층의 토지소유

1590-1900년 경상도와 전라도 지역에서 노비층의 토지매매 건수와 토지매매 규모, 매매된 토지의 종류에 대한 현황은 〈표 5〉와 〈표 6〉에 나타나 있다.

1590-1900년 전라도 지역에서 토지매매를 했던 노비의 논에 대한 매도 규모(820두락)는 매입(523두락)보다 크고 매도건수(156건)도 매입건수(84건)보다 더 많다. 노비의 토지매매규모는 전라도 지역 상민층에 비해 절반 이하에 불과하지만 상민층과 같이 노비도 토지 순매도 추세를 보이고 있다. 밭의 경우도 매도(307두락)가 매입(176두락) 규모보다 커서 밭도 논과 같이 순매도되었다는 것을 알 수 있다.

경상도 지역에서 노비의 논에 대한 매도(84두락)는 매입(94두락) 규모보다 작으며 오히려 논의 소유가 10두락 정도 증가했다는 것을 알 수 있다. 토지매도(17건)는 매입(13건) 거래건수에 비해 더 많으나 상대적으로 토지거래가 활발한 편이 아니었다. 하지만 밭의 경우 매도(120두락)가 매입(33두락) 규모보다 4배 정도 커서 노비의 밭에 대한 소유규모가 급격히 감소했다는 것을 알 수 있다. 상민층은 밭에 비해 논의 순매도가 급증한 데 반해 노비층은 논에 비해 밭의 순매도가 훨씬 많은 특징을 볼 수 있다. 이는 노비가 소유한 토지가 가격이 저렴한 밭 위주였기 때문이다.

〈표 5〉 1590-1900년 경상도 지역 노비층의 토지 매매(단위: 두락)

시기 \ 내용	경상도 노비					
	논 매도 규모	밭 매도 규모	논 매입 규모	밭 매입 규모	논 순매입 규모	밭 순매입 규모
1590-1600	0	0	0	0	0	0
1601-1650	16	23	53.5	12	37.5	-11
1651-1700	18.3	25.8	17.8	3.4	-0.5	-22.4
1701-1750	12.6	10	5	6	-7.6	-4
1751-1800	20.3	23	7.8	2	-12.5	-21
1801-1850	0	7.4	0	7.41	0	0.01
1851-1900	16.89	30.9	9.9	3	-6.99	-27.9
계	84.09	120.1	94	33.81	9.91	-86.29

* 자료: 경상도 月城郡 孫東滿씨, 盈德郡 李根華씨, 醴泉郡 權滄龍씨, 安東郡의 金俊植씨, 의성김씨 토지매매문서 참조. 저자 작성.

〈표 6〉 1590-1900년 전라도 지역 노비층의 토지 매매(단위: 두락)

시기 \ 내용	전라도 노비					
	논 매도 규모	밭 매도 규모	논 매입 규모	밭 매입 규모	논 순매입 규모	밭 순매입 규모
1590-1600	35	0	26.5	0	-8.5	0
1601-1650	216.85	28	234.2	29	17.35	1
1651-1700	521.3	259	201.4	135.8	-319.9	-123.2
1701-1750	40.9	16.9	13.3	5.85	-27.6	-11.05
1751-1800	6.2	3.1	45.7	5.6	39.5	2.5
1801-1850	0	0	2.4	0	2.4	0
1851-1900	0	0	0	0	0	0
계	820.25	307	523.5	176.25	-296.75	-130.75

* 자료: 전라도 구례 문화류씨, 해남윤씨, 부안김씨의 토지매매문서 참조. 저자 작성.

경상도와 전라도 지역 여덟 집안의 토지매매 거래에서 신분별로 토지의 집중과 해체가 어떻게 다르게 나타났는지를 비교해 보기 위해 지역별로 양반, 상민, 노비층의 토지매입/매도 비율을 각각 구하였다. 〈표 7〉과 〈표 8〉

은 경상도와 전라도 지역 여덟 집안의 토지매매 거래에서 지역별로 양반, 상민, 노비층의 토지매입/매도 비율을 보여 준다. 전라도와 경상도 두 지역의 토지매매 규모를 비교해 보면 전라도의 전체 토지매매 규모가 5,575두락으로, 경상도 지역의 2,168두락에 비해 2.6배 정도 많다.

〈표 7〉 1590-1900년 경상도 지역 신분별 토지매매규모와 토지매입/매도 비율

내용 \ 신분	양반			상민			노비		
토지종류	논	밭	계	논	밭	계	논	밭	계
토지매입/매도 비율	1.31	1.37	1.33	0.47	0.76	0.56	1.11	0.27	0.64
토지매입/매도 규모(두락)	789/600	433/315	1222/915	296/626	220/289	516/915	94/84	33/120	127/204

* 자료: 경상도 月城郡 孫東滿씨, 盈德郡 李根華씨, 醴泉郡 權滄龍씨, 安東郡의 金俊植씨, 의성김씨 토지매매문서 참조. 저자 작성.

〈표 8〉 1590-1900년 전라도 지역 신분별 토지매매규모와 토지매입/매도 비율

내용 \ 신분	양반			상민			노비		
토지종류	논	밭	계	논	밭	계	논	밭	계
토지매입/매도 비율	1.55	1.46	1.53	0.70	0.85	0.53	0.63	0.57	0.62
토지매입/매도 규모(두락)	2523/1626	559/383	3082/2009	1158/1646	306/358	1064/2004	523/820	176/307	699/1127

* 자료: 전라도 구례 문화류씨, 해남윤씨, 부안김씨의 토지매매문서 참조. 저자 작성.

특히 전라도 지역의 경우 매매자료를 발췌한 양반 집안이 3개라는 것을 감안할 때 경상도 지역 다섯 집안에 비해 이들 전라도 양반가의 토지매매 규모가 훨씬 크다는 것을 알 수 있다. 두 지역 간 신분별 토지매입/매도 비율을 살펴보면, 전라도에서 양반의 토지매입/매도 비율은 1.53이었으며, 경상도 지역에서는 1.33이었다. 이는 양반층의 토지소유가 전라도에서 53%, 경상도에서 33% 증가했다는 것을 나타낸다. 전라도에서 상민과 노비의 경

우 토지매입/매도 비율이 각각 0.53, 0.62였으나, 경상도에서는 0.56, 0.64였다. 이는 상민과 노비층의 경우 전라도에서 47%와 38%, 경상도에서 44%와 36%의 토지소유가 감소했다는 것을 의미한다. 논과 밭의 경우 지가(地價) 차이가 나기 때문에 토지매입/매도 비율을 계산할 때 가중치를 두는 것이 정확하겠지만 논과 밭의 매입과 매도 규모를 계층별로 살펴보는 것에 중점을 두었기 때문에 여기서는 가중치를 계산하지 않았다.

양반층의 토지집중은 경상도에 비해 전라도 지역에서 조금 크게 나타났으며, 상민과 노비층의 토지분해도 전라도 지역에서 좀 더 많이 나타났다. 두 지역 양반층의 토지소유규모가 조선 후기 전체 양반층의 토지소유규모를 대표할 수는 없지만 경상도와 전라도 지역이 조선 후기 대표적인 농업지역이라는 점에서 이 시기 양반층의 토지소유변화를 가늠해 볼 수 있다. 양반층의 토지집중과 상민과 노비층의 꾸준한 토지매도는 이 시기 토지소유의 계층별 양극화 현상을 실증적으로 설명하기에 충분하다.

3. 지가 변동

앞에서 살펴본 양반층의 토지소유규모 변화와 지가 변동이 서로 연관되어 있는지 살펴보았다. 이를 위해 경상도와 전라도 지역 여덟 개 집안의 토지매매자료에 나타난 지역별 논과 밭의 가격을 먼저 살펴보고, 두 지역 지가 변동추이를 분석한다.

지역별 논과 밭의 가격변동

지역별 논과 밭 가격은 지역별 해당 집안의 전답매매명문에서 발췌된 토지종류별로 가격을 구분하여 그 가격을 평균한 값을 지역별 논과 밭의 가격으로 계산하였다. 또한 전체 논과 밭의 가격은 토지 종류별 가격을 평균한 값이다. 〈표 9〉는 지역별 두락당 논과 밭 가격과 전체 논과 밭 가격을 보여 준다.

〈표 9〉 1691-1900년 경상도와 전라도 지역 논과 밭 가격(단위: 냥/두락)

시기 \ 내용	경상도 논 가격	경상도 밭 가격	전라도 논 가격	전라도 밭 가격	전체 논 가격	전체 밭 가격
1691-1700	8.530	2.790			8.530	2.790
1701-1710	12.600		7.920	2.450	10.260	2.450
1711-1720	15.185	7.000	10.010	3.875	12.598	5.438
1721-1730	6.950	3.000	9.993	3.035	8.472	3.018
1731-1740	4.343	3.267	6.280	2.780	5.312	3.023
1741-1750	10.250	1.750	7.970	2.495	9.110	2.123
1751-1760	5.010	3.623	9.897	1.650	7.453	2.637
1761-1770	7.133	4.915	7.860	1.300	7.497	3.108
1771-1780	7.533	4.033	9.490		8.511	4.033
1781-1790	8.713	1.920	10.110	2.670	9.411	2.295
1791-1800	17.362	6.367	13.025	3.900	15.194	5.133
1801-1810	14.933	10.000	9.310	7.650	12.122	8.825
1811-1820	27.100	4.385	9.775		18.438	4.385
1821-1830	27.500	6.967	11.983	2.230	19.742	4.598
1831-1840	19.377	4.700	13.450	5.550	16.413	5.125
1841-1850	18.867	14.350	11.900	5.700	15.383	10.025
1851-1860	23.333	7.300	14.515	4.400	18.924	5.850
1861-1870	34.870	11.165	15.000		24.935	11.165
1871-1880	43.717	8.380	19.100		31.408	8.380
1881-1890	37.197	9.443	16.040		26.618	9.443
1891-1900	65.450	16.875	37.295	10.850	51.373	13.863

* 자료: 경상도 月城郡 孫東滿씨, 盈德郡 李根華씨, 醴泉郡 權滄龍씨, 安東郡의 金俊植씨, 의성김씨 토지매매문서, 전라도 구례 문화류씨, 해남윤씨, 부안김씨의 토지매매문서 참조. 저자 작성.
** 1590-1690년 사이의 토지가격은 자료 수가 적어서 생략함.

〈그림 1〉와 〈그림 2〉는 전라도와 경상도 지역의 논과 밭 가격이다. 두 지역 모두 논과 밭 가격이 서로 같은 방향으로 움직이며, 그 변동성도 유사하다. 따라서 밭은 논의 대체토지로서 역할을 하고 있다고 볼 수 있다. 다만, 경상도와 전라도 두 지역에서 논의 가격이 밭의 가격에 비해 상승 폭도 크

<그림 1> 1691-1900년 전라도 지역 논과 밭 가격(단위: 냥/두락)

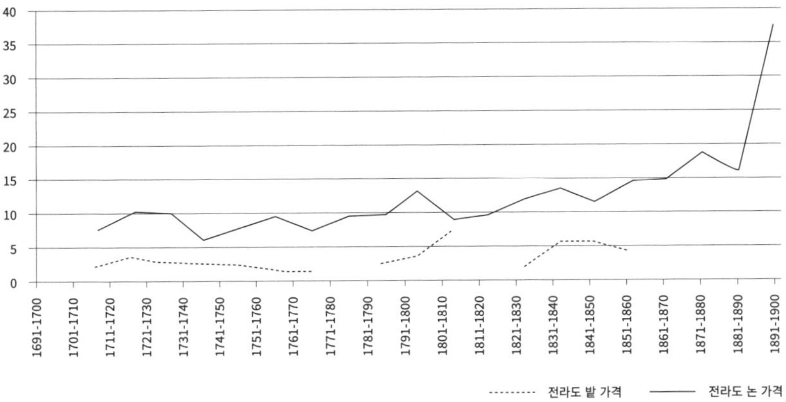

* 자료: 전라도 구례 문화류씨, 해남윤씨, 부안김씨의 토지매매문서 참조. 저자 작성.

<그림 2> 1691-1900년 경상도 지역 논과 밭 가격(단위: 냥/두락)

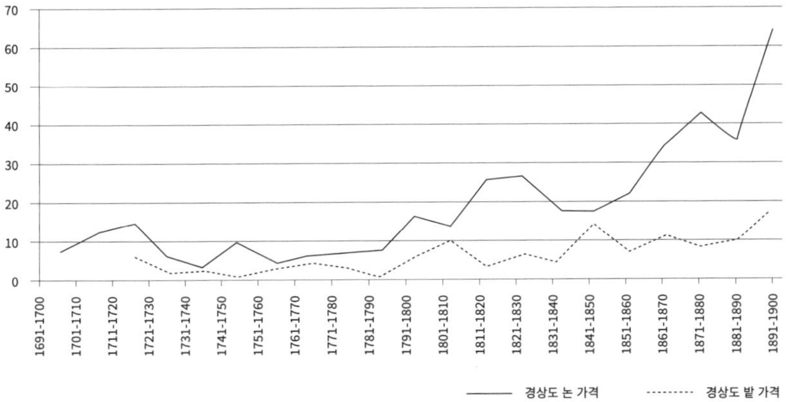

* 자료: 경상도 月城郡 孫東滿씨, 盈德郡 李根華씨, 醴泉郡 權滄龍씨, 安東郡의 金俊植씨, 의성김씨 토지매매문서 참조. 저자 작성.

고 변동성도 크게 나타났다. 이는 동일 기후조건에서 다른 사회경제적 요인을 생각해 볼 수 있다.

예를 들어, 물가 또는 미곡가가 상승할 때 미곡을 생산하는 논에 대한 파생수요가 밭에 비해 훨씬 민감하거나 또는 생산성과 인구변동 등 다른 실질교란 요인을 고려해 볼 수 있다. 그림에서 경상도와 전라도 지역 논 가격의 변화추이가 서로 유사한데, 이는 19세기 미곡시장이 전국적으로 통합되고 있다는 이영훈(2004)의 결과를 보완해 주고 있다. 다만 전라도에 비해 경상도 논 가격이 더 높고 변동성이 큰 점이 특이하다.

실질지가 변동

양반층의 토지소유규모는 양적으로 증가하였으며, 이는 상민과 노비층의 토지매도로 이루어졌다는 사실을 확인하였다. 하지만 양반층의 토지집중이 실질적으로 토지자본의 축적으로 이어졌는가를 확인하는 문제가 남아 있다. 이를 위해 논과 밭의 실질지가를 살펴보고 이를 통해 양반층이 보유한 토지의 실질가치 변화를 분석해 보았다. 지가는 경상도와 전라도 두 지역의 논 가격을 평균한 논 가격으로 사용하였다. 물가는 미가(냥/석)를 사용하였으며, 경상도와 전라도 지역인 경주와 영암의 미가를 평균한 값이다. 논의 실질지가는 전체 논 가격을 물가(미가)로 나누어 준 값으로 구하였다.

〈그림 3〉은 1700년을 기준으로 물가와 논 가격의 변동추이를 나타내고 있는데 물가의 상승이 논 가격의 상승을 선행하고 있다는 것을 알 수 있다. 이는 미가 상승이 토지의 파생수요를 가져와 지가를 상승시킨 것으로 생각해 볼 수 있다. 〈그림 3〉에서 물가상승폭이 논 가격 상승분보다 커서 논의 실질가치는 하락했음을 추정할 수 있다. 하지만 경상과 전라 지역 양반층의 논에

〈그림 3〉 1691-1900년 논 가격과 물가의 변동추이(단위: 1700=100)

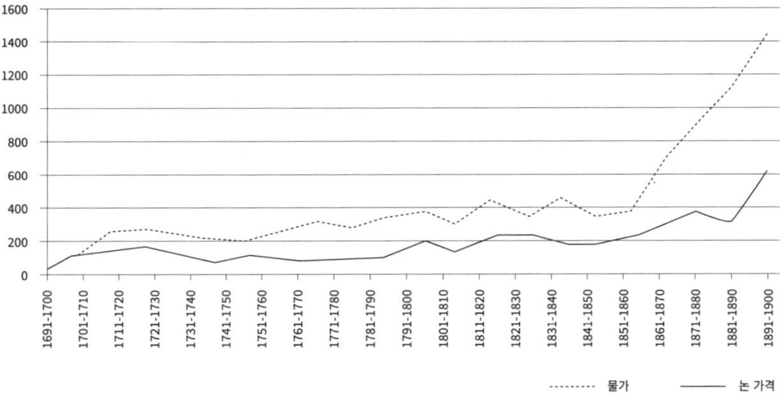

* 자료: 경주와 영암의 미가는 이영훈·박이택(2004) 참조. 저자 작성.

대한 토지소유 증가를 고려하면 양반층의 토지에 대한 실질 자산가치는 토지소유규모의 증가와 실질지가의 하락을 고려해서 살펴보아야 한다.

조선 후기 지가 변동을 가져온 원인으로는 미가 상승, 생산성 변화, 그리고 안정자산으로서 토지수요 증가를 들 수 있다. 특히, 여기에서는 양반층의 토지집중 현상이 지가변동과 관련이 있는지를 살펴보고자 한다. 〈그림 4〉와 〈그림 5〉는 1700년 기준 경상도와 전라도 지역에서 양반의 논에 대한 누적 토지 순 매입 규모와 논 가격의 변동추이를 나타내고 있다.

시기별 양반층의 토지 순 매입 규모보다는 전체 기간 동안 누적 토지 순 매입 규모를 사용하여 토지소유규모와 지가의 관계를 살펴보았다. 이는 일시적인 토지매매보다는 장기간 누적된 토지소유규모가 지가에 더욱 크게 영향을 미치기 때문이다. 1700년을 기준으로 지가(논 가격)와 양반층의 토지소유규모를 지수화하였다. 두 지역 모두에서 지가 상승은 양반층의 토지소유규모 증가와 밀접한 연관성이 있었으며, 반대로 상민층의 경우 토지소유

〈그림 4〉 1590-1900년 경상도 지역 양반과 상민층의 누적 토지매입 규모와 지가변동 추이(단위: 1700=100)

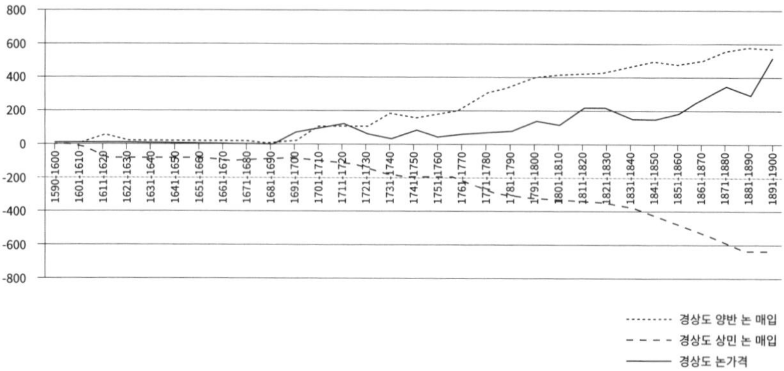

* 자료: 경상도 月城郡 孫東滿씨, 盈德郡 李根華씨, 醴泉郡 權滄龍씨, 安東郡의 金俊植씨, 의성김씨 토지매매문서 참조. 저자 작성.

〈그림 5〉 1590-1900년 전라도 지역 양반과 상민층의 누적 토지매입 규모와 지가변동 추이(단위: 1700=100)

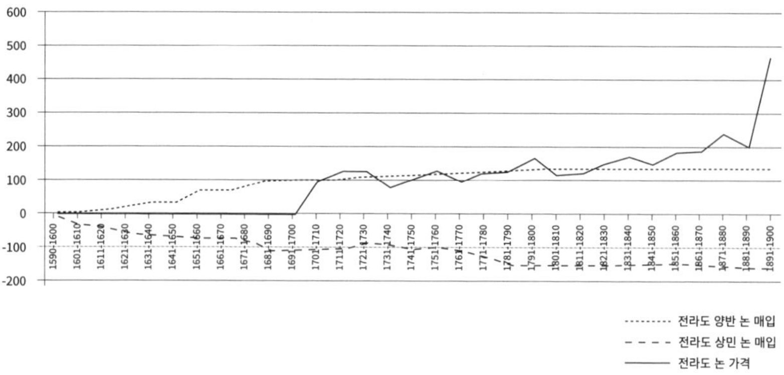

* 자료: 전라도 구례 문화류씨, 해남윤씨, 부안김씨의 토지매매문서 참조. 저자 작성.

규모는 점차 감소하는 경향을 보이고 있다. 즉, 지가가 상승하면서 양반층의 토지소유는 증가하는 반면, 상민층의 토지소유는 감소되었다. 따라서 조선 후기 지가 변동은 양반층의 토지집중과 관련이 있었으며, 이러한 양반층의 토지소유규모 변화는 농업경제에서 토지자본의 축적 현상과도 관련이 있다.

결국 경상도와 전라도 논과 밭의 가격이 서로 같은 방향으로 움직이고 그 변동성도 유사하여, 밭은 논의 대체 토지로서 역할을 하였다. 논의 가격이 밭 가격보다 크게 상승하였는데, 이는 농업경제에서 쌀 생산이 차지하는 비중이 크고, 쌀 가격 상승이 파생적으로 논의 수요와 논 가격 상승을 이끌었다. 경상도와 전라도의 논 가격은 서로 변화 추이가 유사하여 이 시기 미곡시장이 통합되어 있다는 기존 연구를 보완해 주고 있다. 양반층의 양적인 토지소유규모와 질적인 자산가치의 변동추이를 비교해 볼 때 양반층의 토지규모가 증가하면 동시에 그 토지의 실질가치도 증가함을 볼 수 있다. 반대로 상민층의 경우 토지소유규모가 감소할 뿐 아니라 토지 자산가치의 상실이 토지소유규모의 감소보다 크게 나타났다.

양반층의 토지 실질가치는 1700년 기준 양적인 토지소유규모보다 빠르게 증가하고 있어서 양반의 토지집중이 단순 토지소유규모의 집중뿐 아니라 실질자본의 집중을 나타내고 있다. 양반의 토지집중과 상민의 토지분해는 훨씬 더 심각한 부의 불평등을 가져왔다. 1691-1700년 양반층의 토지자산의 실질가치가 토지규모보다 더 크게 상승하여 실질 토지자본의 축적이 18세기 초반에 이미 시작되었다.

이 책은 경제사 분야에서 논쟁점이 되고 있는 계층별 토지소유문제에 대해 중요한 의미를 가진다. 양반층의 토지소유는 증가하고 상민과 노비의 토지는 분해되었다. 이는 기존 연구에서 가정하고 있는 토지의 하향분해 현상이 계층별로 서로 다르다는 것을 역설적으로 보여 주고 있다. 양반층의 토지소유규모 증가는 주로 상민층의 토지매도로 이루어졌으며, 이는 토지의 하향분해보다는 토지의 양극화 현상이 일반적이었다.

제5장 | 조세의 토지세화와 상민층의 토지분해

1. 조세제도의 변화

조(租)·용(庸)·조(調) 제도는 우리나라 삼국시대 중앙집권적 국가가 들어서면서 중국의 균전법을 모방해서 도입하였다.(일본 정창원의 신라 민정문서 참조) 고려와 조선에서도 조용조 제도는 그 명칭과 내용이 시기에 따라 조금씩 바뀌었지만, 전통적인 조세제도의 근본이었다. 조(租)는 과세대상이 전결이므로 부과율이 분명하고, 표준화되었다. 용(庸)은 군역, 요역, 부역 등 개인을 대상으로 하는 국가조세이며, 조(調)는 공납 등 가호를 기준으로 부과되었다. 조(租)는 과세대상이 전결인 토지세인 전세로서 토지를 가진 사람들이 공평하게 부담하였지만, 용(庸)과 조(調)는 조세관리 또는 조세징수를 집행하는 지방관의 단합과 협잡으로 불평등한 조세부과가 가능해서 상민층의 입장에서 전세보다 그 부담이 오히려 무거웠다.

조선 전기 조세제도는 고려 말 1391년 균전법을 그대로 계승하고, 중국의 조용조 체제를 가져왔다. 조(租), 즉 전세의 비중이 높았으나 조선 중기부터 조(調), 즉 공납과 용(庸), 특히 군역과 요역의 비중이 높아져 백성들에게 많은 부담이 되었다. 이에 따라 조세 개혁의 필요성으로 인두세 성격이 강했던 공납과 요역의 개혁이 시도되었다. 그 결과 선조 시기부터 논의가 시작된 이후 1708년 광해군 시기 대동법이 도입되었으며, 경기도부터 시작되어 18세기 말 황해도까지 확장되었다. 대동법의 실시로 조(調)의 대부분이 전결을 대상으로 바뀌었고, 균역법의 제정으로 용(庸)의 일부도 그 대상이 전결로 전환되었다. 조선 후기에는 조(租)·용(庸)·조(調) 가운데 앞의 조가 가장 무거워지고, 그다음 용, 조가 가장 가벼운 것이 되었다. 18세기 말 조세의 토지세화, 정액화, 금납화로 전결 조세비중이 커지면서 토지보유비용이 급격하게 상승하였다. 또한 1770년 비총제의 실시와 특별세 및 전세부가세에 대한 지방관의 임의적인 부과로 토지세의 부담이 과중하였고, 환곡과 민고도 각 결당 10두씩 토지세화되었다.

전세

전세는 전통적인 전결(토지)에 부과되는 조세이다. 고려 말인 1391년 권문사족의 사적 토지집중을 억제하기 위해서 토지수조권을 혁파하고 대신 과전법을 실시하면서 토지 수확량의 10%(1결당 30두)를 전세로 부과하였다. 1444년에 공법(貢法)을 시행하여 토지비옥도와 거리에 따라 1결당 4-20두씩 차등하여 결세를 거두었다. 하지만 농업생산물의 변화가 토지비옥도 때문인지, 기후조건 때문인지 구분하지 못해서 지방관청에서는 흉년에도 불구하고 1결당 10두의 과중한 전세를 부과해서 백성의 원성이 커졌다. 1635년 인조는 영정법을 발표하고, 기후조건에 관계없이 전세를 지역에 따라 1결당 4두(특정 지역은 6두)로 고정하였다. 하지만 18세기 후반 토지에 대한 세금이 높아지고 토지보유비용이 크게 증가하면서 상민층이 토지를 매도하고 떠나는 경우가 많아졌다. 상민층과 그 가호에게 부담했던 조세수입이 급격하게 줄어들고, 조세수입원도 불확실해졌다. 이에 조선정부는 이전에 상민의 호 또는 사람에 부과했던 세금을 조세수입이 확실하고 고정적인 토지에 부과하면서 조세를 토지세로 전환하였다. 양반 지주의 토지세와 잡세는 자주 소농과 작인에게 떠넘겨졌으며, 소농은 자기 토지세 증가와 더불어 지주의 토지세까지 부담하였다.

1635년 영정법은 재정운영의 편의상 미리 세율을 고정시켜서 삼남지방의 양전을 기준으로 세율을 인하하여 전세부담을 줄이고, 부족액은 양전 결과 새로 생긴 토지에 과세하여 보충할 계획으로 종래 연분법을 개정한 것이다. 영정법은 지역에 따라 세율을 달리하되 과거 전분 6등과는 달리 전분을 9등으로 분류하였다. 즉, 상지상전·상지중전·상지하전·중지상전·중지중전·중지하전·하지상전·하지중전·하지하전 등 토지 비옥도 차이를 구분하였다. 토지가 비옥한 삼남지방에서 경상도는 최고가 상지하전으로 세율은 1결당 16말, 전라도·충청도는 최고가 중지중전으로 1결당 12말, 그 밖의 5도는 모두 하지하전으로 1결당 4말씩으로 정하여 조세를 부과하였다. 경기·충청·전라·경상·황해·강원 등 각 도의 밭에는 콩, 논에는 쌀로 1결당 4말씩 조세하는 것을 원칙으로 삼았으며 삼남지방의 하지중전 이상의 논·밭에는 2말씩 체가(遞加)하였다.

그러나 평안·함경 양도와 제주도는 이보다 낮게 수세하였다. 평안도는 전세 외에 또 수미(收米)가 있어서 서울에서 북경으로 가는 직로(直路) 12개 고을에서는 1결당 5말, 그 밖의 30개 고을에서는 6말을 징수했으며, 밭의 경우 조, 논의 경우 쌀로 각각 징수하였다. 수납된 세곡은 함경도와 같이 모두 관향곡으로 하였다. 화전에 대하여는 각 도마다 세율이 다양하였으며 평안도·함경도에는 예로부터 화전이 많았으나 수기수세(隨起收稅)하고 일정한 세율은 없었다. 노전(蘆田)의 경우 궁방이나 궁가에 지급된 면세지가 많았고 국가에서 징수하는 노전은 황해도에만 1결당 무명 1필씩을 징수했으며, 그 세수가 아주 작았다. 영정법의 정액세를 적용하는 경우 흉년이거나 또는 토지가 척박하여 수확이 감소한 때에도 같은 양의 전세를 납부하여야 한다. 이 같은 부담을 피하기 위하여 토지를 매도하는 농민이 증가하였다. 매년 묵는 땅이 확대되고 조세수입은 감소하였다. 전세는 미곡과 잡곡으로 징수하는 것이 원칙이었으나 무명·베·돈의 대납을 인정하였다. 전세는 각 지방 군수가 징수, 상납하였는데, 이전에는 정부가 경차관(敬差官)을 지역에 파견하여 실사하고 감면세를 결정하였다.

1760년(영조 36) **비총제**는 그해 토지세 징수에 대해 조세대상 토지의 실결(實結)을 통해 지역별 총액을 확정하는 방법이다.[12] 징수근거가 되는 경작지의 실결과 재해지의 재결(災結)을 결정하는 연분(年分)에 올해와 비슷한 작황을 보이는 과거 생산을 비교해서 그 작황을 조정하였다. 하지만 실제 토지세 징수액은 지난해와 유사하게 결정되었는데, 이는 재정의 수입과 지출을 안정적으로 보장하기 위한 것이다. 호조에서 각 도의 농사형편을 참고하여 이와 상당한 이전 해의 수세총액과 비교하여 그해의 각 도 감면세를 정하는 비총법(比摠法)을 채택하였다. 전세의 납기는 조선 전기의 규정을 그대로 답습하였으며, 전세의 정액화를 가져왔다. 지방관은 조세징수액을 높이기 위해서 조세를 감액하기보다는 증액하거나, 고정적인 정액세를 부과하였다. 그러나 흉년으로 토지 수확량이 크게 감소한 경우에도 토지세는 일정하게 유지되면서, 조세의 정액화는 상민층에게 추가적인 준조세의 역할을 하였다.

공납(대동법)

공납은 지역별 특산물을 왕실에 진상하던 것인데, 중앙조정에서 군과 현 단위로 그 공납물량이 정해졌으며, 다시 군과 현은 지역 가호당 공납물량을 배정하였다. 매년 상민과 농민들이 공물을 구하느라 농업생산에 전념할

---

12 손병규(2007), 이철성(1993).

수 없었다. 또한 공물의 저장과 운송비용까지 떠맡으면서 백성들의 피해가 커졌다. 공물을 대신 조달해 주던 방납상인의 독점적 횡포가 커지면서 상인의 폭리는 커지고, 반대로 상민층의 피해도 커졌다. 1635년(인조 시기) 영정법으로 정부의 전세 수입이 줄어들자, 대신 공납의 세금액이 증가했다. 1677년 대동법이 시행되어 공납과 요역의 대가로 대동미를 징수했으며, 이때 공물의 금납화는 가호당 부과하던 것을 전결을 대상으로 부과했는데, 1결당 12두로 정했다.

1608년 대동법은 경기도에 처음 실시하였다. 공납제는 임란 이전에 방납제로 바뀌었고, 공납의 폐해는 방납의 폐해로 전환되었다. 방납의 폐해는 임란 이후 심해졌고 결국 방납의 피해를 줄이고자 공물제도를 폐지하고 대동법을 실시하였다. 대동법은 매년 공물의 대가를 합산하여 전결을 대상으로 할당한 금액을 미곡으로 환산하여 부과하고 그 조세수입으로 중앙 및 지방의 국가기관이 필요로 하는 물자를 공물상인으로부터 구입하여 사용하도록 한 제도이다. 이 제도는 경기도에서 실시하여 각 지방으로 확대되었는데 경기·강원·충청·전라·경상·황해도까지 실시하기까지 100년이 걸렸다. 세수업무를 담당하는 대동청을 지역마다 두었으며, 대동미의 과세율은 경기·충청·전라·경상과 강원도 일부에서 논·밭을 통틀어 1결당 쌀 12두였다. 황해도의 밭에는 조, 논에는 쌀로 1결당 별수미 3두를 합하여 15두를 부과하였다. 산간지역에서는 쌀 대신 무명·베·돈으로 대납할 수 있게 하였다. 대동미의 일부는 상납미(上納米)라 하여 중앙의 선혜청에 옮기고, 일부는 유치미(留置米)라 하여 지방관청에 두고 그 지방 경비를 충당하였다. 상납미는 봄에 수납하는 것을 원칙으로 하였고 납세기한은 중앙과의 거리에 따라 상이하였으며 유치미는 가을에 수납하는 것을 원칙으로 하였다. 대동미는 1결당 12두의 세율이 적용되었으므로 재정수입에서 차지하는 비중은 가장 컸다. 대동법은 조세의 토지세화, 정액제, 금납화의 기초를 마련하였다는 점에서 조선 후기 조세제도의 큰 변화를 가져왔다.

대동법 이전에 공물에 대한 법적 과세규정은 단순하였다. 현물로 수취하되, 법적인 최하 과세단위는 각 고을이었으며, 최종 납부 책임자는 지방 수령이었다. 고을별 담세능력 차이는 고려되지 않았으며, 수취할 공물 총량도 고정되지 않았다. 대동법 이전에 공물을 고을 내 가호(戶)에 부과하였다고 알려져 있는데, 그것은 법 규정이 아닌 편의에 따른 관행이었다. 공물 수취규정을 분명히 할 수 없었던 것은 물품 특성상 대부분 현물을 시기에 맞추어 구할 수 없고, 장기간 보관할 수도 없었기 때문이다. 결국 물품마다 산출 시기를 기다렸다가 특산지 백성들에게 거두어들이는 것이었다. 각 부서, 즉 경각사(京各司)에 각 고을의 공물 납부를 대행하는 상인들인 '사주인(私主人)'이 등장하였다.

이들은 고을마다 매년 특산물 채취와 가공, 보관과 운반의 힘든 노역을 대신하였다. 그러나 이들의 독점과 담합으로 공납의 대가가 너무 컸으며, 나중에는 각 고을이 현물을 직접 납부하려고 하여도 공물 품질과 관계없이 사주인을 통하지 않으면 경각사가 받아 주지 않았다. '점퇴(點退)'와 '방납(防納)'이 이것이다. 경각사와 사주인의 관계가 이미 독점과 담합의 형태로 연결되었으며, 사주인이 방납 대행으로 얻은 이익의 일부는 경각사 운영비로 쓰였다. 이 사주인은 대동법 이후 공인(貢人)으로 전환되어 선혜청에서 받은 공가(貢價)로 경각사에 물품을 조달하였다. 임진왜란을 거치며 대동법 이전에도 현물납으로서의 공납 대신 쌀로 내는 관행이 확산되었다. '공물작미(貢物作米)' 관행이다. 1594년(선조 27)부터 그 이듬해까지 잠시 대공수미법(代貢收米法)이 시행되었다. 1608년(광해군 원년)의 경기 선혜법은 효종 때 성립된 본격적인 대동법과는 다르지만 공물변통이라는 점에서 대동법과 의미가 같다.

병자호란 이후 조선은 청나라로부터 큰 재정적 압박을 받았다. 청은 조선에 대규모 병력 파병과 막대한 양의 식량을 요구하였다. 조선의 재정부담은 상민층에게 전가되었다. 이에 백성에 대한 조세부담이 증가하자 더 이상 방치할 수 없었다. 김육(金堉)은 대동법 실시를 강력히 요구하였다. 1651년(효종 2) 충청도에 대동법을 실시하기로 결정하였다. 처음 대동법 실시를 적극적으로 찬성한 사람은 많지 않았으며, 조정 관료들은 대동법의 취지를 알면서도 그 실현가능성에 의문을 가졌다. 충청도 대동법은 그 현실성을 증명함으로써 다른 지역으로 확산되었다. 그 결과 1658년(효종 9) 전라도 해읍(海邑), 1666년(현종 7) 전라도 산군(山郡)과 함경도, 1678년(숙종 4) 경상도, 1708년(숙종 34) 황해도 순으로 대동법 혹은 지역 실정에 맞는 공물변통이 이루어졌다.

대동법은 국가재정회계를 국가회계와 지방재정으로 구분하여 사용하였다. 대동법 추진 과정은 두 가지 측면이 있는데, 첫 번째는 이 법이 당시 조선의 공물납부와 관련된 사회적 관행을 다루는 데 용의주도하였다는 것이다. 대동법 이전에도 공물작미 관행은 일반화되었지만, 대동법은 이 관행에 법을 통해 합리성과 통일성을 부여하였다. 두 번째로 대동법 성립 과정에서 가장 큰 장애는 특산물의 진상(進上) 항목을 세금에 포함하는 것이었다. 만약 진상이 공물범주에 포함되지 않으면 대동법은 유명무실해질 수밖에 없었다. 대동법은 진상품에 대한 조세의 이론적 근거가 된 『주례(周禮)』를 새롭게 해석하면서, 진상품도 세금의 범주에 넣고 전통적 조세율인 10

분의 1세(稅)를 부과하였다. 하지만 공납은 전결이 대상이 아니라, 인정(人丁)과 호(戶), 즉 인두세적 성격을 지니고 있어서 성리학적 도덕률에서 지나친 학정에 가까웠다.

조세 부담을 낮추기 위해 조세를 조정하였으나 공납은 빈부의 불균등과 재정악화와 사회적 불균등을 심화시켰다. 또한 고을마다 얼마나 공물을 부과할 것인가에 대한 규정이 정해져 있지 않았다. 전세나 군역의 경우 매년 정해진 규칙에 따라 조세의 규모가 존재했다. 그러나 공납에 대한 기준은 없었으며, 이로 인해 지방관의 임의적 과세를 막을 수 있는 제도적 장치가 없었다. 중앙정부는 주와 현 단위까지만 공물을 결정하고, 개별 고을에서 어떻게 공물을 분배할 것인지에 대해서는 신경을 쓰지 않았다. 이로 인해 고을 내 지역 세력가는 자신들에게 할당된 공물을 다른 상민들에게 전가하거나 구하기 쉬운 공물납부만을 담당하는 등 문제가 있었다. 또한 공납제 내부적으로도 불산공물(수취 지역에서 나지 않는 공물) 문제가 있었다. 애초에 불가능한 공납요구부터, 방납의 폐단, 상부구조에서는 점퇴의 폐단이 존재하였다. 공물주인(사주인)들은 외부에서 공물을 구하고, 그 가격을 백성들에게 부담시키는 방납문제를 가져왔다. 이들은 경각사가 필요로 하는 공납물품을 구해 오고 노동력도 제공했다. 방납문제는 중앙관리의 점퇴와도 깊은 연관이 있었는데, 지방관아에서 뒷돈을 받기 전까지 공납에 대해 하자가 있다며 반려하는 '점퇴'는 이들 공물주인들로 하여금 생계보장을 위해서라도 방납을 통해 그 피해를 백성들에게 전가하는 폐해를 낳았다. 점퇴의 문제는 지방관아의 운영과도 연결되었는데, 지방관청의 운영비가 아예 책정되지 않거나 너무 낮게 책정되어서 각 관청에서는 자체 운영비를 알아서 해결해야만 했다.

군역과 요역

조선 후기 군역은 16-60세 상민층의 남성을 대상으로 정해진 기간 동안 군대복무를 강제하였는데, 군역을 가는 대신 면포로 세금으로 내는 조세가 군포였다. 군포제의 조세방식도 원래 사람당 포 2필로 정하였다. 군포를 회피하기 위해서 상민들은 스스로 조세 의무가 없는 노비를 자처하거나 양반신분을 모칭하는 경우가 많았으며, 조세를 부담하는 상민의 숫자도 급격하게 감소하였다. 상민의 숫자 감소에도 불구하고 중앙정부는 이전과 같은 액수의 군포를 정액세로 결정하여 계속 부과했다. 지방관이 부족한 세수를 거두기 위해서 사라진 상민층 대신 이웃 사람이나 친척에게 그 군포를 부담하게 하는 인징과 족징이 나타났다. 심지어 죽은 사람에게도 군포가 부과되는 백골징포의 폐해가 나타났다.

1750년(영조 26) **균역법**으로 조정은 『양역실총』에 군역을 기록하고, 일괄적으로 군포를 인당 2필에서 1필로 감해 주었다. 하지만 균역법에 의한 군포의 감소분은 부가적인 결작으로 충당하였는데, 군포 대신 토지에 대해 결작세를 1결당 2두씩 부과하였다. 또한 양반들에게 선무군관이라는 벼슬을 주고 대신 군포 1필의 조세를 부담시켰으며, 지방관은 어세, 염세, 선박세 등 각종 잡세를 추가적으로 부과해서 부족한 조세를 충당하였다. 참고로 1871년 호포제는 대원군 시기 호당 2냥씩 군포세를 부과하였으며, 상민뿐 아니라 양반층에게도 부과하였다. 군포도 처음에 인당 부과하던 것을 토지에 부과된 부가가치세와 유사하게 1결당 2두를 부담했다. 요역은 정부의 각종 공사와 부역을 상민층에게 부담하였는데, 토지 8결 기준 인당 연 6일을 근무하게 하였다.

임진왜란 이후 군포제도가 군역의 지배적 형태가 되었고, 이 군포의 부담은 토지와는 관계없이 정(丁) 수를 기준으로 한 호(戶)의 등급에 따라 배분되었다. 하지만 양역의무자 가운데 지배층과 결탁하여 납포를 면제받는 자가 많았으며, 양역은 주로 빈곤한 상민층이 부담하였다. 이 같은 상민층의 군포 부담에서 양역개정 논의가 계속 있었으나 계층 간 이해관계가 복잡하여 영조 시기에 겨우 진전이 있었다. 양역개정의 문제는 군포감액분을 보전할 재원을 어디에서 구할 것인가에 달려 있었다.

균역법의 내용은 첫째, 결작(結作)이라 하여 평안·함경 두 도를 제외한 6도의 전결에 1결당 돈 5전 또는 쌀 2말씩을 수납하여 재원의 근간으로 삼았다. 둘째로는 종래 여러 궁가와 각 아문에 소속되었던 어전(漁箭)·염분(鹽盆) 및 어선에서 징수한 세, 셋째로는 은여결(隱餘結)을 적발하여 받게 되는 전세, 넷째로는 부유한 양민의 병역기피자 중 무술시험에서 탈락한 자로부터 베 1필씩을 징수하고, 다섯째로 왕실비용을 삭감하여 군포감수 보전재원으로 삼았다.

균역법 자체는 빈곤한 양인부담의 일부를 덜어 부유한 봉건지배층의 토지에 부담시켰다는 점에서 이전에 비하여 보편적 과세와 조세균등, 그리고 공정의 원칙에 합당한 제도였다. 하지만 지주에 부과된 조세가 소작인에게 전가되었고, 균역법 실시 이후 여전히 군적 수포자(收布者) 수가 불법적으로 증가해서 상민층의 형편은 오히려 악화되었다. 대동법과 균역법은 조세제도의 기본인 조·용·조를 변혁하여 전세 중심의 조세제도로 전환시키는 것이었다.

특별세와 전세부가세

조선 후기 주요 조세는 토지에 부과하는 전세(1결당 4두), 공납으로 부과하는 대동미(1결당 12두), 군역으로 납부하는 군포(인당 1필)와 결작세(1결당 2두)가 있다. 여기에 특별세로서 삼수미, 서량(모량)미가 있으며, 기타 부가세와 지방관이 조세하는 잡세가 있다. 18세기 말 기본 조세 이외에 특별세와 부가세는 지역에 따라 지방관이 따로 결정해서 걷으면서 상민층의 부담이 증가했다.

1630년 삼수미: 임진왜란 때 군사력의 부족을 느낀 조선정부는 훈련도감을 설치하고 장정을 모집하여 포수, 사수, 살수 등 삼수군을 훈련하였다. 이 삼수군의 경비에 충당하기 위하여 1602년(선조 35)에 전시특별세로서 삼수미(三手米)를 과징하였다. 처음 전라·충청·강원·황해·경기의 5도에서 논·밭 1결당 쌀 1두를 징수하였으나, 그 뒤 몇 차례 세율 개정을 거쳐 1630년에 다시 규정되었다. 충청·전라·경상 등 삼남지역에서는 결당 1두 2승, 황해·강원에서는 2두 2승이었다. 경기, 평안과 함경도는 면제되었다.(『속대전』) 산간지역에서는 전세와 같이 무명·베·돈으로 대납이 인정되었으며 쌀 1섬에 무명 3필로 하고 돈으로 대납하는 때에는 전세와 같았다. 삼수미는 '삼수량(三手糧)'이라고도 하며 임시세의 성격이었으나 이것이 장기화하여 경상세로 되어 1894년(고종 31)의 갑오개혁 때까지 지속되었다.

1627년 서량(모량)미: 명나라가 후금(後金)과의 싸움에서 계속 패하게 되자 1622년(광해군 14)에 명나라 장수 모문룡(毛文龍)이 군사를 이끌고 조선으로 들어와 진을 치고 후금의 배후를 위협하였다. 이때 모문룡이 조선정부에 위협을 가하여 군량을 요구하였다. 이를 위하여 임시세로 처음에는 '서량(西粮)'의 이름으로 충청·전라·경상 삼남의 전결에 1결당 1두 5승을 부과하였다. 운송 문제로 평안·황해 양도에서 공세에 대신하여 1결당 쌀 3두씩 과세하였다. 이것을 '당량(唐粮)', '모량(毛粮)', 후에는 '별수미(別收米)'라고도 칭하게 되었다. 서량미를 언제부터 과징하였는지 정확한 연대는 알 길이 없으나 1627년(인조 5)에 나라 소용(所用)의 3분의 1을 점하여 궁핍한 조선재정에 부담이 되었고 피폐한 농민의 부담을 가중시키는 결과를 낳았다. 그리고 1866년(고종 3)의 병인양요 이후 외국선박의 침입이 빈번하였으므로 이에 대비하기 위하여 강화도에 포군을 신설하였으나 경비부족으로 많은 어려움이 뒤따랐다. 그리하여 1871년 김병학(金炳學)의 상소로 군량을 충당하기 위하여 전결에 전조·삼수미·결작 외에 다시 경기 및 삼남에 국한하여 논·밭을 통해서 1결당 1두씩 부과하고 이를 '포량(砲粮)'이라 하였다. 징세 절차는 삼수미와 같았다.

1721년 작지, 역가, 잡비, 선가: 전세·대동미·결작·삼수미·포량 외에 세목으로 다음과 같은 부가세가 있었다. 작지(作紙)는 세곡 수납 때 이를 기록할 종이의 대가로서 조선 전기의 해용지에 해당한다. 실제로는 호조 및 서울 각 창(倉)에 있는 역원의 품삯에 충당되었다. 각 군으로부터 세곡을 수납할 때 군 단위로 쌀 60섬, 콩 100섬 이상인 때에는 2-5섬씩을 징수하고 군미(郡米)가 그 미만인 때에는 그 섬 수에 따라 감액하였다. 역가(役價)는 1721년(경종 1)에 호조 및 각 창에 있는 공인(貢人)의 품삯을 지급하기 위하여 창설한 것으로 각 도의 세곡 매 1섬당 쌀 6되씩을 수납하였다. 잡비는 수송 중의 손실 등에 의하여 생기는 감축분이나 곡물의 부패, 건조 등으로 생기는 감축분을 보충하기 위한 것으로 각각 1섬에 3되씩 수납하였다.

또, 세곡의 검사를 위하여 파견된 세무 각 사(司)의 담당관리에게 위로비조로 세곡 1섬에 쌀 2되씩 부가징수하는 인정미(人情米)가 있었다. 또한, 세곡을 배에서 푼다든가 창고에 넣을 때 고용되는 인부의 노임에 충당하기 위한 이가(二價)가 있었다. 이가는 쌀 1섬당 인부 2인을 요하는 것으로 보고 세곡 1섬당 7홉 5작씩 수납하였다. 선가(船價)는 세곡을 운송할 때 운임으로서 서울과의 거리에 따라 각 군마다 상이하게 징수하였다. 이 밖에 세곡을 배에 실을 때 잡비로서 부석가(負石價)·공석가(空石價)·차사원지공(差使員支供)이 있어서 수납하였다. 또, 각 군에서는 지방세와 같이 전결에 대하여 과징하는 명목이 많았는데, 대표적인 것으로는 치(雉)·계(鷄)·시초(柴草)가 있었다.

18세기 말 토지 1결당 조세액은 지역마다 다르지만 삼남 지방을 기준으로 전세(4두), 삼수미(1두 2승), 대동미(12두), 결작(1두 2승), 포량미(1두), 작지·역가·잡비(2두), 선가·부석가·잡비등(3두), 치·계·시초·잡비(3두)를 합하면 총 27두 4승이었다.(출처: 『한국세제고(韓國稅制考)』, 도지부사세국(度支部司稅局), 1909) 또한 조세로 거둔 미곡을 중앙정부로 운반하는 비용인 태가는 토지세의 10-30%였다. 『만기요람』에서 전세와 결세는 1결당 40두, 환곡은 12-18두, 지방관이 징수하는 민고는 12-21두였다. 총 결세는 군포를 포함해서 결당 64-81두였다. 18세기 말 1결당 생산량이 240두 정도였으니, 조세부담률은 28-34%로서 비교적 높은 편이었다.[13] 민고는 각종 잡역에 들어가는 비용을 충원하기 위한 조세로서 지방관이 임의적으로 설치해서 거두었다. 환곡은 원래 빈민들을 구제하기 위해 곡식을 빌려주는 제도지만 지방관에서 환곡을 돌려받을 때 1결당 12-18두의 높은 환곡 이자를 부과했으며, 백성에게는 추가적인 조세부담이 되었다.

민고와 환곡, 잡세 등 지방관이 임의적으로 부과하는 준조세가 급증하고, 지방관청과 중앙의 토지규모 파악이 서로 달라서 조세도 서로 다르게 부과되었다. 지방관은 의도적으로 토지규모와 대상을 다르게 기록해서 결

13 이헌창(2010)이 추정한 조세부담률은 이보다 낮게 나타났다. 1776년 『도지지』에서 결당 생산량이 벼 80석이었는데, 이를 도정하면 도정비율이 45%이므로 토지생산성은 1결당 540두(36석)였다. 전세와 대동미는 결당 16두이며, 토지생산량의 2.5-3.3%였다. 삼수미(1.2두)와 결작(2두)을 합하면 결당 20두로서 토지생산량의 6.7%(밭의 경우 10%)이다. 지방관의 민고(15-21두)와 환곡(12-18두), 부가세와 잡세를 합하면 조세액은 1결당 64-81두였다.

세를 누락시키기도 했다. 조세의 정액화로 중앙정부의 재정지출도 고정되었으며 경직적이었다. 하지만, 지방관은 잡세를 통해 상당히 유동적으로 조세를 징수하였다. 중앙정부의 조세규모는 전체 정액 토지세의 30%이며, 나머지는 지방관이 임의적으로 징수하여 횡포와 수탈의 원인이 되었다. 부역제는 지방관아에서 조세수입으로 충당하지 못하는 지역의 모든 사역과 노력에 대해 조세재원으로 발굴해서 사용하였다. 중앙정부의 정액세 이외에 지방관의 기타 잡세는 불법적이었지만 징수하였으며, 상민층의 조세부담률이 증가하였다.

아래 내용은 연암 박지원(1737-1805)이 1799년(정조 23) 18세기 충청도 면천 군수로 재직할 당시 소농의 토지세 부담에 대해 설명하고 있다.

> 농민들 간의 속담에는 '죽도록 한 해 농사를 지어도 소금 값도 남지 않는다'라는 말이 있을 정도입니다. 더욱이 현재 민호 가운데서 자기 소유의 토지를 자경(自耕)하고 있는 경우는 열에 한둘도 되지 않고, 따라서 공부(公賦)는 10분의 1이지만 사세(私稅)로 바치는 도조(賭租)로 절반을 떼이고 있습니다. 이 공사(公私)의 부세를 합치면 전체 수확량의 10분의 6이나 됩니다.[14]
>
> 매 가호에 전결을 고르게 계산하면 1가호의 배당이 한전(旱田) 42부 5속, 수전(水田) 60부 20속이 됩니다. 농부 한 사람이 경작할 농토는 한전과 수전을 합하여 겨우 1결 2부 8속에 불과합니다. … 1가호당 수확량의 도합은 39석 12두 5승이 됩니다. 전세(田稅)가 72두이며 종자곡(種子穀) 49두 7승을 제하고 나면 남는 것은 33석 10두 8승이 됩니다. 이것이 1가구 5명 식구의 1년치 식량이 되는 것입니다. 땔감·소금 비용이며, 여름과 겨울철의 의복비는 어디에서 나오겠습니까. …

---

14 朴趾源, 『課農小抄』 「限民名田議」: "故農人諺云 終年勤作 不贍塩價 而況見戶之中 有田自耕者 十無一二 而公賦什一 私稅分半 並計公私 則已爲十六."

모두가 결국 1결의 수확 내에서 변통하여야 한다면, 매호당 나누어진 33석의 곡식도 남는 것이라고는 거의 없게 될 것입니다.[15]

연암도 토지집중현상이 심하여 백성 가운데 자기 토지를 경작하는 경우는 10에 1, 2도 되지 않고 대부분 지주의 토지를 차경하면서 생산량의 60%를 공적, 사적 조세로 바치고 있다고 지적하고 있다. 연암은 농민 생활에서 작인 5명과 소 1마리를 가지고 논과 밭 모두 합쳐 1결 2부(약 20두락)를 경작하는 소농을 사례로 설명하고 있다. 20두락 규모의 토지에서 연간 피곡(皮穀)[租] 약 800두(斗)를 생산하는데, 지대 400두와 전세(田稅) 72두를 납부하고 49두 7승을 종자용으로 남겨 둘 경우, 이 농가가 1년 사용할 곡식은 280두(14석) 정도밖에 남지 않는다. 군역·환곡과 같은 각종 부세와 식료품·의복·주택비와 같은 생활 필수품을 충당해야 했으므로, 이 농민은 심각한 적자 상태에 직면할 수밖에 없을 것이다. 즉, 소작농은 1년 농업 생산량의 60%가 세금과 소작료로 지불될 정도로 부담이 크며 적자에서 벗어날 수 없었다. 따라서 소작농이 소비할 수 있는 최대 소비량은 수확의 40%에 불과하였다. 소농은 자기 전답을 어쩔 수 없이 방매하게 되어 자기 토지를 자경(自耕)하고 있는 경우는 열에 한둘도 되지 않는다고 전하고 있다. 18세기 말 직간접 토지세는 수확량의 60%에 달했던 것으로 보인다.

18세기 말 상민층의 토지가 분해되는 시기에 지방관과 중앙정부의 조세는 과중했으며 재정지출도 문란했다. 중앙재정은 정액화되었으며, 재정운영이 경직적이었다. 지방관청의 횡포와 수탈이 극심했으며, 삼정의 폐단이 나타났다. 삼정은 전정, 군정, 환곡에서 비롯된 피해이며, 중앙정부의 완전

15 朴趾源, 『課農小抄』「限民名田議」.

한 재정장악은 1894년 갑오개혁 이후였다.

조선 후기 조세제의 변화는 토지제의 변화와 밀접하게 연결되어 있다. 예를 들어, 고려 말인 1391년 과전법은 고려 권문사족들의 토지 독점을 혁파하기 위해서 토지 소유 대신 토지 수조권을 부여하였다. 하지만, 조선이 들어서고 세조 시기 직전법은 수조권을 모두 제거하고 대신 관리들에게 월급 형태의 녹봉을 지급하는 것으로 대체하였다. 이는 토지소유권을 양반층에서 중앙정부로 이전하는 결과를 가져왔다.

1760년 비총제(比摠制)는 이전의 전세(1결당 4두), 대동미(결당 12두)를 모두 토지세로 일괄적으로 부과하게 했다. 18세기 말 비총제의 특징은 모든 조세를 토지에 부과하고 토지세를 그 이전 조세와 같이 일정하게 정액화하였으며, 조세를 현금으로 납부할 수 있게 금납화한 것이다. 조세의 토지세화, 정액화, 금납화는 세금부과 대상이 되는 세수재원인 토지와 조세의 규모를 미리 평가하여 조세징수의 수월성을 가져왔다. 또한 조세를 지역에서 지방관이 거두었던 것을 중앙정부가 일괄적으로 거두면서 조선 왕실의 중앙집권을 강화하였다. 토지에 부과된 조세재원은 호조와 선혜청, 균역청의 전세, 삼수미, 대동미, 결작의 지세와 그 외 왕실의 궁토와 궁방토에 대한 절수지 조세(1결당 23두), 둔전조세(1결당 80두) 등이 있다.

조선 후기 재정사에 대한 기존 연구는 18세기 말 비총제의 효과에 대해 부정적이었다. 특히, 지방 세수가 부족한 경우 지방 수령의 가급(加給) 신청이 있으면 정해진 세수를 감소시켜서 조세를 부과하는 백지징수(白紙徵收)로 인해 지방 수령의 수탈을 불러왔다. 그러나 비총제는 각종 부세를 토지세로 일원화시켰으며 재정의 중앙집권화를 가져온 긍정적인 효과도 크다. 18세기 중반 경작 토지에 대한 지역별 조세 총액 설정과 더불어 기타 잡세와 조세재원의 총액을 지역별로 확정하는 조세의 정액(定額) 사업이 진행되었다. 조세의 정액화는 17세기 말부터 진행된 군역 재원에 대해 소속 기관별, 역종별 정액을 정하였다. 호조가 올해 지역별 작황을 참고하여 급재결수를 각 도에 보내고, 지역별 감사가 도내 군현 지방 수령으로부터 올라온 보고를 바탕으로 각 읍의 재실 등급을 결정하여 급재결수를 분배하는 제도이다.[16]

비총제는 지방 군현의 세수 분포를 미리 일정하게 정액화하였으며, 『양역실총』은 그 가운데 상민 군역자에게 군현마다 소속기관 및 역종에 따라 군역 조세를 정액화한 것이다. 18세기 말 조세 재원에 대한 지역별 총액을 결정하기 위해 군역의 상번 및 요역(徭役)과 같은 인력을 제외하고 국고 수입으로 설정된 모든 세목별 액수를 군현별로 설정하였다. 전국적으로 그 액수를 모두 합해서 조정에 보고하여 『부역실총(賦役實摠)』으로 공표하였다. 토지의 비총제 징수와 각종 조세 재원의 징수 및 분배에서 미리 그 액수를 정액으로 정한 조세의 원액주의(元額主義)는 지역별 토지 및 호구의 총액을 설정하여 조세의 정액화와 재정의 중앙집권화를 가져왔다.

『부역실총』은 지방 군현별로 상납하는 조세의 재원과 지출경비가 정리되어서 중앙정부에 보고하였다. 각사 기관은 중앙정부의 승인과 인지로 조세 재원을 확보할 수 있었다. 18세기 말 공납과 요역을 토지세화한 대동미는 호조 산하 중앙 재정기관인 선혜청으로 일괄 납부되었다. 17세기부터 훈련도감의 포수(砲手)·사수(射手)·살수(殺手) 등 전문군인을 육성하기 위한 조세를 토지세화한 삼수미(三手糧米)는 호조에 납부되었다. 18세기 중반 균역법에 의거하여 군역부담을 줄여서 균일화하면서 감축된 재원을 결전(結

16 손병규(2003).

錢)으로 토지세화한 것은 호조 산하 균역청에 납부하였다.

균역법으로 인해 감축된 재원은 선무군관(選武軍官)과 같은 고급화된 군역자를 신설하여 그로부터 군포를 보충하였으며, 국가에서 독점하던 어촌의 어염선세(魚鹽船稅)도 균역청이 국세로 징수하였다. 또한 토지세 가운데 원래 토지세인 전세(田稅)의 대상에서 제외되었던 왕실 면세지 일부와 둔전 수입도 정액으로 징수되었다.

선혜청에 납부하는 대동미(大同米)는 그 잡비가 전체 조세의 20%였으나, 상납을 위한 비용으로 지방 군현에 남겨두었던 대동유치미(大同留置米)에서 지불되었다. 부역실총에 기재된 태가 및 잡비는 부가적 징수에 대신하여 국가 재원의 일부로 지급한 것이다. 「본관봉용질」의 지방경비는 지방 관청에서 직접 사용하는 현물로 징수되는 경우가 많은데, 상납 재원 가운데에서도 미곡이나 면포가 동전보다 많았다. 18세기 말 조세 징수는 금납화보다는 여전히 현물 조세의 특징을 유지하였다. 해당 군현의 지방경비와 관련하여 『부역실총』에는 「본관봉용질」의 항목에 국가조세의 일부를 지방 관청에 할애한 부분이 기재되었다. 지방 관청도 국가기관의 하나로서 지방 행정업무와 조세의 효율성을 위해 재원을 분배받았다. 처음부터 지방 관청에 분배된 재원의 징수·분배는 지방 수령의 재정 운영에 맡겼다.

18세기 말 조세제도를 기록한 『부역실총』의 사회경제적 의미는 조세의 근거인 토지와 군역에 대하여 조세의 중앙집권화를 들 수 있다. 조세가 정액으로 고정되었지만, 각사 기관들이 정액을 넘어서 지출증액을 요구했으며 정부는 그것을 삭감하는 일이 반복되었다. 중앙재정 가운데 『부역실총』에 기재되지 않고 국가기관이 개별적으로 징수하는 비정규적 조세도 존재했다. 국가 및 왕실이 증가하는 재정수요는 정액화된 조세로 감당할 수는 없는 부분이 있었으며 이는 각사 및 왕실이 자체적으로 충당할 수밖에 없었다.

조세재원과 세목이 화폐단위로 정액화되고, 중앙에서 세무원을 파견하여 세원을 조사하고 세목을 일일이 징수하여 국고에 납입하고 다시 수요기관마다 분배하는 조세제도는 비효율적이었다. 중앙집권적인 행정 체제를 상징하는 군현제의 발달에도 불구하고 지방재정의 독자성을 유지하는 조세제도는 조세의 효율성을 위한 것이었다.

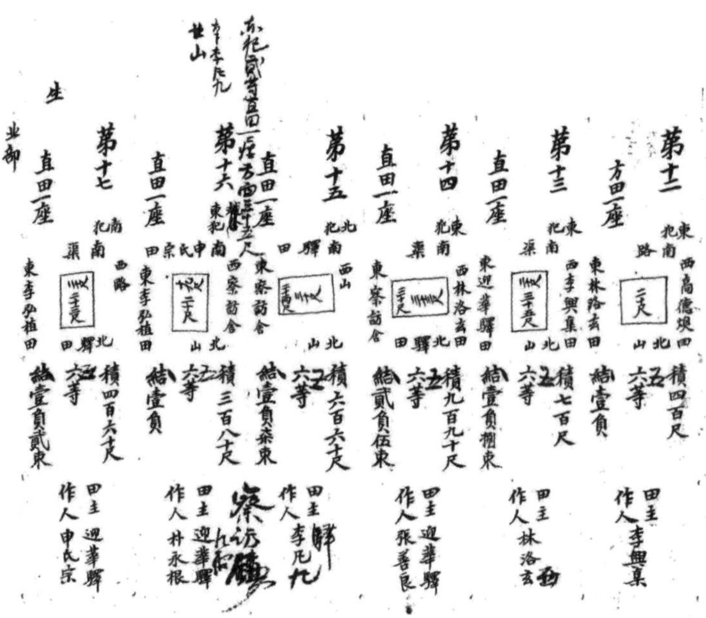

1901년 조선 광무양안. 출처: 한국학중앙연구원.

2. 상민층의 토지분해

18세기 말 조선의 사회제도가 많이 변화했지만, 그중 가장 중요한 것은 상민층의 토지에 부과되는 토지세가 증가했다는 것이다. 18세기 말 대동법 이후 전세뿐 아니라, 공납과 대동미, 군역 등 모든 조세가 전결을 대상으로 부과되는 조세의 토지세화로 인해 상민층의 토지매도는 급증하였다. 이 외에 특별세와 전세부가세 등이 지방관이 임의로 과세를 부과하였으나 이 또한 주로 양반보다는 상민층에 전가되었다. 결국, 18세기 말 조세의 토지세화는 상민층의 토지보유비용을 급격하게 증가시켰다. 상민층의 대규모 토지분해와 노비도망으로 세수재원이 부족해지면서 안정적인 재원마련을 위해 중앙정부는 조세재원이 불확실한 공납과 대동법에 의한 가호별 조세, 군역과 부역 등 사람별로 부과하던 조세도 모두 전결을 대상으로 토지세로 전환했다. 더욱이 1770년 비총제를 통해서 조세 금액을 미리 일정하게 정해서 부과하는 조세의 정액화가 같이 나타났다.

18세기 말 토지세 증가와 지방관의 민고와 환곡, 고리대도 상민층의 토지보유비용을 증가시켰다. 양반지주들은 자신의 전세와 종자비용(10%)도 소작농에게 떠넘겼다. 고리대와 환곡을 사용했던 상민들은 토지세와 더불어 추가적인 생계비용까지 감당해야 했다. 조선 후기 경상도와 전라도 전답매매문기를 통해 상민층은 높은 고리대 이자와 과중한 토지세의 부담으로 토지를 집중적으로 매도하였다는 것을 알 수 있었다. 특히, 상민층의 토지매도는 18세기 말에 집중적으로 나타났다. 전라도와 경상도 여덟 집안의 토지매매 거래에서 전라도와 경상도 상민층의 경우 토지매입/매도 비율이 각각 0.53, 0.56이었으며, 이는 상민층의 토지가 전라도에서 47%, 경상도에서 44% 감소했다는 것을 의미한다. 〈그림 1〉은 조선 후기 경상도와 전

〈그림 1〉 1590-1900년 경상·전라 지역 상민층의 논 순매입(단위: 두락)

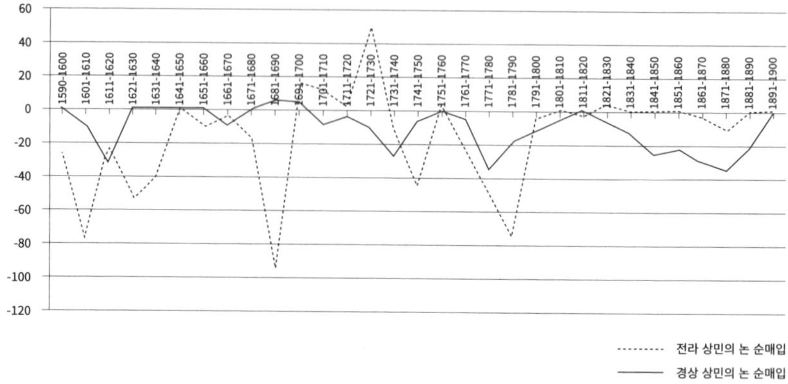

* 자료: 경상도 月城郡 孫東滿씨, 盈德郡 李根華씨, 醴泉郡 權滄龍씨, 安東郡 金俊植씨, 의성김씨 토지매매문서, 전라도 구례 문화류씨, 해남윤씨, 부안김씨의 토지매매문서 참조. 저자 작성.

라도 지역에서 상민층의 토지(논) 순 매입규모를 보여 준다. X축은 연도를, Y축은 토지 순매입 규모(두락)를 나타낸다.

상민층의 경우 1681-1690년과 1771-1800년에 토지를 집중적으로 매도하였다. 첫 번째 기간인 1681-1690년은 상평통보가 주전되어 전국적으로 사용이 확대되었던 시기이며, 시장거래가 진전되면서 미곡과 면포 등 일상 생필품뿐 아니라 이전에 고정자산으로 여겨졌던 토지매매도 증가했다. 상민층뿐 아니라, 중인과 노비도 토지매도가 증가했다. 18세기 말 상민층의 토지 순매도가 집중적으로 나타났으며, 상민층의 토지분해는 전라도와 경상도 지역 모두 공통적인 현상이었다. 19세기 상민층의 토지분해는 경상도 지역을 중심으로 나타나고 있어서 지역별로 조금씩 시차를 보인다. 흥미로운 점은 경상과 전라 지역에서 상민층의 토지가 집중적으로 매도되는 시기가 1771-1800년이라는 것이다. 1771-1800년에 나타난 가장 큰 제도적 변화

〈그림 2〉 1590-1900년 경상·전라 지역 양반층의 논 순매입(단위: 두락)

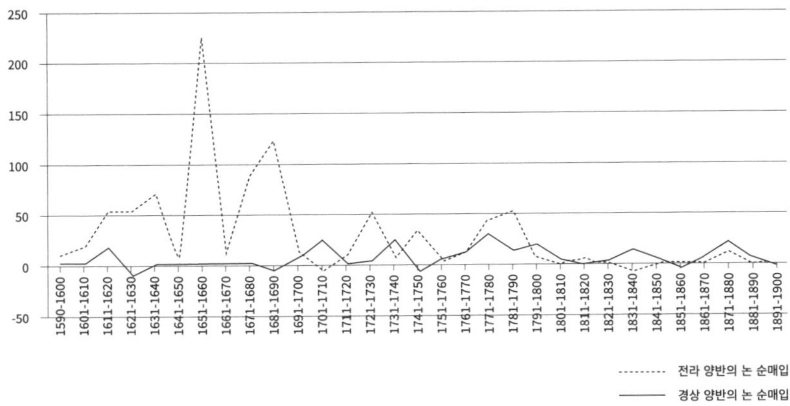

* 자료: 경상도 月城郡 孫東滿씨, 盈德郡 李根華씨, 醴泉郡 權滄龍씨, 安東郡 金俊植씨, 의성김씨 토지매매문서, 전라도 구례 문화류씨, 해남윤씨, 부안김씨의 토지매매문서 참조. 저자 작성.

는 상민층의 토지에 부과되는 토지세의 증가이다.

〈그림 2〉는 상민의 토지분해와 비교하기 위해서 양반층의 토지(논) 순 매입추세를 보여 주고 있다. 전라도 지역에서 1651-1660년, 1671-1690년, 1771-1790년 사이에 집중적으로 양반층의 토지 순매입이 나타났으나 경상도 지역의 경우 전라도 지역보다 양반층의 토지집중 규모는 조금 작고 그 시기도 1691-1790년 사이에 진행되었다. 결국, 조선 후기 경상도와 전라도 지역 모두 양반층의 토지집중이 나타났지만 전라도 지역에서 상대적으로 그 현상이 두드러졌다.

노비층의 토지 매매규모는 크지 않아서, 간략하게 설명하고자 한다. 노비층의 토지매매를 시기별로 살펴보면 상민층과는 다른 특징을 보이고 있다. 상민층의 경우 1691년 이후 토지매도가 지속적으로 발생하고 있는 데 반해, 노비층은 1651-1700년에 집중적으로 토지매도가 일어났다. 노비층의 토지분해 현상이 상민층에 비해 빠른 시기에 진행되었다. 이는 17세기 말 이후에 노비제의 해체가 이미 본격적으로 진행된 사실과 밀접한 관련이 있을 것으로 생각된다. 또한 노비의 토지해체현상은 1651-1700년의 50년 동안 전라도 지역에서 집중적으로 나타나는데, 이는 이 시기 해남윤씨 집안과 같은 특정 집안 노비의 토지 순매도가 영향을 미쳤을 것으로 생각된다.

이 장에서는 18세기 말 토지보유비용과 생산이윤과 관련된 조선 후기 제도변화를 찾아보았는데, 가장 중요한 제도변화는 조세제도의 변화였다. 상민층, 특히 소농과 소작농의 생산성은 지속적으로 감소했으며, 상민층의 토지는 18세기 말 집중적으로 분해되었다. 조세의 토지세화 이외에 상민층의 토지분해를 가져온 원인은 다음과 같다. 먼저, 생산성 감소와 생산이윤의 적자이다. 높은 고리대 이자와 정액세로 나타나는 준조세도 상민층에게 큰 부담이었다. 조세의 정액화는 지역별로 전년도 조세액을 기준으로 가감하여 미리 정해서 부과되었는데, 감축보다 증액이 더 많았다. 흉년과 천재지변이 많았던 18세기 후반 토지생산량은 줄었는데, 정액세는 일정해서 그 세금을 감당하기 힘들었다.

둘째, 지방관청은 정액세 부과와 더불어 부가적인 조세인 태가 비용, 행정처리 비용을 상민층이 부담하게 했다. 기본적으로 법에 의해 부과되는 전세와 공납, 군역의 일부는 호와 사람 단위로 토지 전결을 대상으로 부과되었으며, 기본적으로 1결당 조세율이 20두 정도였다. 하지만, 1799년 연암 박지원의 상소에 의하면 조세의 정액화로 인한 준조세 증가와 지방관이 임의적인 설치한 특별세와 전세부가세, 잡세의 조세율이 토지생산량의 60%까지 증가했다는 내용으로 볼 때, 조세제의 변화는 상민층의 토지분해를 가져온 결정적인 원인이었다. 상민층과 빈농은 토지를 팔고 도시 주변으로 생계를 위해 떠났다. 상민숫자도 급감하였고 그에 따라 조세재원도 감소했으며, 조선정부의 재정수입도 약화되었다. 마지막으로, 농업생산에서 중요한 기후조건의 악화와 민란 등 천재지변도 상민층이 토지를 매도하고 분해되는 현상을 가속화했다. 양반층은 18세기 후반 신해통공으로 시전이 철폐되면서 독점적 유통이익이 감소하였고, 많은 이익을 남겼던 유통권과 도장권을 매도하고 대신 상민층이 팔았던 토지를 매입하였다.

◦ 제3부 ◦

지주제와 이윤, 고리대 이자

⁂

제3부에서는 18-19세기 조선에서 생산성이 하락하는 추세에서 백성들의 일반적인 소농경영이 지속 가능한 농업방식이었는지에 대해 문제를 제기하고자 한다. 이를 위해 조선 후기 소농을 소작 소농과 자작 소농으로 구분하여, 생산성 하락과 소농의 생산이윤의 관계를 살펴보았다. 이 시기 농업사료를 사용해서 분석한 결과에서 소농의 생산이윤은 대체로 적자였으며, 안정적이지 못했다.

조선 후기 소농경영은 가족노동을 기반으로 이루어지는 농업경영방식이다. 소농은 자신과 가족노동으로 경작할 수 있으며 최소한 가족을 부양할 수 있는 정도의 소규모 토지를 경작하였다. 17세기 이앙법과 시비법 등 농업기술의 발전으로 노비와 고공은 자기 토지와 가족노동에 기초한 독립적인 소농으로 성장하였다. 하지만 18-19세기 정부의 과중한 조세 부과와 생산성 하락으로 소농의 경작 토지는 지속적으로 하향분해되었다. 소농의 토지 하향분해에 대해 기존 연구는 소농의 확대 또는 토지 양극화 현상으로 서로 다르게 해석하고 있다.* 소농 경영론은 소농의 확대 현상을 말하며, 토지 경작면적의 하향분해 현상과 동일하게 사용되고 있다. 여기서는 소농경영의 지속가능성을 확인해 보고, 두 가지 현상이 서로 차별적인 현상이라는 점을 강조하고자 한다.

조선 후기 양반지주들은 생산성의 하락에 대응해서 농업생산방식을 변경하거나, 노동력을 효율적으로 관리해서 생산성을 높이려고 했다. 또한, 직접 경영보다는 소작농에게 토지를 빌려주고 지대를 받는 지주제 경영을 채택하는 것이었다. 지주제 경영은 수취하는 지대방식에 따라 정액지대(도조)와 정률지대(타조)가 있다. 지대방식의 결정은 지주의 노동 감시비용과 수확물 위험에 따라 다르게 결정된다.

---

* 이영훈(2002), 김용섭(1970, 1990), 최윤오(2006), 안병직(2001), 김건태(1999, 2005).

제6장 | 농업경영방식과 생산이윤

이 장에서는 조선 후기 토지생산성 하락과 소농 생산이윤의 관계를 그 시기 사료와 시뮬레이션을 사용하여 분석해 보았다. 이를 통해 소농경영이 지속될 수 있는지 여부와 토지의 하향분해 현상에 대해서도 새로운 해석을 제시한다. 소농은 편의상 소작농과 자작농으로 구분하고, 소농과 비교를 위해서 광작 경영의 생산이윤을 비교해 보았다.

1. 소농경영의 생산이윤

18-19세기 생산성이 하락하는 추세에서 소작농은 농업생산에 있어 조세와 생산비용을 부담하였다. 특히, 소작농의 생산비용으로서 지대, 결세와 부채에 대한 고리대 이자에 더하여 노동을 재생산하기 위한 최소 생계비용이 필요하다. 소작농과는 별개로 자작소농은 소규모 토지를 가지고 가족 노동을 중심으로 농업생산을 하였다. 이 경우 토지 지대가 들어가지는 않지만 토지 투입에 따르는 기회비용이 필요하다.

시뮬레이션을 위해서 소농은 주요 작물인 벼농사만 일모작으로 한다고 가정한다. 소농은 생산이윤을 증대시키기 위해 여름에 벼를 심고 겨울에 보리 등 기타 작물을 심는 이모작 농사를 하거나, 인삼과 담배 등 상업용 작물을 생산하는 경우도 있다. 또한 농한기에 길쌈이나 면포 등 소규모 수공업품을 제작하여 소득을 올리는 경우도 있다. 실제 벼농사는 조선 후기 전체 농업생산물 수입의 80% 이상을 차지했다.

소작농의 실질 생산이윤은 미곡생산수입에서 지대, 결세, 종자비용을 빼준 값과 같다. 지대와 결세는 생산량에 대해 일정 비율로 부과된다. 자작소농은 소작농과 달리 지대 대신에 토지투입(기회)비용이 들어간다. 한편, 소농의 생산비용에서 추가적으로 노동 재생산을 위한 생계비용과 부채에 대한 고리대 이자가 포함된다. 소농의 생계비용은 자신과 가족노동만을 사용하는 경우 고정 노동비용과 같다. 또한, 소농이 고리대를 쓰는 경우 고리대 이자를 부담해야 한다. 만약 고리대를 쓰지 않는 소작인의 경우 이 항목은 제외되지만 고리대 이자를 쓰는 경우가 일반적이라고 가정한다. 앞에서 언급한 비용 이외에 군역 등 부세나, 의복비와 주거비, 관혼상제비 등 다른 비용도 있지만 소농의 생산이윤을 보수적으로 추정하기 위해서 이를 생산비용에서 고려하지 않았다. 결국, 미곡으로 표시한 소농의 실질 생산이윤은 생산수입에서 지대(토지투입비용)와 결세, 종자비용과 고리대 이자, 최저생계비를 빼 준 값이다.

소농의 생산 단위당(1석당) 이윤을 계산하였는데, 중요한 변수는 토지생산성 또는 토지투입계수이다. 토지투입계수는 미곡생산을 한 단위(1석) 증가시킬 때 투입되는 토지비용이다. 토지투입계수는 토지생산성의 역수이며, 토지생산성이 떨어지면 토지투입계수가 커지면서 단위 토지의 생산비용이 증가한다. 토지의 한계생산성과 평균생산성이 같다고 가정한다. 또한 생계비를 계산하기 위해서 소비량은 생산량의 일정한 비율(소비성향; MPC)로 가정하였다.

소농의 생산이윤을 추정하기 위한 자료는 18-19세기 소농의 구체적 사례를 전하고 있는 박문수와 연암 박지원, 다산 정약용의 문헌을 사용하였다. 이들 문헌에서 소작료는 50% 수준이었으며 소작소농은 농업생산에 필요한 비용과 결세를 부담하였다. 먼저, 15%의 전세(田稅)와 군역·환곡의 부세, 생산 종자비용은 10%였다. 또한 소농이 노동주체로서 계속 일을 하고 생계를 영위할 수 있는 생계소비량이 필요한데, 조선 후기 진휼곡 자료를 활용하여 이 시기 최저 생계비는 수확량의 10-15% 정도로 추정하였다.[1] 앞의 문헌 자료에서도 소농의 생계소비량은 생산량의 15-40%였으므로 소비성향(MPC)은 0.15-0.40이라고 가정한다. 식량이 부족하고 빈곤했던 소작농들은 생계를 위해 봄에 고리대를 빌려서 가을에 갚았는데 연리 50%였다. 특히 소작농들에게 고리대가 큰 부담으로 작용했던 것은 이자에 대한 현물대납 방식이기 때문이었다. 봄 춘궁기 때 소작농에게 생계를 위한 돈을 빌려주고 가을 수확기에는 원금과 이자를 곡물로 갚게 하여 단순 이자율에서 화폐가치의 하락분까지 그들에게 전가함으로써 추가적인 생산비용이 되었다. 추가적인 화폐가치 하락은 디플레이션 기간인 1710-1750년 소작농에게 큰 부담이 되었다.

자작소농은 자기 토지를 경작했기 때문에 차경지에 대한 지대는 없지만 토지이용에 대한 기회비용은 존재한다. 토지투입비용은 이자율에 토지투입계수를 곱한 값으로서 이 시기 생산량의 30% 수준이었다. 토지생산성이 감소하면 단위 생산량에 대한 토지투입이 증가하므로 토지사용에 대한 비용이 증가한다. 18-19세기 토지투입계수를 구하기 위해 18세기 것은 경상도 칠곡의 토지생산성을, 19세기 것은 경상도 예천의 토지생산성을 사용하였다. 토지투입비용은 보통 지대(50%)보다 훨씬 작았기에 소작농에 비해 자작농이 토지비용에서 비교우위에 있었다.

경상도 칠곡 광주이씨 감사댁의 일기에서 18세기 두락당 토지생산량과 소작인의 평균 노동생산성 자료를 구할 수 있다. 19세기 생산성 자료는 경상도 예천 박조수가의 자료를 사용하였다. 하지만 예천 자료는 토지

1 남녀 연령별 1일 진휼곡 분급액 자료는 『만기요람』 財用篇 荒政, 『牧民心書』 賑荒六條, 「居官大要」 賑政(『朝鮮民政資料 牧民篇』), 「四政考」(『朝鮮民政資料叢書』) 참조.

생산량에 대한 자료만 있고 작인의 생산량 자료가 없어서 18세기 말 칠곡의 평균 경작면적인 1인당 3두락을 가정하여 작인의 평균 노동생산성을 구하였다. 18-19세기 경상도에서 미곡 생산량(석)당 토지와 노동 투입계수는 상승하고 있으며, 생산성은 하락하는 추세를 보이고 있다. 칠곡의 경우 18세기 중반까지 평균 토지투입계수는 쌀 1석당 0.60두락이고, 노동투입계수는 쌀 1석당 0.10명이었다. 18세기 후반 토지와 노동 투입계수는 각각 0.68과 0.18로 상승하였다. 칠곡에서 쌀 생산량(석)당 토지투입계수가 노동투입계수보다 커서 농업경영에 있어 토지비용이 노동비용보다 많다는 것을 알 수 있다. 19세기 예천 지역에서도 토지와 노동의 생산투입계수는 증가하였는데, 이는 토지와 노동의 생산성이 하락했기 때문이다.

토지세인 결세(結稅)는 처음에 지주가 부담했지만, 18세기 후반 이후 점차 소작인에게 전가되면서 소작인의 생산비용이 증가하였다. 18세기 후반 토지생산량이 감소하면서 지주는 소작농에게 결세뿐 아니라 종자(種子) 비용도 부담시켰고 소작농은 기존에 비해 수확량의 10-20%의 추가 부담이 발생하였다. 김건태(2004)는 18세기 후반 소작인의 수입은 두락당 생산량의 감소, 1인당 경지면적의 축소, 지주제 관행의 변화 등으로 인해 18세기 초반에 비해 대략 40% 감소하였다고 보았다. 흥미로운 점은 조세의 정액화로 인해 토지세인 결세가 실제 생산량보다는 과거 생산량을 기준으로 징수되었다는 점이다. 실제 생산량이 예년에 비해 줄어드는 경우 조세 부담이 실제보다 커지므로 그 생산량의 차이는 준조세로서 소농의 생산비용을 상승시켰다. 소농의 생산이윤 추정에서는 준조세가 없다고 가정한다. 농업경제에서는 생산이 수요를 결정하는 고전적 세이 법칙(Say's law)이 적용된다. 생산요소인 토지공급은 큰 변화가 없으므로 곡물 생산량은 생산성과 기후조건에 절대적으로 의존하게 된다. 생산성과 기후조건이 악화되어 생산량이 감소하면 농업경제의 특성상 곡물가격은 수공업 재화의 가격보다 큰 변동을 보이게 된다.[2]

〈표 1〉은 단위 생산량(1석)당 자작농의 생산이윤에 대한 시뮬레이션 추정결과를 제시하고 있다. 18-19세기 토지투입계수는 경북 칠곡과 예천의

〈표 1〉 자작소농의 생산이윤 추정

	자작소농 이윤 (MPC=0.15)	자작소농 이윤 (MPC=0.15, i=0)	자작소농 이윤 (MPC=0.25)	자작소농 이윤 (MPC=0.25, i=0)	자작소농 이윤 (MPC=0.40)	자작소농 이윤 (MPC=0.40, i=0)
	경북 칠곡					
1700	0.26	0.33	0.11	0.23	-0.12	0.08
1710	0.31	0.39	0.16	0.29	-0.06	0.14
1720	0.01	0.09	-0.14	-0.01	-0.36	-0.16
1730	0.25	0.33	0.10	0.23	-0.12	0.08
1740	0.27	0.34	0.12	0.24	-0.11	0.09
1750	0.27	0.34	0.12	0.24	-0.11	0.09
1764	0.23	0.30	0.08	0.20	-0.15	0.05
1776	0.23	0.31	0.08	0.21	-0.14	0.06
1780	0.26	0.34	0.11	0.24	-0.11	0.09
1787	0.19	0.27	0.04	0.17	-0.18	0.02
	경북 예천					
1834	0.33	0.40	0.18	0.30		
1840	0.36	0.43	0.21	0.33	-0.02	0.18
1851	0.41	0.49	0.26	0.39	0.04	0.24
1861	0.37	0.44	0.22	0.34	-0.01	0.19
1870	0.37	0.44	0.22	0.34	-0.01	0.19
1880	0.28	0.35	0.13	0.25		
1891	0.32	0.39	0.17	0.29	-0.06	0.14

* 자료: 박지원의 『課農小抄』 「限民名田議」와 정약용의 『牧民心書』 戶典, 稅法 下. 칠곡 광주이씨가와 예천 박조수씨가 일기 참조. 저자 작성.

** MPC는 소비성향, i는 고리대 이자를 나타내며, i=0는 고리대가 없는 경우이다.

---

2 전국 토지 경작면적은 1689-1719년 1,395,333결, 1719-1769년 1,411,990결, 1770-1821년 1,456,592결이었으며, 토지 1결당 20두락을 기준으로 했다. 전국 토지결수(土地結數) 가운데 1689-1719년과 1719-1769년의 수치는 『增補文獻備考』 권142 田賦考 2(1719년, 숙종 45)와 同書 권149 田賦考 9(1769년, 영조 45)를, 1770-1821년의 수치는 『萬機要覽』 財用編 2 田結條(1807년, 순조 7)의 기록을 근거로 하였다.

자료를 직접 사용하였고 시뮬레이션에서 사용한 자료는 실제 앞의 문헌들에서 발췌한 토지투입계수와 결세, 지대, 고리대의 사례를 사용하였다. 즉, 지대는 연 50%였으며 결세 부담률은 15%로 가정하였다. 종자비용은 10%, 고리대 이자는 연 50%를 적용하였다. 소비성향은 0.15-0.40일 때 자작농의 생산이윤이 어떻게 변화되는지 확인해 보았다. 이때, 소농의 생산이윤을 부채가 있는 경우와 없는 경우로 나누어서 계산하였다. 표에서 이자율(i=0)은 부채가 없는 경우이다.

〈표 1〉의 두 번째 칼럼은 소비성향(MPC)이 0.15이고 고리대(i)를 사용하는 경우이며, 세 번째 칼럼은 소비성향이 0.15이고 고리대가 없는 경우(i=0) 자작농의 이윤변화를 보여 주고 있다. 넷째와 다섯째 칼럼은 소비성향이 0.25일 때 자작농의 이윤변화이며, 여섯째와 일곱째 칼럼은 소비성향이 0.40일 때 소농의 이윤이다.

자작농의 생산이윤은 소작농과 달리 토지투입계수(생산성의 역수)에 따라 그 크기가 달라진다. 토지생산성이 하락할수록 토지투입계수는 커지면서 생산비용은 증가한다. 1780년 기준 소비성향이 0.15이고 부채가 있는 자작농의 생산이윤은 26%였으나, 동일한 조건에서 부채가 없는 자작농의 생산이윤은 34%가 된다. 하지만, 1780년 기준 소비성향을 0.40으로 적용할 경우, 부채가 있는 자작농의 생산이윤은 -11%의 적자를 보였으며, 동일 조건에서 부채가 없는 경우 9% 흑자를 보여 주고 있다. 토지생산성이 지속적으로 감소하여 토지투입비용이 증가하면 부채가 있는 자작농의 경우 다른 비용을 고려하지 않고도 마이너스(-) 이윤을 나타내며, 장기적으로 이윤감소를 겪게 된다. 이때 소농의 추정이윤은 군역 등 부세나 의복과 주거비, 기타 관혼상제비 등 다른 비용을 고려하지 않은 것이어서, 실제 이윤감소는 이보다 크다.

동일한 조건에서 소농의 이윤은 고리대 유무에 의해서 많은 편차를 보인다. 소작농은 수시로 발생하는 풍수해 등으로 고리대와 환곡 등 부채에 생계를 의존하는 경우가 빈번하였다. 이 경우 생산비용에 더하여 흉년의 고리대 이자와 물가상승 부담까지 떠안게 된다. 한번 채무를 지게 되면 소농의 생산이윤이 -11%로 감소되어 적자에서 벗어날 확률이 줄어들었다. 소농은 기후조건과 상관없이 농업생산으로 지속적 흑자를 유지할 가능성은 매우 낮다. 소농은 토지생산성이 하락하는 추세에서 토지비용, 환곡과 고리대, 조세 부담으로 생산이윤이 지속적으로 감소되었다.

소작농은 생산이윤의 적자가 발생하면 생계유지를 위해 지주에게 소작료의 삭감이나 납부의 연기, 거부 등 항조를 할 수밖에 없었다. 이는 조선후기 지주제에서 자주 나타나는 현상이며, 지주의 지대수취율 하락으로 나타났다. 경상도의 칠곡·대구·예천·경주 지역과 전라도의 영암·해남·남원·영광 지역에서 논(畓) 두락당 도조가 장기간 감소하고 있다는 사례가 있다. 전라도 영암의 지대는 1740년 두락당 20두(벼)에서 1820년 12두, 1880년 5두 수준으로 떨어져서 140년 동안에 지대 도조량이 1/4 수준으로 급락하였다.[3] 18세기 경상도 칠곡의 광주이씨가(廣州李氏家), 전라도 영암의 남평문씨가(南平文氏家), 충청도 부여 창원황씨가(昌原黃氏家) 등 양반가의 농업경영에서 처음 책정된 도지액이 실제 100% 수취된 해가 거의 없었으며, 18세기 후반 이후 지대 수취율은 계속 떨어졌다.

---

3 김건태(1999) 참조. 전라도 영광신씨가(辛氏家)의 사례에서 1830-1935년 두락당 지대량(벼)의 추이는 1830-1844년 9두, 1860년대 5-6두, 1876-1895년 2-3두로 급격히 하락하고 있다. 지대 수취율도 1850년대 이후 급격히 하락하여 20-40%대로 떨어지고 있다.

2. 광작경영의 생산이윤

여기에서는 소농경영과 비교하기 위해서 광작경영의 생산이윤을 앞에서 이용한 동일한 자료를 사용해서 비교해 보았다. 조선 후기 지주들은 거주지와 가까운 토지는 노비를 사용하여 직영을 하고 원거리 토지의 경우 노비와 작인을 통해 작개지 또는 병작제를 선호하였다. 노비를 사용하는 작개지 경영은 노비의 태업과 도망으로 생산성이 떨어지면서 17세기 중반부터 점차 사라지고, 병작제로 전환되었다.

광작경영은 직접 자기 토지에서 타인 노동력을 사용해서 농업생산을 하는 경우도 있지만, 타인 토지를 빌려서 생산하는 사례도 있다. 광작경영이 소농경영과 가장 크게 다른 점은 타인의 노동력을 고용해서 직접 농업생산을 한다는 점이다. 자기 토지에서 노비 또는 작인의 노동을 사용해서 직접 농업생산을 하는 광작의 생산비용은 소농생산과 다르게 토지투입비용과 더불어 고용노동에 대한 임금과 노동관리비용이 추가로 들어간다. 또한, 소농경영과 비교를 위해서 광작경영도 소농과 같이 고리대 이자를 사용한다고 가정하며, 노비와 작인 노동을 사용하는 경우 이들의 노동재생산을 위해서 최저 생계소비량을 비용으로 고려해야 한다.

〈표 2〉는 동일한 자료를 사용하여 광작경영의 1석당 이윤을 추정한 결과이다.[4] 광작경영의 생산이윤은 고용노동에 대한 임금과 노동생산성에 따라 달라진다. 앞에서 설명한 소농과 유사하게 타인 토지를 빌려서 사용하는 광작생산의 경우 토지투입비용 대신에 지대비용이 발생하며 지대는 생산물의 50%로서 직접 토지투입비용(30%)보다 높다. 소비성향을 0.15,

---

4 광작생산의 노동비용은 노동투입비용과 관리비용을 더한 값과 같다. 노비를 사용하는 지주의 직영지 농업의 경우 소비는 지주와 노비에게 동일하게 발생한다.

0.25, 0.40으로 각각 달리 적용하였으며, 결세는 15%, 종자비용은 10%, 이자율은 50% 고리대를 적용하였다. 18-19세기 토지와 노동 투입계수는 경상도 칠곡과 예천의 자료를 직접 사용하였다. 〈표 2〉의 두 번째 칼럼은 소비성향이 0.15이고 고리대를 사용하는 경우이며, 세 번째 칼럼은 소비성향이 0.15이고 고리대가 없는 경우(i=0) 광작지주의 이윤 변화를 보여주고 있다. 넷째와 다섯째는 소비성향이 0.25일 때 광작생산의 이윤이며, 여섯째와 일곱째 칼럼은 소비성향이 0.40일 때 광작생산의 이윤이다.

〈표 2〉 광작생산의 이윤 추정

	광작이윤 (MPC=0.15)	광작이윤 (MPC=0.15, i=0)	광작이윤 (MPC=0.25)	광작이윤 (MPC=0.25, i=0)	광작이윤 (MPC=0.40)	광작이윤 (MPC=0.40, i=0)
	경상 칠곡					
1700	0.21	0.29	0.06	0.19	-0.16	0.04
1710	0.28	0.35	0.13	0.25	-0.10	0.10
1720	-0.08	-0.01	-0.23	-0.11	-0.46	-0.26
1730	0.20	0.28	0.05	0.18	-0.17	0.03
1740	0.22	0.30	0.07	0.20	-0.15	0.05
1750	0.21	0.29	0.06	0.19	-0.16	0.04
1764	0.16	0.23	0.01	0.13	-0.22	-0.02
1776	0.17	0.24	0.02	0.14	-0.21	-0.01
1780	0.20	0.28	0.05	0.18	-0.17	0.03
1787	0.10	0.18	-0.05	0.08	-0.27	-0.07
	경상 예천					
1834	0.26	0.33	0.11	0.23	-0.12	0.08
1840	0.30	0.38	0.15	0.28	-0.07	0.13
1851	0.38	0.45	0.23	0.35	0.00	0.20
1861	0.31	0.39	0.16	0.29	-0.06	0.14
1870	0.31	0.39	0.16	0.29	-0.06	0.14
1880	0.19	0.27	0.04	0.17	-0.18	0.02
1891	0.25	0.32	0.10	0.22	-0.13	0.07

* 자료: 박지원의 『課農小抄』 「限民名田議」 정약용의 『牧民心書』 戶典, 稅法 下. 칠곡 광주이씨 일기 자료, 예천 박조수씨 일기 참조. 저자 작성.

** MPC는 소비성향, i는 고리대이며, i=0는 고리대가 없는 경우이다.

1780년 기준 소비성향이 0.15일 경우, 부채가 있는 광작지주의 생산이윤은 20%였으나, 동일한 조건에서 부채가 없는 생산이윤은 28%가 된다. 한편, 1780년 기준 소비성향을 0.40으로 적용할 경우 부채가 있는 광작지주의 이윤은 -17%의 적자를 보였으나 부채가 없는 경우 3% 흑자를 보여 주고 있다. 토지생산성의 하락과 더불어 노동생산성이 감소하면 토지와 노동 투입비용이 증가하면서 광작지주의 이윤은 적자를 나타낸다. 특히, 노비의 자기성장으로 도망, 저항, 태업이 자주 발생하고, 그로 인해 노비생산성은 감소하는 반면 관리비용은 증가하였다. 그 결과 토지생산성의 하락과 노동 관리비용의 증가로 인해 광작농업의 생산이윤은 급격히 하락하였다.

광작생산은 농업생산의 계절적 특성과 노비도망으로 발생하는 비효율성을 제거하기 위해 노비 대신 계절적으로 고용노동을 사용하였다. 토지생산성이 떨어지면 광작농업 지주는 소농과 다르게 노비 대신 고용노동자인 고공으로 대체하였다.

3. 소농의 생산성 격차

18세기 후반 토지생산성은 감소하는 추세이며, 소농의 생산이윤도 감소하는 추세였다. 소농경영은 안정적이지 못했으며, 토지규모도 장기적으로 하향분해되었다. 〈표 3〉은 실제 소농의 생산이윤과 소농의 안정적 유지를 위해 필요한 생산이윤(3%)과의 차이를 생산성 격차로 보여 주고 있다. 즉, 토지생산성 갭은 소농의 안정적 유지를 위해서 필요한 최소 이윤율을 보장하는 토지생산성과 실제 생산성의 차이로 정의한다.

소농의 안정적 이윤율이 인구 증가율과 비슷한 3%, 소비성향은 0.40이라고 가정하면, 이를 위해서 18세기 토지생산성은 19-42% 더 상승해야 하며, 19세기에 8-26% 증가해야 한다는 것을 나타낸다. 예를 들어, 1780년 소비성향이 0.40이며, 부채가 있는 자작소농의 생산이윤이 3%가 되기 위해서는 토지투입비용이 실제 투입비용보다 28% 이상 감소해야 한다. 이러한 토지생산성 갭을 만회하기 위해 소농은 생산성의 증가가 필수적이었으며, 단위 면적당 더 많은 노동력을 투입하는 노동집약적 생산을 하였다. 또한 생산성 증가 노력과 함께 소비절약도 중요한 덕목이었다. 이와 함께 논농사 이외에 이모작과 상업 작물재배 등 토지 효율성을 높이거나 농한기인 겨울에 길쌈과 같은 수공업의 겸업으로 이윤증대를 꾀하였다.

〈표 3〉 18-19세기 안정적 이윤(3%)을 위한 소농의 토지 생산성 격차

	토지투입계수	노동투입계수	지대(두락)	토지 생산성 갭
	경상 칠곡			
1700	0.53	0.09	14.05	0.29
1710	0.43	0.07	17.55	0.19
1720	1.03	0.19	7.30	0.39
1730	0.54	0.10	13.85	0.30
1740	0.51	0.09	14.60	0.27
1750	0.51	0.11	14.60	0.27
1764	0.60	0.14	12.55	0.36
1776	0.58	0.13	12.85	0.34
1780	0.52	0.12	14.30	0.28
1787	0.66	0.18	11.35	0.42
	경상 예천			
1834		0.13	18.75	
1840	0.33	0.11	22.50	0.09
1851	0.22	0.07	33.75	0.12
1861	0.32	0.11	23.55	0.08
1870	0.32	0.11	23.55	0.08
1880	0.50	0.17	15.00	0.26
1891	0.41	0.14	18.15	0.17

* 자료: 박지원의 『課農小抄』 「限民名田議」와 정약용의 『牧民心書』 戶典, 稅法 下. 칠곡 광주이씨 추수기, 예천 박조수씨 추수기 참조. 저자 작성.

자작소농은 토지생산성이 떨어지는 가운데 생산이윤을 유지하기 위해 단위 토지당 더 많은 노동력을 투입하거나 노동 강도를 높이는 생산방식을 선택하였다. 즉, 자작소농들은 대가족제를 통해 가족노동을 적극적으로 활용하였지만, 1인당 토지경작면적이 줄어들었다. 자작농의 1인당 경작면적 감소는 표면적으로 토지 하향분해를 나타내지만 원래 토지 하향분해의 원인과는 의미가 다르다. 기존 연구에서 소농의 토지 하향분해는 현재보다 더 좋은 파레토 안정 상태로 나아가는 과정인 데 반해, 자작소농의 1인당 경작면적 감소는 생산성이 감소되는 가운데 단위 면적당 노동력 투입을 높이면서 나타나는 현상이다. 18세기 경상도 칠곡 지역에서 작인 1인당 경작면적은 6두락에서 3두락 수준으로 지속적으로 감소하였다.

조선 후기 소농경영은 하향 안정화되면서 확대되는 것이 아니라 오히려 생산이윤의 감소로 하향분해되었다. 이로 인해 소농이 일시적으로 확대된 것처럼 보이는 착시현상을 가져온 것이다. 또한 기존 연구는 토지의 하향분해 현상을 국가 전체적으로 인구가 증가하면서 발생한 현상으로 설명했지만, 여기서는 소농이 생산성하락에 대응해 동일한 토지면적에서 노동력 투입을 높여 생산성을 유지한 결과라고 보았다. 병작경영을 하는 소작농의 경우 18세기 후반 이후 생산성 하락 추세에서 소작료, 환곡과 고리대, 조세 부담 등으로 생산이윤이 지속적으로 감소하였다. 지주에게 지대삭감이나 지대납부를 늦추거나 거부하는 경우도 잦아졌다. 자작농은 토지 생산성이 하락할수록 생산이윤이 감소하였다. 자기 토지를 보유하고 있어 5할에 달하는 지대를 내지 않았으므로 소작농보다는 안정적이었지만, 여전히 생산성 하락의 구조적 문제를 가지고 있었다. 소농경영은 그 자체만으로 생산이윤이 하락하는 토지의 하향분해를 겪었으며 생산력 강화로 이어지지 못했다.

제7장 | 병작제와 임금노동, 고리대 이자

이 장은 18-19세기 노동력의 변화가 어떻게 농업경영과 연관되었는지 설명하고자 한다. 노비에서 단기 노동자인 일고로 노동력의 대체는 신분사회인 조선의 사회 질서를 해체시키는 계기가 되었으며, 실질임금의 상승으로 나타났다. 노비의 생산성 하락과 도망으로 노비에 대한 감시비용이 증가했다. 양반지주들은 신분적 종속관계인 노비 대신 임금노동자인 단기고공을 사용하기 시작했다. 상민과 양반층에서도 빈곤을 이유로 토지를 매각하는 사람들이 늘었고 사회적 신분계급이 흔들리게 되었다. 이 시기 토지를 가지지 못한 양반들도 임금을 받고 노동하기 시작하면서 노동은 천한 것이라는 사회적 신분제의 개념이 무너지고 임금노동의 수요가 증가했다.

임금노동의 고용계약은 신분적 예속관계보다는 대등한 경제적 관계를 나타낸다. 고공은 형법상 노비보다 1등급 정도 상위 신분이었으며, 양반도 자기가 원하면 고공이 될 수 있었다. 따라서 고공제는 신분의 귀천 관계에서 탈피하고 있었다. 또한 토지를 소유한 상민층도 타인을 위해 임금을 받고 고공이 될 수 있었다. 단기노동자는 높은 임금을 주는 곳으로 이동하면서 지역별로 임금격차를 해소시키는 역할을 하였다. 단기고공이 등장하면서 양반지주는 노비 보유비용이 그 편익보다 크다면, 노비를 팔고 대신 고공을 이용하였다. 노비는 더 이상 신분제 사회에서 신분을 유지해 주는 수단이 아니라 고용노동을 대체하는 경제 수단으로 성격이 변화하였다.

1. 병작제와 단기 임금노동

고공은 노비의 대체노동으로서 임금노동의 성격이 강하지만, 호적에 입안된 장기고공의 사회경제적 특성을 살펴볼 때 임금노동보다는 사역노동과 생계유지를 목적으로 하고 있었다. 17세기 이후 조선에서 노동의 형태를 노비와 작인으로만 구분하는 것은 노동 형태를 너무 단순화시키는 것이다. 예를 들어, 작개 노비의 경우 주인을 위해 작개 노동을 하면서 다른 지주의 병작지에서 고공 일을 하였다.

고공은 후천적으로 얻어지는 사회적 신분제이며, 양반, 중서인, 양인, 천민 등 누구나 고공이 될 수 있었다. 장기고공은 그 특성상 지주와 경제적 예속관계를 맺고 있었으며 처음에는 양인과 노비 모두가 장기고공으로 일을 했으나 점차 노비만 장기고공으로 남았다. 장기고공은 18세기 말 이후 연소화되거나 여성화되면서 이들의 역할이 생산보다는 생계유지를 목적으로 하는 사역노동으로 성격이 바뀐 것으로 추정된다. 단기고공은 신분적 예속관계 없이 임금을 목적으로 일시적으로 노동을 하는 형태이며, 하루, 계절 단위, 또는 1년 단위로 노동계약을 하였다. 단기고공은 신분적 개방성 때문에 농업경영에서 병작제의 발달과 더불어 그 수요가 빠르게 증가하였다. 병작제는 가작경영이나 작개지 경영를 대체하는 농업경영방식이며 생산적 개방성을 가지고 있다. 단기고공은 신분적 개방성을 가지고 있어서 병작제와 단기고용의 관계는 서로 밀접하다.

18세기 말 흥미로운 노동계층은 스스로 매매하는 자매노비이다. 빈농이나 토지가 없는 상민층은 생계유지를 위해서 본인이나 자식들을 노비로 팔았다. 자매노비의 빈번한 매매는 18세기 후반 이후 노비가 생산노동을 목적으로 매매되었다기보다는 생계유지를 목적으로 하는 사역노동으로 거래되었다는 주장을 뒷받침하고 있다. 자매노비의 가격은 같은 기간 일반노비가격에 비해 훨씬 낮게 형성되었는데 이는 자매노비가 다음 세대에 신분이 대물림되지 못하고, 농업생산보다는 생계유지를 목적으로 하는 나이가 어린 노비이기 때문이다. 18세기 후반 물가상승과 생계비용이 증가하고, 이와 함께 인구증가는 빈농층을 양산하면서 토지가 없는 상민과 빈농은 생계유지를 위해서 유랑하기 시작했다. 빈농층은 생계유지를 영위하기 위해 노동을 팔아야 했는데 신분제사회에서 노동을 사고파는 유연한 노동시장이 발달하지 못했다. 노동을 원하는 사람들이 노동을 매매하는 형식은 신분제의 형식을 갖춘 자매(自賣)를 통해 노비신분으로 전락하였다.

노비제가 없어지는 19세기 후반에는 실제 모든 노비매매 사유가 빈농과 유민이 자신이나 자녀를 매매(=自賣, 子賣)하는 자매노비 거래이다.[5] 자매노비 매매가 증가하는 것은 노비공급의 증가보다 노비수요가 감소하면서 고용노동의 성격을 가진 자매노비의 수요가 증가한 것이다. 자매노비의 성격이 강제노동에서 고용노동으로 전환한 것이다.

16세기 조선은 개간의 시대이며, 경작지는 노동력만 확보되면 얻을 수 있으므로 경작자의 권리가 많았다. 그러나 상민층은 토지가 없어서 몰락하는 것이 아니라 토지생산에 대한 조세의 토지세화, 지방정부의 부세수탈 증가로 토지가 분해되고 몰락하면서 이들이 고공으로 전환되었다. 병작제는 18-19세기 들어서 크게 발달하게 되었다. 장시 발달과 토지와 곡물의 상품화가 진행되면서 몰락한 양민과 유민, 고공의 노동력을 활용한 광작경영이나 상업적인 농업경영으로서 병작제가 확산되었다. 즉, 생산적 개방성을

---

5 진나라 때 파촉민(巴蜀民)이 서남이민족(西南夷民)을 사로잡아 노비로 매매하였고, 진율(秦律)은 노비의 매매, 양도, 배타적 재산을 인정하고, 자매노비의 매매를 허용하였다. 한대(漢代)에서 사노비의 매매와 자매노비의 거래를 금지하였다. 송대(宋代)부터 청대(清代) 말기까지 공신 이외에 사노비의 소유와 매매가 금지되었지만, 경제적 사유로 사노비의 매매가 진행되었다. 신라시대 장척의 자료에도 자매노비 지은(知恩)의 얘기가 등장한다.

가지고 있는 병작제는 신분적으로 개방적인 단기고공을 활용하였다.

1731년 종천제에서 종양제로 노비제가 바뀌면서 노비인구가 줄었다. 하지만 자매노비의 등장으로 현실에서 노비와 고공이 혼재되어 사용되었고, 노비의 고공화는 일반적 현상이었다. 그런데 18-19세기에 노비와 고공이 연소화, 여성화되었는데, 농업생산에 필요한 청장년 노동자는 어디로 갔을까? 주목해야 하는 노동력의 형태는 단기노동자인 일고이다. 일고는 장기고공에 비해 호적입안이 되지 않은 상태이며, 생계유지가 보장되지 못해 날품팔이를 하여 생계를 유지하는 노동계층이다. 하지만 이들은 지주나 부농들에게 경제적, 신분적 예속관계가 없었기 때문에 다른 노동자들보다는 생산성이 높았다. 농업생산방식에 관계없이 계절적으로 농번기에 일고의 고용이 크게 늘었다.

단기고공의 존재는 조선 후기 임노동의 시작이었다. 농업생산에서 생산력 강화가 가능한 유일한 노동형태는 단기노동이었다. 제조업의 겸업화와 자본집약적 생산이 불가능한 상태에서 생산력을 강화할 수 있는 방법은 노동력의 질과 강도를 높이는 것인데 노비, 장기고공을 사용한 강제노동방식은 한계에 도달하게 된다. 하지만 일고는 이들과 다르게 예속관계가 없었으며, 인센티브에 의한 자발적 생산력 강화방법이 가능했다. 일고에 대한 자료는 호적대장의 등재 기록이 없어서 이들이 얼마나 많이 사용되었는지 확인할 수 없다.

18-19세기 조선의 농업경제는 경제적으로 개방적인 병작제와 신분적으로 개방적인 단기고공을 결합하는 최적생산방식을 찾게 된다. 부분적으로 소규모 가족노동을 활용한 소농경영이 천착되고, 일부는 노비를 이용한 직영지경영을 유지하기도 했다. 소농경영에서 작개 노비의 소출은 원래 주인

의 몫이었는데 점차 정액제로 사적인 인센티브가 주어졌다. 병작제와 단기 고용은 생산성 하락 추세에서 지주의 최적선택이었다.

단기노동자의 사용이 확대되었다는 것은 작인의 토지 경작기간과 경작 존속률을 통해서도 살펴볼 수 있다. 작인의 토지 경작기간과 존속률은 양반지주의 농업일기에 잘 나타나 있다. 〈표 1〉은 1743-1927년 전라도 영암 남평문씨의 일기에서 나타난 작인의 경작존속기간을 정리해서 보여 준다.

〈표 1〉 1743-1927년 전라도 영암 남평문씨 작인의 경작기간(단위: 명)

경작기간	족계답			소종계답		
	계원	비계원	계	계원	비계원	계
20년 이상	4	1	5	0	2	2
15-20년	4	0	4	3	0	3
10-15년	12	3	15	7	1	8
5-10년	14	5	19	7	6	13
2-5년	20	11	31	9	8	17
1년 이하	28	9	37	15	13	28
계	82	29	111	41	30	71

* 자료: 전라도 영암 남평문씨 일기. 김건태(1999) 참조. 저자 작성.

전라도 영암 남평문씨의 문중 족계답과 소종계답에서 일했던 고공의 평균 존속률은 전 기간에 걸쳐 81%과 79%였다. 이것은 같은 시기, 같은 지역에 살았던 다른 양반지주인 영광신씨가의 작인 존속률인 62%에 비교하면 높은 숫자이다. 족계답과 소종계답에서 일했던 작인은 주로 그 집안의 계원이었기 때문에 비교적 긴 존속기간을 보이고 있다. 작인의 존속률은 기간별로 크게 변화가 없었으며, 19세기 후반 미세한 상승을 보이고 있다. 특히, 두락당 지대 수취율과 토지생산성이 떨어지는 1850-1880년대 작인의 경작 존속률은 오히려 상승하였다. 1850-1880년 영광 남평문씨 족계답에서 작인의 경작기간은 평균 5.8년, 소종계답의 작인 경작기간은 5년이었다. 하지만, 개별 가문인 영광신씨가의 경우 작인의 경작기간은 평균 3.4년으로 종계의 작인 존속기간보다 짧았다. 1850-1880년 실제 비계원 고공의 경작 존속기간은 1년 내외로 나타났다. 19세기 초 전라도 영암 족계답에서도 비계원 작인의 숫자가 계원 작인보다 훨씬 많았지만 점차 계원으로 변화되었다. 1811년 비계원 24명, 계원 9명, 1815년 비계원 17명, 계원 7명, 1844년 비계원 14명, 계원 8명, 1848년 비계원 12명, 계원 7명이었다. 그러나 1851년 이후 족계원의 비중이 증가해서 1851년 비계원 8명, 족계원 12명으로 역전이 되었으며, 1880년 이후 모든 작인은 계원으로 구성되었다.

〈표 2〉는 1844-1912년 논산 파평윤씨의 일기에 나타난 의창지역 작인의 경작 존속률, 〈표 3〉은 1860-1867년 논산 파평윤씨 대종중 족답계 작인의 존속률을 보여 준다. 1844-1912년에 논산 파평윤씨의 작인 존속률은 63-86%로서 영암 남평문씨의 작인 존속률과 비슷하였으며, 평균 경작기간도 2-5년으로 비교적 장기적이라는 것을 알 수 있다. 파평윤씨 족답계에서 작인 존속률이 높은 것은 문중답이기 때문에 계원들이 주로 작인으로서 작업했기 때문으로 보인다. 파평윤씨 대종중 족답계에서 1860-1885년 25년간 315명의 작인이 존재하였는데, 그중 1/3인 105명이 1년마다 탈락하였다. 1-5년간 경작한 작인의 숫자는 230명, 6-10년은 46명, 11-15년은 23명, 16-20년은 11명, 21년 이상은 2명으로 집계되었다. 5년 이상 경작 존속기간의 작인들은 주로 윤씨 가문의 계원이거나, 외거노비로서 윤씨 가문의 예속된 구성원들이다. 비 계원들은 단기노동자로서 자주 교체되었으며, 경작기간도 1년으로 짧고 노동이동도 빈번하였다.

〈표 2〉 1844-1912년 의창지역 파평윤씨 작인의 경작 존속률(단위: 명, %)

논산 의창	총 필지 수	작인 수	윤씨 가문	비 윤씨	존속작인 수	존속률(%)
1844	74	60	15	45		
1845	81	51	14	37	38	74.5
1846	84	53	16		46	86.8
1847	88	57	18		41	71.9
1848	84	52	18		44	84.6
1849	92	60	19		39	63.0
1851	96	69	24		46	66.7
1912	88	58	29			

* 자료: 충청도 논산 파평윤씨의 일기. 김현숙(2009) 참조. 저자 작성.

〈표 3〉 1860-1867년 파평윤씨 작인의 경작 존속률-대종중 족답계(단위: 명, %)

논산 대종계	총 필지 수	작인 수	윤씨 가문	비 윤씨	존속작인 수	존속률(%)
1860	96	55	3	52		
1861	92	50	3	47	40	80.0
1862	92	51	2	49	37	72.5
1863	93	50	2	48	36	72.0
1864	95	59	3	56	36	61.0
1865	95	53	3	50	44	83.0
1866	96	58	3	55	48	82.8
1867	95	56	3	53	53	91.4

* 자료: 충청도 논산 파평윤씨의 일기. 김현숙(2009) 참조. 20세기의 자료는 생략함.

〈표 4〉는 1897-1927년 단성 김인섭씨가의 일기에서 나타난 병작지 작인의 존속률이다. 김인섭가의 병작지 경영에서 작인의 숫자는 13-45명으로 변화가 있었으며, 작인의 존속률도 1897년 65%에서 20세기 48-93%까지 변동을 보이고 있다. 작인의 평균 존속률은 69%로서 경작기간은 3.2년이었다.

〈표 4〉 19세기 후반-20세기 초반 단성 김인섭 병작지 작인의 경작 존속률(단위: 명, %)

	기준 연도 작인 수	탈락	존속	신입	존속률(%)
1897	23	8	15	9	65.2
1901	31	11	20	13	64.5
1904	44	23	21	23	47.7
1906	45	23	22	18	48.9
1910	14	1	13	1	92.9
1913	13	2	11	1	84.6
1922	15	1	14	12	93.3
1926	22	10	12	5	54.5

* 자료: 단성 김인섭씨가 일기. 정진영(2008) 참조. 저자 작성.

2. 사회적 자본과 고리대 이자

노비처럼 강제노동을 사용하는 지주는 직영지 경영방식을 선호하며, 단기고공을 사용하는 지주는 병작제를 선호하였다. 따라서 농업생산방식과 노동양식은 밀접한 관계를 보인다. 이는 조선 후기 소농경영방식이 자본주의 형성의 내재적 조건이라는 기존 연구 결과에 의문을 제시한다. 나카무라 사토루(2007)의 연구에서 소농경영에 의한 자본주의 맹아론에 대한 주장은 다음과 같다.[6] 가족노동을 이용한 소농경영은 농업생산에 참여하지 않는 농업노동자의 비율이 낮으며, 주로 선진화된 지역(일본, 서유럽 등)에서 일반화된 농업경영방식이다. 소농방식은 후진적 자급자족이 아니며, 공업화 개념과도 다르다. 임노동의 존재와 자본주의적 경영방식 등 자본주의화하지 않고 소농경영이 충실해지면서 생산력이 강화되는 형태이다. 따라서 소농은 잉여노동을 도시에서 흡수하여 자본주의 맹아가 되었다.

6 나카무라 사토루(2007).

하지만 소농경영이 자본주의 맹아가 되고 생산력이 강화되기 위해서는 두 가지 전제조건이 충족되어야 한다. 즉, 소농경영의 겸업화와 자본집약적 생산방식이 필요하다. 일본의 경우 소농경영과 잉여노동의 면직 등 수공업생산 겸업화에 성공할 수 있었으며, 유럽의 경우 기구를 사용한 자본집약적 농업생산이 가능했기 때문에 생산력을 강화할 수 있었다.

중요한 점은 소농경영 자체가 생산력 강화의 전제조건이 아니라는 점이다. 나카무라 사토루가 지적했듯이 생산력 강화 과정에서 소농경영을 하는 농촌의 잉여 노동력을 도시가 흡수하여 자본주의화가 빠르게 진행되었다고 주장하는 것은 소농경영의 특성을 잘못 전달하는 것이다. 조선 후기 소농은 거의 적자경영이었으며, 토지가 분해되고 있었다. 농촌의 잉여노동력 존재는 생산력 강화의 전제조건이 아니며 단지 자본의 축적과 확산에 필요한 조건일 뿐이다.

반대로 조선 후기 생산성을 하락시킨 중요한 요인으로 소농경영을 들 수 있다. 소농경영에서는 노동분업이 불가능하고, 규모경제의 효과를 살릴 수 없었으며, 노동강도를 체계적으로 강화할 수 있는 방법도 부족했다. 즉, 조선 후기 농업 생산력이 강화되지 못한 이유는 제조생산업에 대한 겸업화가 부족했고, 자본집약적 생산방식을 사용하지 못했기 때문이지 소농경영을 유지하지 못했기 때문이 아니다. 만약 소농경영방식이 조선 후기에 최적생산방식이었다면 가족노동을 이용한 소농경영이 고공노동을 이용한 병작경영을 대체하여 일반화되었을 것이다. 그러나 실제 그렇지 못했다는 것은 소농경영이 최적 생산방식이 아니었다는 반증이다.

병작제는 지주의 직접 경영이나 노비를 이용한 작개지 경영을 대체하는 농업경영방식으로 생산적 개방성을 가지고 있다. 조선 후기 노비의 태업, 도망 등 저항이 지속적으로 늘어나면서 노비 생산성이 점차 하락하고 관리비용은 증가하였다. 지주들은 생산성 하락을 보완하기 위해 병작경영을 선택하였다. 지주 입장에서는 생산성을 높이기 위한 대안으로서 활용되었지만, 작인 입장에서도 수확물을 반으로 나눌 수 있는 인센티브가 있는 병작경영을 선호하게 되었다.

조선에서 양반지주의 토지를 소작하는 소작농의 신분은 주로 인근에 거주하던 상민 자작농이거나 외부에서 유입된 고공이나 빈농유랑민들이었다. 예전에 지대를 주고 지주의 토지를 빌려서 농사를 영위했던 빈농계층은 높은 부세와 결세, 지대 등으로 야반에 도주하는 이가 속출하였다. 이러한 고공과 빈농의 유민화는 일정한 지역에 정착하여 토지를 경작하는 농업에 커다란 신용위험을 가져왔다. 특히 농산물의 작황이 좋지 않았던 19세기 초 소작농은 높은 지대의 지급 불능 상태에 빠지면서 높은 고리대와 함께 신용위험이 크게 나타났다. 양반지주들은 소작농과 고공, 빈농층의 유민화로 지대의 수취율이 급격히 하락하자, 지대 수취율을 높이기 위해서 자신들의 친인척 관계에 있는 계원들에게 농사를 맡기게 되었다.

상민과 빈농의 토지분해와 높은 지대에 대한 신용위험을 고려해서 지주들은 고리대 이자를 높게 책정하였다. 유럽의 농업생산에서 이자율이 연 10-12%인 반면, 조선의 경우 유랑 빈농과 고공의 신용위험을 감안하여 종자를 심는 봄부터 수확기인 가을까지 9개월간 고리대 이자율이 35-50%에 달하였다. 단기고공인 일고는 토지가 없는 무산자였으며, 소비자이면서 동시에 생산주체였다. 이들은 스스로 가족을 중심으로 소농경영을 하였고, 지주의 병작지를 임차하여 지대를 지불했다. 이들은 매년 고리대에 의존하여 봄에 춘궁기에 식량을 빌려서 가을 수확기에 고리대를 갚게 되었다. 소작농과 고공은 농업경제에서 보유 토지가 거의 없고, 생계비용이 작아서 고리대가 높은 경우 도망갈 확률이 높았다. 신용금융시장이 존재하지 않았던 농업경제인 조선에서 이자율은 농업생산을 통해 최저 생계비를 유지할 삶의 수준을 담보로 신용위험을 고려하여 높게 책정되었다.

18-19세기 고리대는 조선 후기 노비와 고공의 도망이 빈번해지면서 사회적 믿음과 사회적 신용자본이 붕괴되어 나타난 현상이었다. 사회적 자본으로서 신용과 금융의 기능이 축적되지 못하고 시장발전을 저해하였다. 도망을 가고 싶었으나 가지 못한 소작농들은 가족단위로 경영하여 자급자족을 통해 생활을 영위하였다. 경상도 대구 달성우씨가와 전라 영암 남평문씨가의 추수기와 일기에 나타난 연 고리대 이자율은 노비제가 종양제로 전환된 1731년 전후에 50%로 높았다. 1801년 공노비 폐지 이후 노동 이동성의 확대와 더불어 사회적 신용과 사회적 자본이 점차 형성되면서 고리대는 20-35% 수준으로 하락하였다. 1801년 이후 노동 이동성 개선과 일고의 사용 확대는 실질임금의 인상뿐 아니라 신용위험을 줄이는 역할을 하였다.

1731년 종천제에서 종양제로의 노비제 전환은 노비인구를 급격하게 감소시켰다. 노비는 불안정한 신분사회에서 도망하여, 도시 주변부에서 삶을 영위하였다. 사회적 네트워크 이론의 부정적인 효과(The negative effects of a social network)는 왜 노비가 일반 사회적 네트워크에 적응하지 못했는가를 설명할 수 있다. 노비는 천한 신분으로 물건대상으로 취급되었으며, 사회적 네트워크와 제도의 보호를 받지 못했다.[7] 사회적 네트워크와 제도가 제공하는 일상적인 권리와 보호로부터 격리되었으며, 재산권, 결혼, 가족 형성, 자유로운 직업 선택에서 배제되었다. 사회적 네트워크로부터 배제된 노비는 도망하거

7 Granovetter(2005).

나, 비공식적인 사회로 숨어들 수밖에 없었다. 이들의 생산성은 낮았고, 생계 수준은 최저 생계비 수준이었다.

비공식적 사회는 시장형성과 통합을 저해하고, 정보의 유통과 효율성을 제한하고, 사회적 자본으로서 신용과 믿음을 형성하지 못하여 신용시장의 형성이 불가능했다. 고리대는 이러한 사회적 신용 부족에 대한 장치로서 노비와 고공의 높은 신용위험에 대해 높은 이자율을 부과하는 것이다.[8] 노비의 잦은 도망과 감시비용의 증가는 양반지주의 노비수요를 급격하게 줄였으며, 양반지주는 노비 대신 단기고공을 늘려 갔다. 노동 이동성 제약은 정보의 확산을 막고, 효율적 노동 재배치를 저해하여 생산효율성을 크게 떨어뜨렸다. 도망노비와 고공의 비공식사회는 사회적 네트워크를 부실하게 만들고, 비규범적이었으며, 정보의 확산을 막고, 경제활동에서 사회적 문화의 파급을 제한하였다. 사회적 네트워크 부족으로 사회적 문화와 정보가 단절되면서 사회제도와 정보, 시장발전을 더디게 만들었다.

여기에서는 1731년 종천제 이후 고공과 노비의 도망이 농업 부분의 고리대 이자에 미치는 효과를 살펴보았다. 고공과 노비의 도망이 증가할수록 작인의 신용위험과 지급불능 상태인 디폴트 위험(default risk)이 높아졌다. 18-19세기 노비의 도망비율은 단성 17-37%, 언양 9-14%, 대구 12-29%로 지역별로 조금씩 다르지만, 공통적으로 공노비가 폐지되는 1801년까지 노비도망이 급격하게 증가하다가, 그 이후 감소하였다. 도망노비의 나이는 생산이 가능한 청장년층인 20-50세가 전체 노비의 54%에 달했다. 이는 생산노동을 담당하는 노비의 도망과 연령 비중에서 20-50대가 많다는 것과 연관되어 있다.

---

8 Geertz(1978).

〈표 5〉 1742-1893년 농업대부 장리이자율(단위: %)

연도	이자율	연도	이자율	연도	이자율	연도	이자율	연도	이자율
1742	44.1	1776		1810		1844	35	1878	35
1743	45	1777		1811	23	1845	35	1879	35
1744	45	1778	32	1812	20	1846	35	1880	35
1745	45	1779		1813	18	1847		1881	35
1746	45	1780		1814		1848		1882	35
1747	45	1781	17	1815		1849	35	1883	35.8
1748		1782		1816	23	1850	35	1884	35
1749		1783		1817	30	1851	26.2	1885	35.4
1750	20	1784	35	1818	35	1852	35	1886	35
1751		1785		1819	35	1853	25	1887	35
1752	39	1786		1820	35	1854	35	1888	35
1753	35	1787		1821	28.1	1855	35	1889	36
1754	45	1788	30	1822	23	1856	35	1890	35
1755	45	1789		1823	32	1857	35	1891	35
1756		1790	35	1824	35	1858	35	1892	34.2
1757	25	1791		1825	35	1859	35	1893	36
1758	24.1	1792	30	1826	35	1860	35	1894	
1759		1793	30	1827	31.4	1861	35	1895	
1760		1794		1828		1862	35		
1761	35	1795		1829	23	1863	32.5		
1762		1796	30	1830		1864	35		
1763		1797		1831		1865	35		
1764		1798	26.6	1832		1866	35		
1765	34.9	1799		1833		1867	35		
1766		1800	35	1834		1868	35.1		
1767		1801		1835		1869	36.1		
1768	30	1802	32.4	1836		1870	35		
1769		1803	35	1837		1871	35		
1770	35	1804	35	1838		1872	35		
1771		1805	25	1839		1873	35		
1772		1806	25	1840	29	1874	35		
1773		1807	35	1841	35	1875	35		
1774		1808	35	1842	35	1876	35		
1775		1809	23	1843	35	1877	35		

* 자료: 전라 영암 남평문씨 일기와 대구 우씨가의 일기. 김현영 편(1994) 참조. 저자 작성.

** 장리 고리대의 상환만기는 봄-겨울 기간의 9개월이다.

〈그림 1〉 18-19세기 조선 농업대부 장리이자율(단위: 년, %)

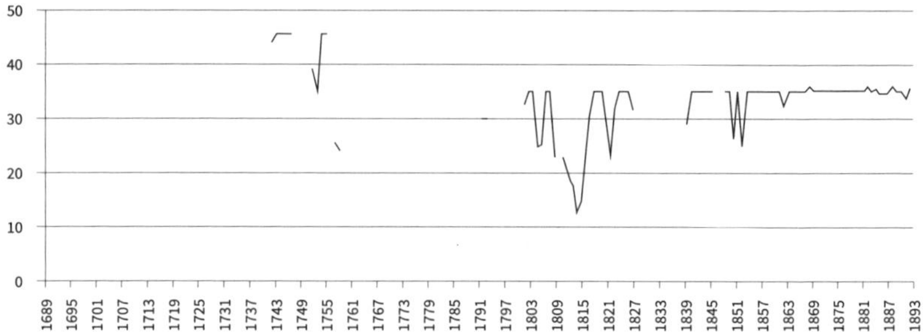

* 자료: 전라 영암 남평문씨가의 일기와 대구 우씨가의 일기(1742-1893) 참조. 저자 작성.
** 장리 고리대의 만기(년)는 봄-겨울 기간의 9개월이다.

유럽의 경우 이자율은 10-12%로서 주로 신용디폴트 위험이었다. 고대 그리스와 중세 인도에서도 부동산을 담보한 이자율은 10-15% 정도였다. 〈표 5〉는 18-19세기 전라도 영암 남평문씨가의 일기와 대구 우씨가의 일기에서 나타난 장리 고리대를 나타내고 있다. 이 기록에서 봄에 영암 문씨가는 소작농에게 화폐를 빌려주고, 가을 수확기에 50%에 해당하는 고리대를 현물인 미곡으로 돌려받았다.

〈그림 1〉은 1742-1893년 전라도 영암 남평문씨가의 장리 고리대 변화를 나타낸 것이다. 1731년 노비제가 종양제로 전환된 이후 고리대 이자는 50%로 높았으나 1801년 공노비가 폐지된 이후 25-35%로 감소하였다.

노비도망과 고리대의 관계는 신분제와 노비 도망이 얼마나 사회적 자본과 문화, 신용의 형성을 저해했는지 가늠할 수 있다. 그림에서 고리대 이자는 1770-1807년 거의 일정하게 연리(6-7개월) 50%를 유지하였다. 18-19세기 노비제와 고공법으로 인한 노동이동의 제약은 노비와 고공의 도망과 신용위험을 높였으며, 사회적 자본인 신뢰가 형성되지 못했다. 신용과 금융시장이 형성되기 힘들었고, 높은 이자가 유지되었다.

◦ 제4부 ◦

화폐제도와 물가

⁂

조선 후기 중요한 사회경제적 제도로서 신분제인 노비제와 고공제, 농업경영방식인 지주제와 소농경영, 그리고 토지세 등 조세제도와 환곡, 고리대 이자가 있었다. 이 제도들은 조선의 사회생활, 시장통합과 경제발전에 부정적인 영향을 미쳤으며, 생산성 하락과 빈곤의 기원이었다. 이와 함께 많은 사회경제적 제도와 정책이 출현하고 사라졌는데, 경제적 빈곤과 관련이 깊었던 제도는 화폐제도였다.

1678년 국왕의 화폐인 상평통보가 도입된 이후 조선의 특징적인 화폐 현상은 전황과 디플레이션이었으며, 백성의 생활을 어렵게 했다. 전황 현상은 일상생활과 시장에서 화폐가 부족해서 거래가 위축되고 화폐가치는 귀해지고 물가는 낮아지는 현상이다. 전황은 만성적인 디플레이션을 불러왔고, 시장거래를 억제하였으며 경제적 시장통합을 어렵게 했다. 고리대 이자는 높아졌으며, 정부의 가혹한 토지세와 부가적인 잡세로 인해 국가의 중요한 조세 재원이었던 소농과 상민층은 토지를 매도하고 분해되었다. 이들은 생계유지를 위해서 낮은 임금을 받고 도시와 광산 주변으로 떠돌았다.

조선 후기 새로운 화폐인 상평통보는 법화로서 백성의 시장거래를 활성화하고 거래비용을 낮추어서 경제를 효율적으로 만들 것이라고 기대되었다. 하지만 상업을 천시하는 성리학의 지배이념을 가지고 있는 국왕과 양반들은 화폐사용이 천한 상행위를 발달시키고 신분제 사회의 질서를 무너트리고 있다고 생각했다. 국왕인 영조는 상평통보가 전국적으로 유통되기 시작하는 1698년부터 1731년까지 33년 동안 동전주조를 허락하지 않았다. 이러한 화폐제도의 모순과 잘못된 지배이념으로 상평통보의 도입 초기부터 동전 유동성이 부족한 전황이 심각해졌다.

조선 후기 화폐적 모순은 조선정부가 동전 유동성이 부족한 전황 시기에 새로운 화폐인 상평통보의 사용을 장려하기 위해 동전가치 안정화 정책을 동시에 시행하였다는 점이다. 조선정부는 새로운 화폐인 상평통보의 원활한 사용을 장려하고, 백성의 동전에 대한 신뢰를 얻기 위해 동전가치를 미곡, 면포와 은의 가격으로 연계시킨 동전가치 안정화 정책을 실시하였다. 이러한 전황과 동전가치 안정화 정책은 서로 모순되는 현상이었지만, 물가는 낮은 수준으로 유지되었다. 조선의 낮은 물가는 대일 무역에서 유리하게 작용하였다.

제4부에서는 조선 후기 화폐제도와 물가의 관계를 살펴보고, 화폐제도가 조선의 경제적 빈곤을 가져온 경로를 살펴본다. 또한 18-19세기 조선과 일본의 물가 비교를 통해 두 국가의 환율과 교역조건을 추정했다.

18-19세기 조선과 일본, 또는 조선과 중국 간 국제 물가의 비교, 무역과 가격정화 이론에 대한 연구는 거의 없다. 이는 조선정부의 무역에 대한 무관심으로 대중국 또는 대일본 무역과 은의 이동에 대한 관찬 사료가 거의 남아 있지 않기 때문이다. 조선의 대외무역은 거의 개인 간 사무역으로 이루어졌다. 제4부에서는 또한, 조선 후기 새로운 동전인 상평통보의 유통을 확대하기 위해서 시행한 동전가치 안정화 정책이 조선의 물가와 교역조건에 미치는 효과도 살펴보았다. 18-19세기 조선의 빈곤을 가져온 화폐제도와 물가, 무역에 대한 사료를 구하기 위해서 『조선왕조실록』과 『만기요람』 등 조선 사료뿐 아니라 일본의 대조선 무역 통로였던 대마도 번주 가문의 무역자료와 일본 대장성 자료를 모두 사용하였다. 이 사료들을 바탕으로 조선의 화폐량과 물가, 무역수지뿐 아니라, 개항 이후 근대조선의 화폐량, 일본 은의 유입량, 대일 무역수지와 교역조건에 대한 사료를 모두 수작업으로 복구하였다.

제8장 | 화폐제도와 물가, 교역조건

우리나라 화폐의 역사는 삼한시대로 거슬러 올라간다. 삼한시대에 유통된 철정과 철전은 백성들의 물물교환에서 교환수단(medium of exchange)보다는 상품의 가치를 측정하기 위한 회계수단(medium of accounting)으로 만들어진 것으로 보인다. 그 이후 고려시대에는 종이로 만든 저화와 동전, 은병이 유통되었다. 조선 초기는 고려시대의 화폐제도를 따라서 저화와 동전을 주전하였으나, 백성들의 화폐에 대한 신뢰가 없어서 일상생활에서 넓게 사용되지 못했다. 백성들의 일상생활에서 중요한 면포와 미곡이 상품화폐로서 교환수단으로 사용되었다. 하지만 면포의 질적인 저하와 면포 질의 이중화, 미곡의 보관과 운송 문제 등 상품화폐는 교환수단으로서 문제점이 많아서 국왕의 화폐인 동전을 주조하기 시작했다. 1678년 국왕의 화폐로서 상평통보가 도입되어 본격적으로 일상생활에서 넓게 사용되었으며, 1904년 일본의 화폐정리사업으로 인해 한전이 모두 환수될 때까지 법정화폐로서 그 지위를 유지하였다. 국왕의 화폐는 화권재상의 이념에 따라 국왕의 명에 의해 발행된 화폐이며, 화권재상은 화폐를 발행할 권리는 오직 국왕에게 있다는 지배이념이었다. 유럽에서 국왕은 동전을 주전하여 주전차익을 남겼으나, 조선의 국왕은 주전차익이 거의 없었다.

이 장에서는 조선과 근대조선까지 화폐의 발행과 유통에 관한 논쟁과 물가 변동을 살펴보았다. 철기시대에서 철(鐵)의 생산은 뛰어난 기술이 필요하였으며, 농업의 생산도구이자 전쟁무기로서 가치를 가지고 있었다. 이는 변한(弁韓)에서 철이 생산되어 일본과 낙랑으로 수출되었다는 『삼국지』「위지」 '동이전'의 기록을 통해 알 수 있다. 부산 복천동 고분의 금관가야 무덤에서 일정하게 규격화된 철정(鐵鋌)이 대량 발굴되었으며, 변한이 철을 교환수단으로 사용해서 국제교역 활동을 한 것으로 보인다. 중국 『해동역사(海東繹史)』「식화지」 '전화'조에서는 옥저(沃沮)와 신라(新羅)가 금(金)과 은전(銀錢)을 유통하였다고 기록하고 있지만 실제 유물을 확인할 수 없다. 철기는 국가가 그 규격과 품질을 법으로 정해서 유통시킨 국왕의 화폐가 아니었으며 백성이 물물교환에서 필요해서 만들었던 회계단위로서 칭량화폐였다.

삼국시대에는 시장거래가 늘어나서 교환수단이 필요해졌으나, 곡물과 베, 모시, 비단 등 사람들의 일상생활과 밀접한 상품화폐가 백성의 화폐로서 유통되었다. 이 시기 조세를 백성의 화폐인 곡물과 면포로 납부했다는 기록이 남아 있다. 평안북도 위원군 용연동 유적에서 중국 연나라 화폐인 명도전(明刀錢), 경남 창원군 다호리 유적에서 한나라 화폐인 오수전(五銖錢)이 출토되었다. 우리나라에 중국 동전의 유입은 중국과 직접교역이나 중국에서 살았던 사람들이 이를 가지고 한반도로 들어와서 정착하면서 사용한 것으로 보인다.

1. 백성의 화폐, 국왕의 화폐

국가가 교환수단으로서 화폐의 크기와 무게를 일정하게 규격화하고 법으로 법정화폐의 기능을 부여한 국왕의 화폐는 고려시대 이후이다. 상품화폐인 곡물이나 면포와 달리 국왕의 화폐인 동전은 시장거래에서 이점이 많았다. 상품화폐보다 가볍고 운반이 편리하며, 동질의 가치를 유지할 수 있고, 상인들이 도량형을 속여서 사람들을 수탈하지 못하게 억제하고, 가치의 저장, 보관의 안전성, 유동성의 편리함을 제공하였다. 국왕의 화폐는 대신 법정화폐의 발행으로 주전차익을 얻을 수 있어서 왕실재정에 보탬이 되었다.

고려 건국(918년) 이후 성종까지 고려왕조의 기틀이 확립되는 과정에서 농업생산과 함께 상업도 발달하였다. 고려 수도인 개경에 관청의 물품을 조달하는 시전(市廛)을 설치하였고, 평양, 경주, 한성 등 도시를 중심으로 시장거래가 이루어졌다. 시장의 발전으로 국가가 법으로 가치와 규격을 규정한 법정화폐가 필요했으며, 미곡과 면포 등 상품화폐의 한계를 극복하고 철전, 동전 및 지폐(보초·저화)를 법화로 만들어 유통하였다. 국왕의 화폐는 조세화폐와 거래의 회계단위로 사용되었다. 고려는 996년(성종 15)부터 1002년(목종 5)까지 철전(鐵錢)을 주조하여 유통시켰다. 1097년(숙종 2) 주전관(鑄錢官)을 설치하고 규격화된 철전이 주조되었다. 고려시대 최초의 법정주화는 996년에 주조된 건원중보(乾元重寶)이다. 그 이후 중국동전과 구별하기 위해서 목종 시기에 동국중보(東國重寶), 동국통보(東國通寶)를 만들어 유통하였다. 고려는 화폐유통을 장려하기 위해서 983년(성종 2) 개경에 법정화폐의 유통이 가능한 6개 주점(酒店)을 설치하여 유통시켰다.

고려 성종의 철전 유통정책은 오래가지 못했고, 1002년(목종 5) 다시 상품화폐인 면포와 철전과 병행해서 사용하는 전포겸용책(錢布兼用策)을 실시하였다. 국가가 설치한 주점에서는 법정화폐인 철전으로만 사용하게 하는 화폐유통정책을 시행하였지만, 철전은 실제 일부 지역에서만 유통되었다. 1101년(숙종 6)에 고려는 주전도감(鑄錢都監)을 설치하여 은병(銀甁)을 주조하였다. 은병은 동과 은을 섞어서 만든 것으로서 실질 가치가 은 한 근이 되지 않았다. 하지만 은병은 한 근의 가치를 가진 법화로서 그 가치를 부여했기 때문에 국왕의 화폐로서 역할을 하였다. 은병은 주전차익이 커서 민간이 몰래 만들기도 하였다. 1102년에는 서경(西京)에 화천별감(貨泉別監) 2명을 파견하여 국왕의 화폐인 철전을 사용하여 시장거래를 촉진시키는 화폐 유통책도 실시하였다. 이때 주전된 철전이 해동통보(海東通寶)·해동중보(海東重寶)·삼한통보(三韓通寶)·삼한중보(三韓重寶) 등이다.

백성의 일상생활에서 유용한 미곡과 면포가 백성의 화폐로서 사용되고 있었기 때문에 철전 유통은 한계가 있었다. 고려 예종시기 철전의 유통은 중단되었으며, 그 이후 은화(銀貨)와 지폐(紙幣)가 미곡, 면포와 함께 유통되었다. 1287년(충렬왕 13)에는 은병의 위조와 은·구리의 합주(合鑄)를 막기 위해 쇄은(碎銀)을 법정화폐로 사용하였다. 1331년(충혜왕 원년)에는 소은병, 1356년(공민왕 5)에는 표은(標銀)을 만들었으나, 원활하게 유통되지 못했다. 중국 원(元)나라는 법정지폐인 보초(寶鈔)를 사용했으며, 고려에도 유입되었다. 원의 보초는 고려가 원과 국제무역을 할 때 사용했던 국제결제수단이었으며, 고려 말 저화의 유통정책에도 영향을 주었다. 은병의 유통이 어렵게 되면서 1391년(공양왕 3) 고려는 원의 보초와 다른 지폐인 저화(楮貨)를 만들기로 결정했으나 실제로 발행하지는 못하였다. 이처럼 고려에는 은, 철과 지폐를 국왕의 화폐로서 법정화폐의 기능을 부여하였지만 백성의 신뢰가 부족하고, 생활에서 미곡과 면포의 유용성이 커서 국왕의 화폐가 거의 유통되지 못했다.

조선 전기는 저화와 동전 등 법정화폐의 유통을 적극 시도하였다. 물물교환경제의 한계를 극복하고 국왕의 화폐인 동전의 사용을 확대하는 정책이 1392년 조선 초기부터 1678년 법정화폐인 상평통보가 주전된 이후까지 지속되었다. 조선 태종 시기에서 중앙집권 국가의 정치경제적 토대를 구축하기 위한 체제를 정비하고, 그것을 뒷받침하는 제도로서 중국 화폐제도를 모방하였다. 1401년(태종 1) 조선의 경제정책을 주도하던 하륜(河崙)이

기존 5승포(升布)의 면포 대신 저화의 사용을 건의하였다.[1] 그 결과 사섬서(司贍署)를 설치하여 저화를 제작하였고, 저화가 유통되기 시작하였다. 저화에 대한 민간의 신뢰를 회복하기 위해서 저화 1장의 가치를 상품화폐인 5승포 1필 또는 쌀 2두(斗)의 가치와 일치시켰다.

저화의 도입은 실질 가치가 없는 종이화폐인 저화를 국가가 법적으로 명목가치를 부여하여 시장거래를 활성화시키는 효과를 가졌지만, 시장에서 백성들은 저화의 사용을 거부하였다. 조선은 1410년(태종 10) 저화 사용을 장려하는 정책을 논의하였지만, 시장에서는 여전히 효용성이 큰 미곡과 면포가 유통되었고 저화의 가치는 급락하였다. 저화를 미곡으로 바꾸려는 자가 없어서 백성들이 곤란을 겪는 지경에 이르렀다.[2] 저화가 시장에서 유통되지 않아서 1415년(태종 15) 5월 유사눌(柳思訥)은 저화가 상대적으로 고액이므로 소액물건을 매매하는 데에는 불편하여 잘 유통되지 않는다고 하였다. 그 대책으로서 소액거래에도 사용이 편리한 동전의 사용을 건의하였다. 동전은 위조가 쉽고 동전유통으로 저화 사용이 중단될 것이라는 반대의견으로 동전주조에 대한 논의는 중단되었다. 조선정부는 저화의 확대정책을 지속적으로 시행하기 위해서 세금을 저화로 받는 등 저화 유통책을 실시하였다. 그러나 민간의 저화 사용거부로 그 가치는 폭락해서 1422년(세종 4) 저화 3장의 가치는 미곡 1승(升)에 불과하였다. 1422년 동전사용(행용; 行用) 문제가 다시 논의되었으며, 1423년(세종 5) 동전 사용이 결정되고, 1415년(태종 15)에 조선통보(朝鮮通寶)를 사섬서에서 주전하였다. 저화는 그

---

1 『태종실록』 권1, 태종 1년 4월 6일(갑자).
2 『태종실록』 권23, 태종 12년 6월 5일(무오).

자체적인 실질가치가 없어서 아무도 사용하지 않았으며 조세화폐로만 사용되다 1425년 유통이 중단되었다.

조선통보를 주전하여 유통시킨 후에도 그 동전가치에 대한 민간의 신뢰가 없어서 조선통보의 가치가 급락하였다. 1423년 동전을 처음 유통시킬 때 동전 1문(文)=미(米) 1승(升)이었으나 2년도 지나지 않아 동전 3-4문=미 1승이 되었다.[3] 동전의 가치하락을 막기 위해 동전과 미곡을 정해진 가격으로 교환하도록 법으로 정했다. 그러나 1429년(세종 11) 9월 미 1승이 동전 12-13문에 달할 정도로 동전가치는 하락하였다. 그 이후 조선정부의 화폐정책도 사라져서 1434년(세종 16) 이후 동전 사용에 대한 기록을 찾아볼 수 없다. 조선 전기 동전의 유통정책이 실패하자 1464년(세조 10) 철로 만든 전폐인 화살촉을 만들어 전쟁 시기에는 무기로서 사용하고 평상시에는 화폐로 사용하려고 하였다. 전폐의 재료는 철로서 그 가치저장과 교환수단으로서 화폐 기능을 발휘하지 못했다.

조선 전기 은화는 귀금속으로서 화폐가치를 가지고 있었다. 1540년대부터 일본 은이 유입되어서 사용되었지만, 은화 사용에 대한 실제 기록은 남아 있지 않다. 16세기 말 임진왜란으로 명나라 군대가 조선에 들어오면서 군사비용을 충당하기 위해 운반이 편리한 중국 은화를 가져와 군비로 사용하였다. 조선 군대에서도 군량(軍糧)과 포상(褒賞)으로서 은을 사용하면서, 은화 사용은 시장거래에서 점차 증가하였다. 은화는 공적, 사적 거래에서 유통되었으며, 조선, 중국과 일본의 무역에서 국제결제수단으로도 사용되었다. 은화 유통으로 시장이 활성화하면서 백성뿐 아니라 상인의 화폐로

---

3 『세종실록』 권28, 세종 7년 5월 8일, 『세종실록』 권29, 세종 7년 8월 20일.

서 금속화폐에 대한 필요성이 점차 증가하였다. 임진왜란 이후 일본과 국교를 정상화한 후 조선은 중국의 비단과 명주실을 수입하여 일본에 수출하고 무역결제대금으로서 왜 은이 유입되었다. 왜 은 가운데 일부는 중국 비단의 수입에 대한 무역결제로 사용되었고, 나머지는 조선에서 고액화폐로서 유통되었다. 은화는 서울과 중국의 무역경로를 따라 유통되었고, 주로 왕실, 관청, 관리, 상인, 역관이 가치의 저장수단 또는 교환수단으로 이용하였다. 은(銀)은 조선 건국 이후 광산개발 억제정책으로 인해 국내생산이 거의 없었다. 매년 중국 사행을 통해서 수십만 냥의 은을 중국에 조공으로 바쳤으나 은은 그 수량부족으로 가치가 크게 상승하였다.

중국과 일본에서는 동전과 은화를 법정화폐로 사용했으나 조선에서 상품화폐인 면포가 사용되었던 것은 조선의 유통경제가 미성숙하였기보다는 면포가 효용성이 큰 교환수단이며, 대일 무역의 수출상품이었기 때문이다. 16세기 중반 이후 대일 무역의 침체와 면포의 질이 저하되면서 면포는 실용적 가치를 상실하고 시장에서 면포 대신 미곡 사용이 증가하였다. 1550년(명종 6)에 정세호는 채소·과일과 같은 소소한 물품이 면포 대신 쌀로 교역되는 실정을 전하면서 품질이 나쁜 면포(추포)의 사용금지를 위해 저화의 유통을 주장하였다. 조선과 일본, 중국 간 무역에서 사용된 국제결제통화는 은이었지만, 조선과 일본의 무역에서 은 이외에 수출상품인 면포를 사용하기도 했다. 조선은 여러 차례 진행된 화폐개혁 논의에도 불구하고 면포는 백성의 화폐로서 그 지위를 유지하였다.

조선은 저화, 동전 등 명목화폐를 법화로 유통시키기 위한 화폐정책이 민간의 신뢰를 얻지 못하자, 시장에서 교환수단으로서 상품화폐인 면포를 법정화폐로 사용하였다. 화폐로서 면포의 사용이 증가한 이유는 16세기 이후 조세의 포납화(布納化)와 면포의 생산증대이다. 조세의 포납화는 면포가 국가의 조세체계가 형성되는 시기에 공물대납(貢物代納)인 방납(防納)의 공식화폐로서 사용되었다. 또한 15세기 말과 16세기 초 조선, 중국, 일본 간 무역이 활성화되었는데, 일본의 면직수요 확대와 은의 대량 생산, 그리고 중국의 은 수요 확대 등 국내외 경제상황이 맞물리면서 면포는 은을 매개로 하는 대일무역의 결제수단으로서 사용되었다. 중국에서도 지정은제(地丁銀制) 등 조세제도 개편으로 은의 수요가 급증하였다.

고려 말 전래된 면화는 15세기 중엽경부터 조선의 삼남지방을 중심으로 전국적으로 재배되면서 점차 대중 의복으로 각광을 받게 되었다. 면포는 명주나 삼베, 모시의 제품에 비해서 견고할 뿐 아니라 따뜻하고 흡습성도 뛰어났다. 이러한 실용성 이외에도 면포는 다른 직물에 비해 경제성이 뛰어났으며, 노동시간을 단축할 수 있었다. 방적과정에서 같은 양의 실을 만드는데 면은 삼베나 모시 등에 비해 노동생산성이 5배 더 컸다. 직물에서 노동생산성 향상은 농가와 국가의 재정에도 큰 보탬이 되어서, 정부에서도 적극적으로 면화생산을 장려하였다. 16세기 이후 면화는 남부지역에 폭넓게 재배되었으며, 논을 메워서 면화를 심는 경우도 있어서 오히려 문제가 되었다.[4]

조선에 비해 일본은 면포생산이 1-2세기 뒤떨어졌으며, 목화종자도 조선에서 전래되었다. 일본은 면포가 수입되기 전에는 마포(麻布)와 견직물이 일반적인 의류였다. 15세기 후반 일본에서 경제성장과 함께 무사나 상인을 중심으로 고급 면포의 수요가 늘어났다. 1467년 조선으로부터 양질의 면포가 수입되면서 무사와 상인 위주의 수요계층뿐 아니라 교토(京都)의 귀

4 『중종실록』 권17, 중종 7년 10월 1일(신축).

족들도 면포 사용을 확대하였다. 일본상인은 조선과 무역에서 이윤이 많은 면포를 적극적으로 요구하였다. 조선이 조세로 징수했던 면포는 5승 35척이 기준이었으나, 그 품질 자체가 직조에 상당한 노동력이 투여되는 고액 화폐였기에 민간의 소액거래에는 불편했으며, 열악한 생산환경에 있던 소농에서 비축할 수도 없었다. 15세기 말부터 조세나 대일무역에서는 5승 35척 이상의 양포(良布)인 회봉목(回俸木; 일본 사행의 공물에 대한 답례)이, 민간에서는 4승 35척 미만의 질이 조악한 면포인 추포(麤布)가 유통되면서 그 품질에 따라 면포 유통의 이중구조가 형성되었다. 1541년(중종 36) 정부는 상평창(常平倉)을 설치하고 소농에 대한 진휼 차원에서 조적(糶糴)을 행할 때 5승포를 요구하였으나, 시중에는 악포(惡布)만 유통되었다. 양포를 구하지 못한 소농들이 상인에게 5승포를 빌려 상평창곡(常平倉穀)을 사서 그중 일부는 소비하고 나머지는 상인에게 넘겼다.[5] 소농을 구휼하고자 했던 상평창의 운영이 상인의 이윤 축적수단으로 전락하였다.

민간에서 3승 품질의 추포가 통용되자 정부에서는 추포 유통에 대한 격렬한 논의가 벌어졌다. 이 논의는 포화(布貨) 대신에 동전과 저화 등 새로운 법정화폐의 유통 논의를 불러왔다. 그 결과 중종 10년에 저화를 포화를 함께 유통시키자는 결정으로 저화를 포화와 동시에 사용하는 행용책이 마련되었다. 하지만 민간은 저화를 사용하지 않았으므로 악포만 유통되었다. 1522년(중종 17)부터 대일무역 결제수단으로서 고급 면포에 대한 일본수요가 급증하면서 시장에서 주요 교환수단인 악포의 유통량도 줄어들었다. 시장에서 채소와 같은 작은 물품은 부족한 면포 대신에 쌀로 교환되었다.

---

5 『중종실록』 권95, 중종 36년 6월 15일(경오).

1550년(명종 6) 다시 저화 유통이 논의되었다. 그 결과 3승 미만의 악포는 유통시킬 수 없지만, 3승 면포인 상포(常布)는 서민의 의복제조에 사용이 가능하였으며 회봉목과 같이 고가도 아니었기 때문에 저화와 함께 대중적으로 사용하자는 안이 제기되었다.[6] 이전에 3승 포목을 악포로 인정하여 사용을 금지했던 것을 다시 공식적으로 인정하여 저화와 함께 행용하자는 것이었다. 저화의 행용 문제는 정부 내부와 상인의 반대로 중단되었지만, 동전 유통론이 다시 제기되었다. 하지만 동전에 대한 논의도 무산되고, 민간에서는 점차 3승목이 일상거래에서 사용되는 상포로서 통용되었다.

17세기 면포는 질적 하락으로 화폐기능을 상실하면서 은화가 면포를 대체하였다. 은화는 임진왜란(1592년) 때 중국 명나라 지원군이 군비로 가지고 들어온 이후에 화폐로서 널리 유통되었다. 은화는 교환수단으로서 은을 지속적으로 대량 확보하는 문제와 소액거래에는 사용이 불편한 문제가 있었다. 또한 중국에서 은화가 법정화폐로서 사용되고 있는 현실에서 조선에서 은화를 화폐로 사용할 경우 중국과의 정치적 마찰도 문제였다. 1620-1650년에 실패한 동전 유통정책이 1678년에 본격적으로 실행될 수 있었던 것은 임진왜란 이후 은화의 사용 확대로 서울 등 일부지역에서나마 화폐경제의 여건을 성숙시켰기 때문이다.

국가의 3대 수입원으로서 공납(貢納)은 재정수입의 60%를 차지할 정도로 컸는데, 공납 청부방식인 방납(防納) 형식으로 운영되었다. 그러나 방납의 폐단으로 농민 부담이 가중되어 16세기 큰 사회문제가 되었다. 방납의 폐단은 대동법(大同法)으로 개혁되었는데, 대동법은 1608년(광해군 원년)에

6 『명종실록』 권12, 명종 6년 9월 17일(임인).

시작되어 18세기 초까지 100년에 걸쳐 점진적으로 시행되었다. 대동법은 가호(家戶) 단위로 부가하던 공납을 토지에 부과하여 쌀로 걷는 방식이었다. 미곡 생산이 힘든 산간지방에서는 미곡 대신 포(布)나 돈을 받기도 하였다. 국가는 선혜청으로 하여금 쌀과 포, 돈을 징수하여 공인(貢人)이라 불리는 특허상인에게 공가(貢價)를 지불하여 관청수요품을 조달하게 하였다. 대동법 실시 이후 공납으로 부를 축적한 상공인들이 생겨나고, 수공업도 활기를 띠었다. 수공업자는 공인만 연결한 것이 아니라 상인과도 깊이 연대하였다. 상인이 원료와 대금을 선대(先貸)로 주고 생산된 물품을 사들이는 것이 일반적이었다. 조선 후기 지역 장시가 확장되면서 수공업자는 상품을 대량으로 제조하여 판매하는 점촌(店村)을 형성하기도 하였고, 보부상을 통해 유통하기도 하였다. 광업은 17세기 중엽부터 개인의 광산개발을 허용하면서 세금을 받는 정책으로 바뀌었는데, 이를 설점수세제(設店收稅制)라 한다.

시장거래에서 면포와 은화가 교환수단으로서 한계를 가지면서 명목화폐로서 동전의 필요성이 커졌다. 조선은 1625년부터 적극적인 동전의 유통정책을 시도하였으며, 동전의 주전(鑄錢)에 대한 논의도 지속되었다. 명목화폐인 동전을 만들려는 여러 차례 시도가 있었으나 모두 실패하였다. 1603년(선조 36) 6월에 영의정 이덕형(李德馨)은 “우리나라는 화폐로서 단지 미·포를 사용하기 때문에 농사는 병들고 국가는 가난하다”[7]는 점을 지적하고 동전을 유통시킴으로써 응급한 국가 경비에 충당하고 군량을 비축하여 유사시에 대비하자고 하면서 동전 사용의 필요성을 주장하였다. 1623년에 인조(仁祖)는 경기도에만 시행하던 대동법을 강원도에도 시행하였고,

---

7 『선조실록』 권44, 선조 36년 6월 24일(기유).

1625년(인조 3) 10월 조선정부는 궁핍한 국가재정을 보완하기 위해 동전을 주조하여 유통하는 문제를 거론하였다.

17세기 초반까지 국왕의 화폐인 법정 금속화폐의 주전을 주장하는 주요 이유는 농업생산 감소와 군사비용 급증으로 심각해진 국가 재정적자를 보완하기 위해서였다. 1620년부터 1650년 말까지는 별도로 주전청(鑄錢廳)을 설치하고 동전을 주조하였다. 중국의 만력통보를 본뜬 팔분서체 조선통보와 십전통보(十錢通寶)를 주조하여 유통시켰고, 중국의 개원통보(開元通寶)를 따라서 주조한 해서체(楷書體) 조선통보와 중국동전도 유통되었다. 국왕의 화폐인 법정화폐로서 동전유통에 대한 시장조건은 점차 성숙해졌다. 1634년 개성에서는 "크게는 토지와 가옥 및 노비로부터, 작게는 땔감·채소·과일에 이르기까지 모두 동전으로 사고 있었으며, 강화(江華)·교동(喬桐)·풍덕(豊德)·연안(延安)·백천(白川) 사람도 동전을 사용하는 품이 아이도 장에서 물건을 매매하면서 속지 않을 만큼 되었다"[8]고 전하고 있다. 최명길(崔鳴吉)과 김육(金堉)은 동전유통을 개성으로부터 전국적으로 실시할 것을 주장하였다. 김육은 효종의 신임을 토대로 강력하게 동전 행전책(行錢策)을 추진하였다. 특히 자신이 추진하여 성과를 거둔 대동법에 의한 공납의 일부를 돈으로 대신 납부하도록 하여, 대동법과 행전법을 결부하여 추진하고자 하였다.

조선은 금속화폐인 동전 유통정책을 시도하였지만 면포와 미곡 등 백성의 화폐인 상품화폐가 편리성과 유용성이 컸고, 새로운 동전화폐에 대한 신뢰가 부족해서 동전 사용은 저조하였다. 1625년 11월 동전 주조 후 호

8 『증보문헌비고(增補文獻備考)』 권159, 전화조(錢貨條).

조의 건의에 따라 각 관청에서 세금을 금납으로 거두게 하였다. 1633년 중단된 동전주조가 재개되고 국가의 수납된 조세의 1/3은 동전으로 납부하도록 규정하였다. 하지만 동전부족을 우려해서 전세와 삼수미 등 주요조세는 금납을 보류하였으며, 그 이후 병자, 정묘호란으로 동전주조가 중단되었다. 조선정부는 동전을 유통시키기 위해서 모든 거래에서 동전 사용을 의무화하였다. 1626년 6월 호조판서 김신국은 동전의 사용을 시도한 지 200년이 지났지만, 동전이 활발하게 사용되지 못한 이유는 일반 백성이 동전의 가치와 용도를 알지 못하기 때문이라고 하였다. 이를 위해 경복궁 앞길 좌우행랑에 주점을 설치해서 동전을 사용하도록 건의하여 채택되었다. 1635년 7월 상평창의 건의로 시장 거래에서 보다 적극적으로 동전의 가치를 인식시키려 하였다.

김육은 1647년(인조 25) 개성 유수직(留守職)에 있으면서 개성과 인근 지방에서 동전이 원활히 통용되고 있는 것을 실제로 경험하고 난 뒤 그해 12월에 황해도와 평안도에 동전을 유통시키자는 의견을 제시하였다.[9] 1650년 동전유통을 장려하기 위해 동전유통 독려관을 지방에 파견하기도 하였다. 1654년 평안도에 행전별장을, 1683년 영호남에 행전차인을 파견하여 동전유통을 독려하였지만 이들은 자기 임무를 완수하지 못하고 오히려 무능과 부패로 민폐를 끼쳤다. 1654년 평안도 행전별장은 백성 일인당 동전 5전씩을 의무적으로 휴대하도록 강요하였으나, 그가 나타나면 사람들이 모두 도망가 버렸다.(『증보문헌비고』 159, 재용고, 숙종 9년) 1651년 4월 김육과 유형원은 동전 사용을 확대하기 위해서 추포와 은의 사용을 금지해야 한다는 주

9 원유한(1975, 1967).

장을 하였으며, 모든 대동법과 시장거래에서 동전 사용을 규정하였다.

1651년 11월 상평창에서 각사의 징속, 면천, 공명첩가 등을 동전으로 대납하며, 1655년 12월 경기도 대동미 1결 8두 중 1-2두를 동전으로 수납하고, 각사 공가의 1/5, 고역가와 호조요포의 1/3을 동전으로 지급할 것을 규정하였다. 1655년 은화 1냥=동전 6냥=쌀 1석으로 동전의 가치를 은과 쌀 또는 면포의 가치와 연계하였다. 인구가 증가하고 거래가 활성화되면서 이전보다 많은 화폐가 필요했지만 백성들의 신뢰부족으로 동전 사용은 전국적으로 확대되지 못했다.[10] 1656년(효종 7) 효종은 "애당초 전화(錢貨)를 사용하게 한 것은 오로지 재화의 유통을 위해서였다. 10년 동안 시행하였지만 조금의 효과도 없으니 어찌 혁파하지 않겠는가. 통행(通行)하는 화폐로는 백금(白金)만 한 것이 없는데 시골에서조차 사용되지 않으니, 하물며 전문(錢文)에 있어서 어떻겠는가"라고 하면서 동전의 행전책을 중단시켰다.

17세기 초부터 의욕적으로 추진된 조선의 화폐정책은 1656년 중단되었다가 1678년 상평통보가 주전되면서 본격적으로 시행되었다. 17세기 초 동전 유통정책이 계속 실패했지만, 동전 사용의 유용성을 점차 백성들이 인식하기 시작했다. 김육이 동전 행전책을 추진할 때 동전원료인 동의 부족이 큰 장애요인이었는데, 일본 동의 수입도 크게 늘었다. 또한 인구와 시장이 점차 성장하면서 동전의 수요도 증가했다. 17세기는 일본 은의 대량 유입으로 대일무역이 활발하였고, 지역 시장도 전국적인 유통망을 갖출 정도로 성장하였다. 대동법이 전국적으로 시행됨으로써 공인이 상업 발전을 견인하는 역할을 하였다.

---

10 『효종실록』 권17, 효종 7년 9월 25일(경오).

2. 화폐가치와 물가정책

일본에서 수입된 동전 원료인 동을 효율적으로 사용하기 위해 화권재상(貨權在上)이란 이념을 내세워 동전주조 사업을 호조가 전관하여 매년 동전을 주조하여 유통하였다. 하지만 1751년(영조 27)에 금위영, 어영청, 훈련도감 등 삼군영(三軍營)에 동전주조를 허가했다. 1785년(정조 9) 9월 다시 호조가 국가의 화폐주전을 전관하였다. 이러한 시도는 동전 원료비용의 급등을 억제하며, 동전주전을 보다 효율적으로 관리하기 위한 것이었다.

1695년과 1696년에 대흉년이 들면서 진휼 대책의 일환으로 대규모 동전이 주전되었다. 동전의 유통은 확대되었으며, 교환수단과 가치저장기능을 지닌 자산으로서 동전수요가 증가하였다. 초기 상평통보의 유통은 서울과 인근 지역에서만 통용되었지만 동전주전의 확대로 전국적으로 확산되었다. 동전유통량은 18세기 초에 500만 냥을 넘었으며, 이는 당시 조선의 쌀 생산량의 80%에 가까운 130만 석 정도를 살 수 있었다. 18세기 초 국내 동광개발이 부진하여 동전원료를 일본의 수입에 의존하였는데, 일본 동의 수입량도 급감하여 동 원료 공급난이 심각하였다. 동 수입 제약은 이 당시 전황을 가져온 가장 큰 원인이었다. 1731년(영조 7) 전황이 극심하고 동전가치가 품귀해지자 동전주전이 중단된 지 33년 만에 조선은 동전을 다시 주조하였다. 1742년(영조 18) 개성·통영과 함께 경상·전라·함경·평안도 감영에 동전주조를 허가하였다. 그 이후 18세기 말까지 조선정부는 동전의 가치 안정화 정책을 실시해서 동전의 유통을 확대하였다. 또한 동전 원료의 수입제약으로 인해 동전 공급이 부족한 전황을 극복하기 위한 목적으로 철전과 은화, 고액전을 주조하여 상평통보와 병행 사용하는 화폐정책도 모색하였다.

새로운 화폐인 상평통보에 대한 백성의 신뢰를 높이기 위해서 조선은 몇 가지 동전가치 안정화 정책을 시행하였다. 먼저, 조선정부가 새로운 동전의 가치를 쌀·면포·은화에 연계하여 정책적으로 유지하였으며, 이를 기준으로 세금의 일부를 동전으로 납부하게 하였다. 그리고 관리들의 녹봉 일부를 동전으로 지급한 결과 호조의 재정수입에서 동전납부의 비중이 점차 증가하였다. 상평통보의 유통은 상업이 발달한 개성과 평양에서 먼저 유통되었으며, 인구와 상업이 발달한 대구와 전라의 감영과 병영에서도 사용되었다. 조선은 동전 가치를 부여하고 법적인 지위를 유지하기 위한 정책으로서 조세를 동전으로 납부하는 조세 금납화 정책이 있다. 동전의 유동성과 법화라는 인식을 부여하는 정책이었다.

1678년 정부는 상평통보의 가치를 유지하기 위해서 미곡과 은으로 가격을 연계시키는 법을 공포하였다. 『대명률』과 개성에서 유통되는 동전가치를 고려하여 공정 교환율을 쌀 1석=은화 1냥=상평통보 4냥으로 정하였다. 동전 유통정책이 성공하여 동전이 공정가치 이상의 가치를 가지게 되자, 정부는 동전부족을 보완하고 주전차익을 늘리기 위하여 1679년 2월에는 은화 1냥을 동전 2냥과 교환하도록 개정하였다. 하지만 동전에 대한 시장의 불신이 여전히 커서 그 가치가 폭락하였다. 1680년 조선은 은화와 동전의 교환 비율을 시장에 맡겼고 동전에 대한 신뢰는 다시 회복되었다. 1700년대 동전유통이 전국적으로 확장되면서 소액거래에 편리한 동전은 고액인 은화와 면포를 대신하였고, 국왕의 화폐로서 지위를 확보하였다. 동전수요가 빠르게 증가하였지만, 동전 원료의 수입제약으로 동전공급이 부족해지는 전황 현상도 심각하게 나타났다.

새로운 화폐인 상평통보의 가치부여(valuation) 방법은 첫째, 동전 가치를 당시 국제결제통화인 은으로 연결시킨 은전비가(은 1냥=동전 4냥) 정책, 둘째,

세금과 재정지출 등 국가 물류체계에서 동전과 면포 및 쌀의 상대가격을 법으로 제정하는 정책(동전 1냥=면포 1필=쌀 0.25석) 등이다. 일본 동의 수입가격에 따라 동전가치를 정할 수도 있지만 이는 일본의 동 생산여건에 따라 불안정하였다.

〈표 1〉은 조선정부가 정한 동전과 은의 상대가격인 은전비가를 나타낸다. 조선시대 은전대비가는 『조선왕조실록』, 『승정원일기』, 『비변사등록』에서 발췌되었다.

〈표 1〉 조선 후기 은과 동전 비가(比價) (단위: 은 1냥)

연도	조선	연도	조선	일본 오사카	중국 북경
1655	동전 600문	1727	동전 200문		동전 925문
1678	동전 400문	1730	동전 200문		동전 950문
1679	동전 200문	1731	동전 200문		동전 925문
1679	동전 220문	1731	동전 250문		동전 925문
1679	동전 260문	1732	동전 260문	동전 833문	동전 900문
1679	동전 400문	1742	동전 180문	동전 632문	동전 815문
1680	동전 800문	1742	동전 200문	동전 632문	동전 815문
1682	동전 250문	1769	동전 200문	동전 672문	동전 950문
1690	동전 260문	1795	동전 370문	동전 1036문	동전 1150문
1700	동전 500문	1798	동전 330문	동전 1055문	동전 1090문
1701	동전 300문				

* 자료: 『조선왕조실록』, 『승정원일기』, 『비변사등록』. 유재현(2014) 참조. 저자 작성.
** 동전과 은의 대비가격은 시가 기준이며, 1678년 가격은 상평통보 주전할 때 공시가격이다. 1냥=100문.

은과 동전의 교환비율(은전대비가)은 1678년 상평통보가 처음 주전될 때은 1냥=동전 4냥이었으나, 1679년 동전 2냥으로 조정하였으며 다시 1680년 은의 국제가격 수준인 은 1냥=동전 8냥으로 조정하였다. 조선정부는 동전가치를 유지하고 동전 사용을 확대하기 위해서 1679년에는 국제 은 가격보다 낮은 은화 1냥=동전 2냥과 교환하도록 개정하였다. 동전에 대한 사람들의 불신이 커지면서 1680년 국제가격 수준인 은 1냥=동전 8냥으로 높이면서 동전의 신뢰도 회복되었다. 그 이후 은의 가격이 내리고, 동전가치가 귀해지면서 1690-1699년 은 1냥=동전 2냥, 1700-1731년 은 1냥=동전 5냥, 1795년 은 1냥=동전 3.7냥으로 변동되었다.

중국과 일본의 경우 은 1냥=동전 8-10냥으로 은의 국제가격을 반영하고 있었는데 조선은 동전가치를 유지하기 위해 은의 국제가격보다 2배 이상 비싸게 유지하였다. 이러한 동전의 가치유지는 초기 화폐경제에서 백성들이 동전을 신뢰하기 위한 필수적인 정책이었다. 부록 〈표 2〉는 초기 동전가치를 유지하고 유통을 확대하기 위한 정책으로서 법이 정한 미곡과 면포에 대한 동전의 상대가격을 나타낸다.(자료: 『승정원일기』, 『비변사등록』) 조선 후기 동전과 면포의 가치는 1679년에 면포 1필=동전 0.5냥이었으나, 1690년에는 면포 1필=동전 1.5냥, 1702년 면포 1필=동전 3.4냥으로 상승하였다. 국가가 규정하고 있는 동전과 상품의 공정가격은 은전비가와 유사하게 안정적으로 유지되었다. 초기 화폐경제에서 국가가 동전가치를 안정적으로 유지한 이유는 동전유통의 확대를 촉진하기 위한 것이었다. 만약 조선정부가 주전차익을 목적으로 했다면 동전가치를 상승시켰을 것이다.

〈표 2〉는 정부 재정을 담당하는 호조의 연간 세입세출 항목을 교환수단별로 구분해 보았다. 호조의 조세수입 자료는 『도지지』(권18, 경비부 1년 경비)에서 참조하였다. 호조의 세입항목을 살펴보면 1665년 면포 비중이 9.1%으로 은(3.2%)에 비해 3배 이상이었다. 1678년 상평통보의 유통 이후 1700년 호조의 세입에서 동전비중이 6.9%로 면포(6.8%)보다 커졌으며, 은의 비중은 3.2%로 가장 낮았다. 동전의 세입비중은 점차 증가하여 1730년에는 13.7%였으나 면포와 은의 비중은 6.9%와 2.2%로 감소하였다.

〈표 2〉 1665-1730년 조선 호조의 재정수입에서 동전비중(단위: 전)

연도	재정수입				재정지출			
	은 (%)	동전 (%)	면포 (%)	총계 (折錢)	은 (%)	동전 (%)	면포 (%)	총계 (折錢)
1665	30262 (3.2%)		86650 (9.1%)	952245	12124 (1.4%)		53750 (6.1%)	875835
1700	39519 (3.2%)	84260 (6.9%)	83950 (6.8%)	1229189				
1702					23100 (1.9%)	81850 (6.8%)	115800 (9.6%)	1203398
1713	66780 (8.4%)	82350 (10.4%)	67550 (8.5%)	790476				
1714					31280 (3.2%)	73200 (7.4%)	70350 (7.1%)	988160
1722	31156 (2.9%)	115026 (10.8%)	78350 (7.3%)	1067871	49091 (4.1%)	126674 (10.7%)	108800 (9.2%)	1187871
1730	28332 (2.2%)	177420 (13.7%)	88700 (6.9%)	1291442	45554 (3.5%)	198790 (15.3%)	107200 (8.2%)	1302296

* 자료: 『도지지』 권18, 경비부 1년 경비 참조. 저자 작성.

참고로 임진왜란 시기인 1592-1601년 피난생활을 기록한 일기인 『쇄미록』에서 지방에서 물품구매의 교환수단으로서 미곡(34%)과 면포(21%)를 사용하였지만, 서울에서는 은화(46%)가 주로 사용되었다고 기록하고 있다. 『경북지방고문서집성(慶北地方古文書集成)』에서 17세기 경북의 전답매매기록을 살펴보면 면포비중은 84%였으며, 미곡(11%)와 우마(牛馬, 4%), 은(1%)이 사용되었다. 전남 『고문서집성(古文書集成)-해남윤씨편(海南尹氏篇)』의 전답매매에서도 면포(77%)와 미곡(23%)이 가장 많이 사용된 교환수단이었다.

한편, 선혜청에서 국가가 사용할 공물을 확보하기 위해서 조세수입에서 현물, 면포, 동전의 납부 비중을 별도로 정하였다. 법률에서 금납전의 비중이 정해진 경우 동전 대신 현물로 받아들이지 않았다. 금납전의 비율은 지역마다 차이가 있지만, 영남에서 쌀 3/5, 면포 1/5, 동전 1/5의 비율로 정하였으며, 호남은 쌀 4/6, 면포 1/6, 동전 1/6, 호서지방은 쌀 12/15, 면포 2/15, 동전 1/15의 비율로 정하였다.(『도지지』 권18, 경비부 1년 경비) 조선에서 세금을 동전 대신 상품으로 납부하기 위해 국가에서 미리 정한 동전과 상품의 상대가격을 적용하여 그에 해당하는 상품으로 교환하여 세금을 납부하기도 했다. 이 시기 시장거래보다 국가의 조세와 재정 환류과정에서 나타나는 공적 거래량이 절대적으로 커서 동전 가치를 안정적으로 유지하기 수월하였다. 국가가 세금 일부를 동전으로 납부하는 금납전의 경우 세금으로 납부할 동전의 비중이 정해져 있고, 납부되는 동전의 무게와 규격이 법으로 정해져 있었다. 국가의 조세와 재정지출에 사용되는 동전이 무게나 작거나 조악하게 만들어진 사주, 협주인 경우 국가에서 수납을 거부하였다.

동전 유통정책으로 정부의 재정수입에서 동전의 비중이 증가하였지만 동전을 구하기 힘들었다. 전황시기에는 세금으로 납부할 동전을 구하기 위해 상품(미곡)을 팔아서 동전을 구했다. 이때 미곡가격이 하락하고 동전의 상대가격이 상승하여 동전의 품귀현상이 확대되었다. 정부는 세금을 동전으로 거두고 임금을 쌀로 지급했는데, 이를 위해 시중에서 다시 동전을 주고 쌀을 구매하는 무미(貿米) 또는 환류 과정을 거쳤다. 그러나 조정의 금납전이 다시 민간이나 시장으로 환류되지 못하였고, 전체 화폐의 10-20%만 시장으로 환류되었다. 이는 정부 관리와 상인에 의한 동전퇴장 때문인데 전황 현상을 심화시켰다. 동전을 구하기 힘들어졌고 미곡에 비해 동전가치도 크게 올라갔다. 일본 동의 수입도 어려워지면서 백성들은 다시 상품화폐인 쌀과 면포의 사용을 선호하였다. 주전청은 동의 함유량이 낮아진 새로운 동전을 주전한 뒤에 구 동전으로 교환하는 일도 빈번하였다. 1775년 어영청은 45만 냥을 새롭게 주전한 후에 13만 냥을 구전으로 교환하여 1할의 이익을 취하였다는 기록이 있다. 주전청은 신 동전을 국가기관에 비축한 구 동전으로 교환하여 재정비용을 충당하였는데 1828년에는 각 관청의 구 동전이 고갈될 정도였다.

일본 동의 수입제약과 재정확충을 위해서 조선은 동전의 품위저하(debasement)와 더불어 동전의 가치변경을 시도하였다. 동전의 가치변경은 그 당시 국제결제수단인 은전비가를 조정하거나, 동전과 상품(쌀과 면포)의 공정가격을 조정하는 것이다. 동전의 가치변경이 화폐량에 미치는 효과를 살펴보았는데, 동전의 가치변동이 화폐량에 미치는 효과가 거의 없는 것으로 나타났다. 따라서 초기 화폐경제에서 동전의 가치변경은 동전 주전량 변화보다는 동전의 유통을 확대하기 위한 목적으로 시도된 것으로 보인다. 동전의 품위저하가 동전 주전량에 미치는 효과는 다음 장에서 자세하게 서술한다.

동전유통으로 화폐경제가 발전하자 조선 사회의 성리학적 가치체계와 농업 중심의 생산양식, 신분제의 사회질서가 조금씩 해체되기 시작했다. 즉 화폐경제의 발전으로 농업·광업·수공업의 생산력 증진, 상민과 소농의 토지이탈, 고리대의 성행과 농촌사회의 분화, 사회적 부의 불공평한 재분배, 사회경제적 윤리로서 성리학의 근본이 흔들리고 있었다. 이에 따라 동전 유통을 부정적으로 인식하는 화폐 가치관이 나타났다. 이익(李瀷)은 동전의 기능과 가치를 부정하지 않았지만, 국토가 좁아서 재화 운반에 큰 어려움이 없고 농민이 스스로 밭을 갈고, 길쌈하는 자급자족적 농업에서 동전유통은 필요하지 않다고 주장하였다.

조선이 시도한 동전의 유통정책은 다음과 같다. 첫째, 물화는 기본여건이 갖추어진 후 통용될 수 있으니 전시를 별도로 설치할 것, 둘째, 각사 아문의 징속과 작지(수수료)를 동전으로 받을 것, 셋째, 동전유통은 시장의 작은 물건을 비롯하여 시탄, 소채와 같은 것도 반드시 동전으로 사용할 것, 넷째, 서울과 지방에서 상점을 개인으로 설치하고자 하는 자는 허락할 것, 다섯째, 일상에서 소나 말처럼 중요한 것은 동전으로만 지불하며, 다른 물건으로 대체하는 자는 불법으로 규정하여 동전으로 징속할 것, 여섯째, 서울과 팔도에서 관청은 상점을 설치해서 동전을 통용하게 하고, 수령은 동전유통을 장려할 것 등이다.

1678년 상평통보가 공식적으로 주전되었으나 실제 1790년까지 동전의 가치 안정화 정책이 실시되었다. 전황을 타개하기 위해서 조선은 1727년 대동포, 군포, 노비신포를 종래 동전과 면포로 반씩 거두는 것을 모두 면포로 거두게 하였다. 또한 부상대고와 관청, 군영에서 동전의 퇴장을 금지하였다. 동전부족으로 동전가치가 귀해지면서 부상대고들은 동전을 퇴장시켜서 고리대업을 통해 높은 이익을 취했다. 정부는 이들의 고리대 행위와 고리대 이자를 법으로 제한하였다.[11] 고리대가 불가능하면 이들 동전이 유통되어 동전부족을 완화시킬 것이라고 생각한 것이지만, 시중에 만연한 고리대를 원천적으로 금지시키지 못했다. 한편, 동전의 원료제약을 타개하기 위해 은화를 동전과 병행하도록 하였지만, 국내 은의 공급이 부족하고 위조가능성이 커서, 은화는 유통되지 못했다.

동전의 유통을 증가시키기 위해서 중국동전을 싼 값에 수입하여 대체하기도 했다. 하지만, 중국동전의 유통은 동전 주전권이 중국에 있어서 문제가 있었고 중국동전을 녹여서 사용하는 경우 중국에 대한 사대적 질서

---

11 『영조실록』 권14, 3년 11월.

에 위배되었다. 조선은 중국동전의 수입을 요청하였으나 중국의 거부로 무산되었다. 1735년 송진명은 소액전과 자모전으로 사용하기 위한 고액전인 당십전의 주전을 제안하였으나 유보되었다.(『승정원일기』 814, 영조 11년 12월 10일) 1786년 박문수와 어영대장 이주국은 전황을 타개하기 위해 십전통보법에 따라 당십전을, 1788년 우정균이 당십전과 당천전을, 1794년 북청부사 유지양이 당백전을 건의하였으나 받아들여지지 않았다.(『일성록』, 정조 12년 8월 17일) 정동교는 당십전을 십전통보라고 하여 고액전의 발행을 건의하였다.(『정조실록』 권38, 17년 12월) 마지막으로 동전부족을 해소하기 위해서 상인과 민간에게 동전 주조권을 허용하자는 주장이 있었다. 민간에 동전주전을 허용하면 주전비용을 줄이고, 민간에게 세금을 거둘 수 있고 주전량이 증대되어서 동전부족이 해소될 수 있다는 생각이었다. 동전의 위조가 가능하고, 동전에 대한 신뢰가 하락할 것을 우려해서 실제로 민간주조를 허용하지는 않았으나, 사회질서와 정치, 경제가 문란해지는 19세기 후반 민간에서 동전을 주조하기 시작하였다.

3. 교역조건 비교

조선 후기 화폐정책에 대한 연구는 주로 『조선왕조실록』에서 나타난 동전의 주전과 유통정책에 대한 찬반 논쟁, 전황 및 물가의 폐해에 대한 기록을 분석하고 있다.[12] 하지만 새로운 화폐가 처음 도입되는 17-18세기 조선과 일본의 국제물가 비교에 대한 연구는 거의 찾아보기 힘들다. 국제물가 비교를 위해서는 조선과 일본의 수출입 물가와 무역에 대한 사료가 필요

---

12 김희호·이정수(1998), 원유한(2008), 권인혁(2011), 유재현(2014), 이헌창(1999).

하지만, 이 시기 무역이 거의 개인 간 사무역이였으며 조선정부는 무역에 큰 관심을 두지 않아서 관찬 사료가 남아 있지 않다.

이 장에서는 17-18세기 조선과 일본 간 무역 사료를 정리하고, 두 국가의 국제 물가를 비교해 보고자 한다. 조선은 중국에서 수입한 고급비단과 국내 면포, 인삼 등을 일본으로 수출하고 은과 동전의 원료인 동, 공목, 토단, 가죽 등을 일본으로부터 수입하였다. 이 시기 국제결제수단으로서 은화는 중국으로부터 고급비단 등을 수입할 때 사용되었다. 17세기 일본과 조선의 무역은 주로 막부가 독점적 무역 상권을 수여한 대마도를 통해 이루어졌는데, 대마도의 대조선 무역수지는 1684-1710년 동안 대마도 종가의 문서로 남아 있다. 田代和生(1973, 1981)는 1684-1710년 일본 막부로부터 독점적인 무역 상권을 위임받은 일본 대마도 번주와 조선 간 무역사료를 체계적으로 정리하였다. 이 무역사료는 이 시기 조선과 일본의 무역자료를 구할 수 있는 유일한 것이다. 정성일(2001)은 대마도 종가의 무역자료를 이용해서 田代和生(1973, 1981)의 자료를 수정하였다. 하지만, 田代和生(1973, 1981)의 연구에서 무역자료의 가장 큰 오류는 국제결제통화인 '은'의 이동을 상품무역으로 분류하고 있다는 점이다. 일본에서 조선으로 은의 이동을 상품수출로 구분하는 경우 조선의 대일 무역수지는 적자를 기록하였다. 하지만 현대적 의미에서 국제수지 항목을 재화와 자본의 이동으로 다시 분류하면, 일본 은의 수출은 조선의 대일 무역흑자에 대한 국제 결제자금의 이동, 즉 자본수지로 구분할 수 있다. 흥미롭게도 대일 무역수지의 항목을 재분류하면 조선의 대일 무역은 적자에서 흑자로 반전되었다.

조선의 동전가치 안정책은 상품의 시장가치와 정부 공정가격 간 괴리를 가져왔으며 상품시장의 불균형을 초래했다. 특히, 조선의 전황과 동전가치 안정화 정책은 조선의 상품가격을 일본에 비해 낮게 유지하여 대일 무역수지의 지속적인 흑자를 기록하였다. 흄(D. Hume)의 가격정화이론에 따르면 조선의 대일 무역수지 흑자는 일본에서 조선으로 국제결제자금인 은이 이동하여 조선의 화폐량과 가격을 상승시킨다. 조선과 일본의 무역수지는 조선의 상품가격 상승으로 다시 균형으로 회복하는 자동조절장치가 존재한다. 하지만 조선의 동전가치 안정책과 전황으로 조선의 물가는 낮게 유지되었으며, 대일 무역수지는 지속적인 흑자를 보였다. 이러한 조선의 물가정책은 무역수지의 자동조절장치인 가격정화이론이 틀린 것이 아니라, 오히려 불균형 경제에서도 작동하고 있다는 것을 보여 주고 있다.

조선의 대일 무역수지는 흑자를 보이며, 국제결제 대금으로서 은이 일본에서 조선으로 유입되었다. 1684-1697년 200만 문 이상의 은이 조선으로 유입되었으나, 그 이후 조금씩 감소하였다. 조선으로 은의 유입은 대일 무역수지 추세와 거의 일치하고 있어서 은의 이동은 조일 무역에 따르는 국제결제 수단으로서 은이 사용되었다는 것을 알 수 있다. 또한, 조선과 일본의 미곡가격을 사용해서 국제 물가비교를 비교하였다. 두 국가 간 환율은 조선과 일본 화폐의 은전비가를 적용해서 구하였다. 조선과 일본의 환율은 1/2로서 거의 일정하게 유지되었다.

조일 무역은 공사(貢使)가 휴대한 공식 공물 및 그것에 대한 조선의 답사(答賜)라는 관계, 공사를 따라서 조선에 들어온 객상(客商)에 의한 서울 동평관에서의 교역, 이들 일본 공사에 부속된 상인들이 삼포(三浦)와 같은 해항(海港)이나 한양으로 가는 상경로(上京路)에서 행했던 조선상인과의 교역으로 이루어졌다. 조일무역의 특징은 일본 공물에 대한 답사 관계가 실질적인 대가에 대한 지급이며, 그 대가의 기준은 조선의 상품가격을 기준으로 하였다. 1392-1469년 일본으로부터 수입은 주로 남해산 물품(소목, 호초)과 일본산 광물(유황, 동, 주석 등)이었고, 조선의 수출은 면주(綿紬)와 마포(麻布)로 이루어졌다. 조선의 면포 생산과 일본의 면포수요 급증으로 15세기 중반부터 일본무역에 대한 답사품도 면포로 바뀌었다. 16세기 왜인이 가져오는 동과 소목의 양이 급격하게 늘어 1500년(연산군 6)에 대마도주가 한 번에 동 11만 근을 보내어 조일 공적 무역을 유지할 것을 요청하였다.[13]

16세기 조선의 은 제련 기술개발과 단천(端川)의 은광 개발로 국내 은(鑛銀) 생산이 늘었지만, 그 대부분은 중국 수입품에 대한 국제결제자금으로 지급되었다. 중종은 재정확충을 위해 조일무역을 새롭게 검토하여, 삼포를 시작으로 남해 연안의 군 책임자에게 대일 무역 규정을 엄격하게 운용할 것을 지시하였다. 이 과정에서 연안 포구에 거주하던 왜인과 대마도민의 불만이 야기되어 1510년(중종 5) 4월 삼포왜란(三浦倭亂)이 일어났다. 삼포왜란 후 소강상태를 보이던 대일무역은 1525년(중종 20) 왜인이 가져오는 물품이 큰 규모로 늘어났고, 조선정부의 무역규제가 보다 강화되면서 무역패턴은 공무역에서 사무역으로 변해 갔다. 1523년(중종 18) 일본 국왕사가 거래한 면포의 양이 10만 필에 육박했고,[14] 1528년에는 소이전(小二殿)과 일본 국왕사가 잇달아 조선으로 내왕하여 거래한 공적 무역량도 면포 81,500필이나 되었다. 일본과 조선의 상인들이 사적으로 무역한 수량은 공무역의 두 배 이상으로 추정된다. 1540년(중종 35)경 조일무역이 획기적으로 전환되어 일본 교역품이 기존 광물과 남해산 물품인 동철, 호초, 소목에서 은으로

---

13 『연산군일기』 권38, 연산군 6년 8월 12일(갑오), 13일(을미).
14 『중종실록』 권48, 중종 18년 7월 28일(갑오).

바뀌었다. 1542년(중종 37) 일본 국왕사가 가져온 상품은 은 8만 냥과 유황 20만 근으로, 그 가격만도 관목(官木) 45만 필에 달했으며, 무역 규모가 커서 왜선 3-4척에 다 실을 수 없을 정도였다.

일본 은이 대량 유입되면서 국내 은 가격이 급락했고, 중국으로 가는 조선사행들이 일본 은을 가지고 가서 중국과 무역하였는데, 은전비가에서 문제가 발생했다. 이처럼 조선 은 가격의 폭락으로 인해 정부와 일본 간 제기된 교역 상대가격의 마찰은 1544년(중종 39) 사량왜변(蛇梁倭變)을 일으키는 요인이 되었다. 이전에 조선의 중개무역으로 맺어지던 일본과 중국의 무역이 16세기 중엽부터 일본과 중국 상인 간 직접무역으로 바뀌면서 조선과 대마도 간 중개무역이 큰 타격을 받았다. 일본상인들은 조선보다 중국과의 은 무역이 훨씬 이익이 커서 무역경로를 조선에서 중국으로 전환하였다. 명(明)은 중국인의 해외 도항을 엄격히 금하는 해금령(海禁令)을 발표하였지만, 1540년 이후 절강(浙江)·복건(福建)·광동(廣東)에 기반을 둔 중국 상인(海商)들이 일본과 무역을 본격적으로 시도하였다.

〈표 3〉은 1684-1710년 田代和生(1973, 1981)의 자료를 사용해서 일본의 대조선 수출액을 나타내고 있으며 수출금액의 단위는 은화(문)였다. 은의 무게를 나타내는 1관(貫)은 10냥=1,000문이며, 동의 무게를 나타내는 근(斤)으로 표시하면 6.25근과 같다. 표의 둘째 칼럼은 상품과 동의 총 수출액, 셋째와 넷째 칼럼은 상품과 동의 수출액을 각각 표시하고 있다. 다섯째 칼럼은 은의 수출액, 여섯째 칼럼은 상품, 동과 은의 총 수출액 합계이다. 일곱째 칼럼은 일본의 대조선 수입액이며, 여덟째 칼럼은 총 수출과 수입액을 합한 총 무역액 규모이다. 마지막 두 칼럼은 일본의 대조선 수출에서 수입을 빼 준 값으로서 일본의 대조선 무역수지와 은을 제외한 무역수지이다.

〈표 3〉 1684-1710년 일본의 대조선 무역과 은의 이동(단위: 은, 문)

	총 상품수출 (C+D)	상품수출 (C)	동 수출 (D)	은 수출 (E)	총 수출 (A=C+D+E)	총 수입 (B)	무역크기 (A+B)	무역 수지 (A-B)	무역수지 (은 제외) (A-B-E)
1684	843435	541451.52	301983.47	1937925	2781360	1405875	4187235	1375485	-562440
1685	1043931	703889.38	340041.61	2007250	3051181	2474401	5525582	576780	-1430470
1686	1286512	707199.41	579312.58	2887345	4173857	3929204	8103061	244653	-2642692
1687	1393659	877343.81	516315.19	2044121	3437780	5108215	8545995	-1670435	-3714556
1688	1402046	1096551.26	305494.74	2487226	3889272	3357602	7246874	531670	-1955556
1689	1989491	1472794.51	516696.48	1994749	3984240	2454598	6438838	1529642	-465107
1690	2495286	1424594.45	1070691.54	2231140	4726426	4510034	9236460	216392	-2014748
1691	2968593	2196110.74	772482.25	2730630	5699223	4275467	9974690	1423756	-1306874
1692	2169006	1386007.85	782998.14	2437242	4606248	3954458	8560706	651790	-1785452
1693	3147188	1878445.40	1268742.59	2274247	5421435	3827444	9248879	1593991	-680256
1694	2928890	1666730.48	1262159.51	2579050	5507940	5941276	11449216	-433336	-3012386
1695	2724681	2036014.80	688666.20	2449373	5174054	3008897	8182951	2165157	-284216
1696	2477877	1343080.51	1134796.48	2439998	4917875	3778070	8695945	1139805	-1300193
1697	3320080	771180.00	2548900.00	2584295	5904375	2752642	8657017	3151733	567438
1698	1169588	1134615.81	34972.18	1400000	2569588	2804502	5374090	-234914	-1634914
1699	908681	907619.93	1061.07	1980000	2888681	901028	3789709	1987653	7653
1700	17322	14352.00	2970.00	1565000	1582322	665504	2247826	916818	-648182
1701	985620	977198.16	8421.84	2730000	3715620	2587849	6303469	1127771	-1602229
1702	572239	532107.07	40131.92	1806960	2379199	2230204	4609403	148995	-1657965
1703	275969	275483.00	486.00	730000	1005969	1844413	2850382	-838444	-1568444
1704	493403	484166.49	9236.50	1350000	1843403	1586528	3429931	256875	-1093125
1705	310061	298898.81	11162.18	1077500	1387561	2098122	3485683	-710561	-1788061
1706	676885	569355.40	107529.60	1300000	1976885	2253664	4230549	-276779	-1576779
1707	551285	544110.95	7174.04	971900	1523185	1006969	2530154	516216	-455684
1708	427811	420440.28	7370.71	980000	1407811	1323510	2731321	84301	-895699
1709	642600	535028.37	107571.62	940000	1582600	1197743	2780343	384857	-555143
1710	647865	512800.20	135064.80	620000	1267865	789245	2057110	478620	-141380
계	37870004	25307570.67	12562433.34	50535951	88405955	72067464	160473419	16338491	-34197460
평균	1402593	937317.69	465275.30	1871702	3274295	2669165	5934460	605130	-1266572

* 자료: 田代和生(1973, 1981) 참조. 저자 작성. 1710년까지 무역액은 정확한 수치이고, 1713년 이후는 최대 수입량을 기록함.

1684년 일본의 대조선 무역에서 은을 제외한 동과 기타 상품을 합한 상품 수출액은 843,435문(은화)이었으며, 동 수출이 301,983문, 기타 재화(공목, 가죽, 토단 등) 수출은 521,451문이었다. 동은 일본에서 생산된 것이 질이 좋고 값이 싸서 조선 뿐 아니라 중국과 네덜란드 등 유럽으로 수출되었다. 일본의 대조선 상품수출에서 동의 수출비중은 57.9%로서 단일 품목으로 가장 많이 수출되었다. 1684년 일본의 대조선 수출에서 동과 기타 재화를 합한 총 수출금액이 843,435문(은화)이었으나, 은 수출액은 그보다 2.5배 많은 1,937,925문이었다. 田代和生(1973, 1981)의 자료에서는 동과 기타 재화뿐 아니라 은도 상품 수출에 포함하여 전체 무역거래액은 2,781,360문이었으며, 은의 수출 비중은 62.4%였다. 하지만 은을 상품무역에서 제외하여 자본수지로 분류하면 1684년 일본의 대조선 무역수지는 1,375,485문 흑자가 아니라 오히려 적자(-562,440문)이다.

〈그림 1〉은 일본 은을 상품무역으로 포함할 때 일본의 대조선 무역수지(실선)와 은을 제외한 무역수지(점선)를 비교해서 나타내고 있다. 실제 국제결제통화인 일본 은을 상품무역에서 제외하면 일본의 대조선 무역수지(점선)는 적자를 보이게 된다. 〈그림 2〉는 일본의 무역자료를 조선의 입장으로 전환하여 조선의 대일 무역수지(실선)와 일본 은의 이동(점선)을 나타내고 있다. 일본과 정반대로 조선의 대일 무역수지는 흑자를 보이며, 국제결제자금으로서 일본 은이 조선으로 유입되었다. 일본에서 조선으로 은의 이동은 조선의 무역수지 흑자와 거의 일치하고 있다. 조선의 대일 무역수지는 1687년 371만 문으로 정점이었으며, 1694년 300만 문으로 점차 감소하였다. 〈그림 3〉은 1684-1710년 일본 은과 동의 수입량을 나타내고 있다.

〈그림 1〉 1684-1710년 일본의 대조선 무역수지(단위: 은, 문)

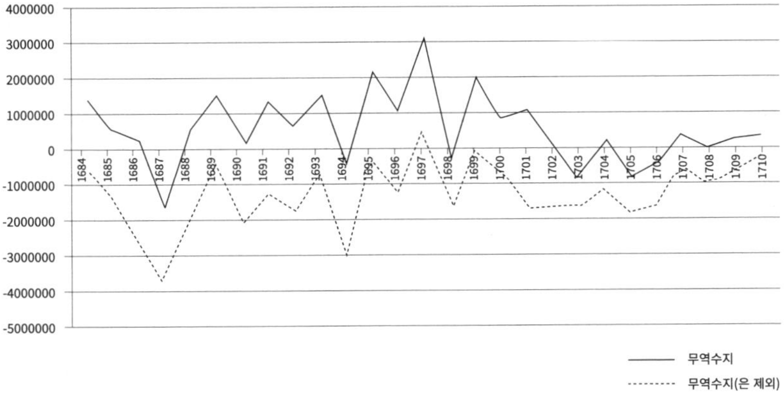

* 자료: 田代和生(1973, 1981) 참조. 저자 작성.

〈그림 2〉 1684-1710년 수정된 무역자료; 조선의 대일본 무역수지와 은의 이동(단위: 은, 문)

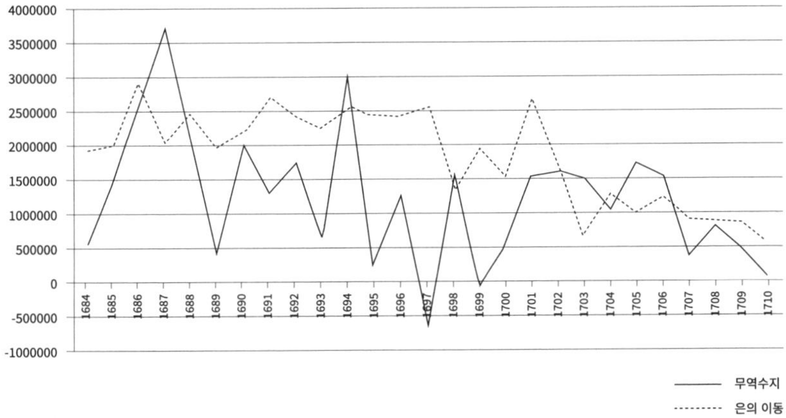

* 자료: 田代和生(1973, 1981) 참조. 저자 작성.

〈그림 3〉 1684-1710년 일본의 대조선 은과 동 수출(단위: 은, 문)

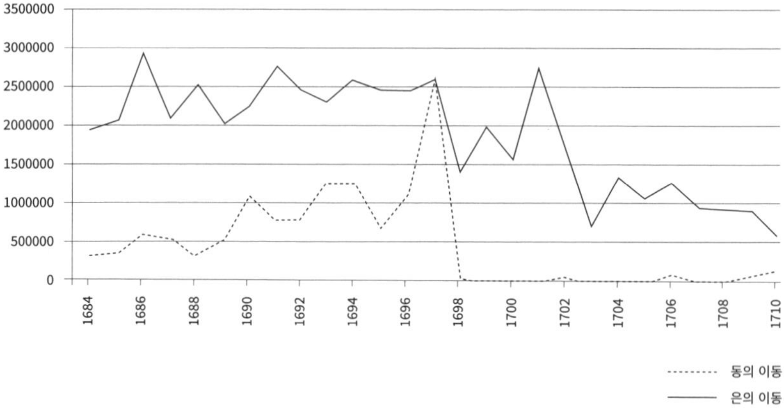

* 자료: 田代和生(1973, 1981) 참조. 저자 작성.

1678년 상평통보의 도입 이후 조선에서 동전주전이 증가하면서 동 수입도 급격히 증가하였으며 1698년에 250만 문으로 정점에 도달하였다. 1698년 이후 일본 막부에서 동 수출을 억제하면서 조선으로 동 수출도 줄어들었다. 일본의 동 수출은 조선에서 동전주전으로 인해 급증하였지만, 일본은의 수출은 조선으로부터 상품수입에 대한 국제결제 자금으로 증가한 것으로 보인다.

1678년 상평통보의 주전에서 특징적인 점은 동을 대부분 일본으로부터 수입하였으며, 동전주전이 일본 동의 수입에 의존하면서 제약적이었다. 조선에서 인구가 증가하고 시장이 확대되면서 동전주전 제약은 시장에서 동전이 항상 부족한 전황 현상을 가져왔다. 동전이 귀해지면서 백성들이 동전사용을 꺼리게 되고, 동전유통에 대한 비효율성이 커지게 되었다. 동전에서 동의 함유 비중은 73% 정도였으며, 동 이외에 주석과 아연을 같이 사용하였다. 주석과 아연의 가격이 동 가격의 48% 수준이었다. 동(銅)의 대부분은 일본에서 수입되었고, 주석과 아연은 일본보다 값이 저렴한 중국을 통해 수입하였다.[15] 따라서 동전 원료인 동과 함석을 일본과 중국에서 공·사(公·私)무역을 통해 수입하면서 국제 결제통화였던 은의 확보가 필요했다. 국내 동과 은의 산출은 거의 없었으나, 일본은 은과 동 광산을 16세기 중엽부터 개발하여 그 산출량이 많고 가격도 저렴하였다.[16]

부록 〈표 3〉은 1684-1890년 일본 은과 동의 수입량 추이를 보여 주고 있다. 일본 은의 수입량은 1702년까지 200만 문을 유지하였으나 그 후 100만 문 이하로 떨어졌다가, 1714년에 다시 증가하여 1732년에는 101-195만 문을 수입하였다. 그 이후에는 감소하여 1752년 이후 기록에 나타나지 않게 되었다.[17] 일본 동 수입량은 1700년 전후의 시기에 최고점을 이룬 후 1731년에 점차 감소하고 공급도 불안정하게 되자 정부와 상인들은 국내 동광의 채굴에도 관심을 갖게 되었다. 본격적인 국내 동광의 채굴은 1828년 갑산동광의 개발 이후에 이루어졌다.

조일 무역수지가 흑자이면 일본 은이 조선으로 유입되고 조선에서 화폐량과 물가는 상승한다. 가격정화이론에 따르면 조선 물가는 상대적으로 비싸지면서 조일 무역수지는 균형으로 자동으로 조절되는 자동조절장치가 존재해야 한다. 자동조절장치(adjustment mechanism)가 작동하기 위해서는 첫째, 조일 무역수지 흑자로 일본 은이 조선으로 유입되고 조선 통화량과 물가가 증가할 것, 둘째, 조선 물가상승은 다시 대일 무역수지의 조정을 통해 조선과 일본의 가격이 서로 같아지는 일물일가의 법칙(law of one price)이 성립된다.

---

15 『備邊司謄錄』 권91, 英祖 8년 3월 26일.
16 小葉田淳(1969, 1999).
17 田代和生(1981).

〈표 4〉는 1696년 기준 조선과 일본의 수출 물가를 사용해서 두 국가의 교역조건을 계산하였다. 조선의 대일 수출상품은 백사, 비단, 인삼, 면포 등이었으며, 일본의 대조선 수출은 은, 동 등 비철금속, 토단, 공목, 물소뿔, 가죽, 담배 등이었다. 수출 물가는 수출상품 가격의 가중평균값이다.

〈표 4〉 1684-1710년 조선과 일본의 수출물가와 교역조건(단위: 1696=100)

	조선 수출물가(A)	일본 수출물가(B)	교역조건(A/B)
1684	103.76	95.95	1.08
1685	92.89	86.80	1.07
1686	90.26	97.91	0.92
1687	88.04	98.89	0.89
1688	104.62	98.92	1.06
1689	89.71	98.35	0.91
1690	96.44	98.18	0.98
1691	96.19	97.90	0.98
1692	103.17	96.79	1.07
1693	120.85	96.40	1.25
1694	128.61	100.20	1.28
1695	109.41	95.50	1.15
1696	100.04	100.00	1.00
1697	109.88	72.67	1.51
1698	177.34	89.16	1.99
1699	126.91	91.79	1.38
1700	140.79	103.90	1.36
1701	145.73	92.45	1.58
1702	155.43	91.87	1.69
1703	140.63	90.75	1.55
1704	143.90	92.74	1.55
1705	121.57	84.03	1.45
1706	133.71	93.79	1.43
1707	130.00	94.88	1.37
1708	141.14	95.45	1.48
1709	113.46	100.08	1.13
1710	145.28	94.76	1.53

* 자료: 田代和生(1973, 1981) 참조. 저자 작성.

** 조선의 대일 수출은 백사, 비단, 인삼, 면포 등이며, 일본의 대조선 수출은 은, 동, 비철금속, 토단, 공목, 물소뿔, 가죽, 담배 등이다. 수출물가는 수출가격의 가중평균값이다.

〈그림 4〉 1684-1710년 조선과 일본의 교역조건 변화(단위: 1696=100)

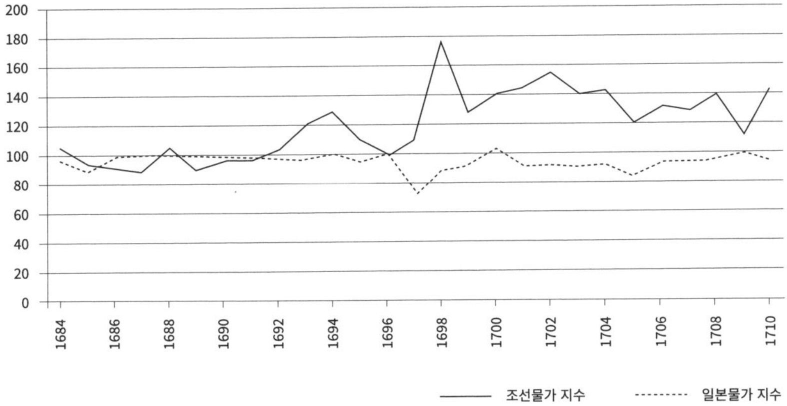

* 자료: 草野正裕(1996) 참조. 저자 작성.

이 시기 조선의 주요 수출품 가격은 동전 가치 안정화 정책으로 낮은 수준으로 유지되었고, 대일 무역수지는 은의 이동을 제외하면 흑자를 기록하였다. 〈그림 4〉는 1684-1710년 조선과 일본의 교역조건 변동을 나타내고 있다. 그림에서 두 국가 간의 수출물가가 상대적으로 어떻게 변화하는지를 확인해 볼 수 있다. 조선과 일본의 교역조건은 1684-1697년 거의 일정하게 유지되었다가, 1698년 급격하게 한 차례 변화한 뒤에 다시 일정한 수준을 유지하였다. 1698년 교역조건의 변동은 1697년 도쿠가와 막부에서 국제결제수단으로 사용하던 은화의 함유량을 80%(경장은)에서 64%(원록은)로 20% 감소시켰기 때문이다. 이에 따라 조선은 수출품에 대한 국제 결제수단으로서 일본의 신은(원록은)을 받는 조건으로 조선의 수출품인 백사, 인삼과 비단 등의 가격을 27%씩 증가시키는 것에 합의하였다. 따라서 은의 순도 변화를 고려하면 조선과 일본의 수출물가와 교역조건은 거의 일정하게 유지되었다.

〈그림 5〉 1684-1790년 조선과 일본의 미가 비교(단위: 냥/석)

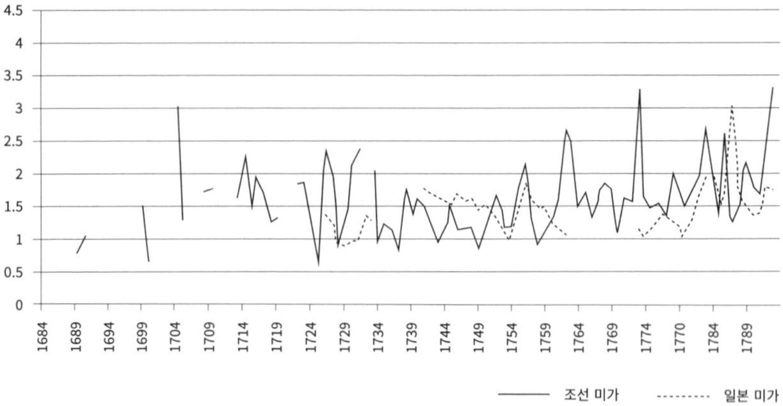

* 자료: 草野正裕(1996) 참조. 저자 작성.
** 조선과 일본의 화폐단위는 동전(냥)과 은(문)이었는데, 은 1냥은 조선의 경우 4냥, 일본은 8냥이었으므로 두 국가의 환율은 1/2로서 적용하여 쌀 1석당 냥으로 표시하였다.

전통적인 통계기법(Generalized Least Squares)을 사용한 추정결과는 조선과 일본의 물가는 서로 상관관계가 유의적이지 않았지만, 조선과 일본의 환율을 고려하면 조선과 일본의 물가는 거의 유사하게 움직이는 것으로 나타났다. 일본 은화에 대한 순도가 변화하는 1697-1698년 조선과 일본의 환율이 물가에 미치는 효과도 유의적이었다. 1697-1698년 일본 은의 순도가 낮아지면서 조일무역에서 조선의 화폐가치는 일본에 비해 높아졌고, 조선과 일본의 환율은 하락하였다. 따라서 조선과 일본 간 환율변동을 고려한다면, 물가와 환율의 관계는 유의적이었으며 서로 유사한 변화를 보인다. 이 시기 조선의 은전비가는 은 1냥=동전 2-4냥 정도였으며, 일본과 중국의 경우 은 1냥=동전 8냥이었다. 따라서 은을 기준으로 일본 동전 1단위 대비 조선 동전의 환율은 1/2이었다. 조선과 일본의 환율(1/2)을 적용하여 조선과 일본의 미곡가격을 비교해 볼 수 있다. 미곡은 이 시기 대표적인 생산물인 동시에 소비재였으며, 조선의 총 생산량의 80%를 차지했다. 쌀은 동전유통이 완전하지 못한 농업경제에서 교환수단으로도 사용되었다. 따라서 조선과 일본의 미곡가격을 비교해 보면 두 국가 간에 일물일가 법칙이 적용되는지 파악할 수 있다.

〈그림 5〉는 1684-1790년 조선과 일본의 미곡 가격을 나타내고 있다. 그림에서 환율을 1/2로 적용하면 두 국가의 미가는 동일하게 움직이고 있다는 것을 알 수 있다. 이는 두 국가에서 미가 기준 일물일가 법칙이 성립했다는 것을 보여 주고 있다.

제9장 | 화폐의 품위저하와 디플레이션

이 장에서는 조선에서 국왕의 화폐인 상평통보가 처음 주전되어 유통되는 1678-1798년 동전의 주전량을 살펴보고, 동 원료 수입제약을 타개하기 위한 동전 품위저하(debasement)가 화폐량에 미치는 효과도 살펴본다. 이를 통해 조선과 유럽에서 동전의 품위저하의 화폐적 효과가 서로 다르게 나타나는 이유를 찾아본다. 1678년은 조선에서 명목화폐인 상평통보가 본격적으로 주전되는 시기이며, 1798년은 정부의 동전가치 안정화 정책이 마지막으로 관찰된 시기이다.

화폐는 교환수단으로서 시장거래를 활성화시키고, 가치의 저장기능으로서 초기 자본축적을 가져왔다. 새로운 명목화폐의 도입으로 나타난 화폐적 현상은 국가의 경제발전과정에서 나타나는 사회경제적 변화를 반영하고 있다는 점에서 화폐사의 중요한 연구 주제이다. 조선 화폐사에서 논쟁점은 동전의 주전과 동전의 무게와 질을 낮추는 품위저하가 화폐량에 미치는 효과에 대한 것이다.

13-16세기 유럽 국가들은 국왕의 법에 따라 금화와 은화 등 법정주화의 제작을 독점적으로 관리했으며 주화의 무게와 형태, 금과 은의 함유량을 법으로 규정하였다. 민간이 거래에서 화폐 유동성이 필요하면 금과 은으로 된 제품이나 구 주화를 국가의 지정 주전소에 가져오면, 국가는 주전비용(brassage)과 주전이익(seigniorage)을 빼고 나머지 가치에 해당하는 새로운 동전을 주전하여 몇 주 후에 돌려주었다. 흥미로운 점은 주화원료인 금과 은을 민간부분이 공급하였으며, 국제 금과 은의 차익거래를 통해서도 공급되었다.

유럽 국가들은 왕실의 재정수입을 확충하기 위해 주화의 무게와 함유량을 줄여서 주전비용을 절감하거나, 주전이익을 높이는 주화의 품위저하를 시도하였다. 1509-1551년 영국왕실은 재정확충을 위해 금과 은의 함유량을 줄이는 품위저하를 시도하였다. 1509년 1파운드 은화에서 은의 무게는 6.4온스였으나 1551년에 그 무게는 1온스도 안 되었다. 프랑스에서도 1285-1450년에 무려 123번의 품위저하가 있었고, 매번 5-50%에 달하는 주화 무게가 감소하였다. 공통적으로 유럽국가에서 주화의 품위저하는 화폐량을 급격하게 증가시켰으며 주전이익도 증가하였다.[18] 16세기 이후 유럽에서 법정화폐인 금화와 은화는 국왕의 화폐였으며, 왕권 강화와 국가재정을 확충하기 위해 식민지 개척을 통해 금과 은을 대량으로 확보하였다.

유럽에서 주화의 품위저하로 구 주화와 신 주화가 금과 은의 무게단위(by-weight)로 유통되었다면, 화폐량의 변화가 없어야 하는데 실제 대규모 화폐량이 증가하였다. 이를 품위저하의 퍼즐이라고 한다. Rolnick et al.(1996)은 주화의 품위저하 퍼즐을 가져온 원인으로서 구 동전과 신 동전이 무게단위가 아닌 동일한 액면 가치(by-tale)로 유통되었기 때문이라고 주장하고 있다. 즉, 구 동전과 새로 주조된 신 동전이 같은 액면 가치를 가지고 유통되는 경우 구 동전을 가지고 있는 사람들은 구 동전의 구매력을 보전하기 위해 새로운 동전으로 전환할 때 화폐량이 증가한다. 이때 품질이 낮은 가벼운 신 동전(악화)이 품질이 좋은 구 동전(양화)을 구축하는 그레샴(Gresham)의 법칙이 나타난다. Motomura(1994), Sussman and Zeira(2003), Sussman(1993)은 14-15세기 스페인과 프랑스에서 일부 주화가 무게단위가 아닌 액면 가치로 유통되는 경우가 많고, 주화의 품위저하로 인해 주전이

18 Rolnick et al.(1996), Motomura(1994), Sussman and Zeira(2003).

익과 화폐량이 증가했다는 것을 보여 주고 있다.

Velde et al.(1999), Sargent and Smith(1997)는 구 주화와 신 주화가 동일한 액면 가치로 동시에 유통되는 경우는 사람들이 정보 비대칭성으로 인해 두 주화를 구분하지 못하는 경우라는 점을 지적하고 있다. 결국 구 동전의 품위저하 퍼즐은 구 주화와 신 주화가 같은 액면 가치를 가지고 동시에 유통될 수 있었는지 여부에 달려 있다.

이론적으로 동전의 무게와 품질을 하락시키면 동일한 동전 원료를 사용해서 더욱 많은 동전을 주전할 수 있으므로 화폐량은 일반적으로 증가한다. 하지만 조선에서 동전 품위저하는 화폐량을 증가시키지 못하였다. 그 원인은 초기 화폐경제의 특성인 전황과 동전의 가치 안정화 정책에 있다. 전황과 동전의 가치 안정화 정책은 구 동전과 신 동전이 같은 액면 가치를 가지고 동시에 유통되는 경제환경을 제공하였지만, 동의 수입제약, 높은 주전비용과 동전을 천시하는 성리학 지배이념으로 상평통보는 간헐적으로 주전되었으며, 전황은 지속되었다.[19]

1. 화폐 주전식과 주전량

1678년 조선의 상평통보 주전식에 따르면 상평통보는 생동 73%, 함석 13.5%, 기타 아연 등 13.5%의 비율로 합성되었다.(『만기요람』 재용편 4, 주전식) 즉, 동(73%)과 주석과 아연 등(23%)을 섞어서 '1푼(文)'이라는 액면가격을 가진 당일전(상평통보)을 주전하였으며, 동전의 무게는 2전 5푼이었다.[20] 주석

19 조선 후기 동전의 주전과 정책에 대한 연구는 권인혁(2011), 유재현(2014), 이헌창(1999), 이정수·김희호(2006), 전황의 원인에 대한 연구는 김희호·이정수(1998)와 원유한(1967) 참조.

20 『備邊司謄錄』 권91, 英祖 8년 3월 26일.

과 아연의 가격이 동 가격의 48% 수준이었다. 동(銅)은 가격이 저렴한 일본에서 수입되었으며, 주석과 아연은 중국으로부터 수입되었다.(『비변사등록(備邊司謄錄)』 권91, 영조 8년 3월 26일) 실제 동과 은의 광산개발은 15세기 이후 정부에 의해 억제되었으나, 일본은 16세기 중엽부터 개발하여 생산량이 많고 가격도 저렴하였다.[21] 조선의 동전 주전에 대한 사료는 『조선왕조실록』, 『비변사등록』, 『추관지』, 『승정원일기』, 『만기요람(萬機要覽)』, 『증보문헌비고(增補文獻備考)』, 『잠곡유고(潛谷遺稿)』, 『용호문록(龍湖問錄)』, 『통상휘찬』에서 발췌하였다.

상평통보는 당일전, 당오전, 당백전으로 나눌 수 있는데, 1866년 당백전과 같은 고액전이 주조 유통되기 이전까지는 당일전만이 주조되었다. 상평통보 1개는 1푼[文]이고, 10푼이 1전(錢), 10전이 1냥(兩)이다. 상평통보의 무게는 2전(錢) 5푼(分)을 원칙으로 했으나 그 원료인 동의 공급부족이 지속되면서 동전에서 동의 함유비중을 줄이고, 동전무게를 감소시키는 개주 또는 품위하락을 시도하였다. 동전무게는 초기 2전 5푼에서 1전 7푼, 그리고 다시 1전 2푼으로 점차 줄어들었다.

조선 후기 동전 주전비용은 동 재료비(62.5%)를 제외하고 동전가치의 20-48% 수준으로 유럽의 금화와 은화의 주전비용 2-8%에 비해 상당히 과다한 편이었다. 조선정부는 주전비용이 너무 높아서 주전차익이 거의 없었으며, 따라서 동전주전에 대한 적극적인 인센티브가 없었다. 『영조실록』(1735, 1750년)에 나타난 동전주전 공임과 운반비용에 대한 기록을 살펴보면, 공임은 전체 주전비용 가운데 20-30%를 차지하였다. 또한, 수입된 동 원료의

21 小葉田淳(1969, 1999) 참조.

운반과 주전에 필요한 연료비와 주전한 동전을 중앙 정부로 운반하는 비용(태가)도 전체 비용에서 10-36%를 차지할 정도로 운반과 연료비용이 과다하였다. 동전의 주전비용을 절감하기 위해서 정부는 동전주전에 필요한 연료의 생산지, 또는 동의 수입지인 동래 왜관에서 직접 주전을 하였다.

『비변사등록』과 『승정원일기』, 『추관지』, 『만기요람』 등 관찬 사료를 근거로 계산한 조선의 주전이익률은 1679년 50%, 1727년 20%, 1731년 50%, 1750년 37.5%, 1752년 60%, 1755년 30%, 1798년 20%, 19세기 10-20%였다.(유현재, 2014; 원유한, 1967 참조) 동전을 처음 주조하는 1678년과 33년간 주전을 금지한 이후 다시 발행한 1731년과 1752년에 주전이익률은 50-60%였으나 보통 20-30%였다. 흥미로운 점은 기존 연구에서 주전차익의 추정치는 1678년 50%, 그 이후 10-30%였다.

기존 연구는 18세기 주전이익률을 계산하면서 동전의 액면 가치에서 동재료비를 빼 주었으나, 여기서는 공임(20-30%)을 추가적인 주전비용으로 고려했다. 주전이익은 공임(20-30%)과 동 재료비(62.5%)를 동전의 액면 가치에서 빼 준 값이며 8-17.5%로 아주 작았다. 동전주전에 필요한 연료비와 운반태가는 작게 계산해도 10-36%에 달해서 이를 고려하면 조선의 동전 주전이익률은 거의 0에 가깝다.

1866년 당백전의 주전이윤율은 360%, 1883년 당오전의 무게는 1매당 2.4전, 동의 순도는 80%였다. 당오전 100관문의 소재원가는 52.20달러였으며, 액면 가치는 40달러였다.(2엔=10냥=1,000문(1관)=0.4달러, 20할 기준) 이를 적용하면 당오전의 주전이익은 -50-60%였다. 결국 1883년 당오전의 주전으로 손해를 보았으며 주전이익을 얻기 위해서 지속적으로 당오전의 무게와 동 순도를 낮추었다. 1890년 당오전의 무게는 1매당 1.88전, 동 순도는

56%로서, 주전차익은 1.8%였다. 1891년 동전무게가 줄어든 평양전의 경우 1매당 무게는 0.89전, 동의 순도는 56%였으며 평양전 100관문의 소재원가는 17달러, 액면 가치는 40달러였다. 따라서 평양전의 주전이익률은 28-38%였다. 당오전과 평양전의 주전이익률은 일본 통상기록인 『통상휘찬』을 참고하였다.

〈표 1〉은 1678-1798년 조선 동전의 주전비용을 추정한 것이다. 동전의 운반태가는 동전을 운송하는 거리와 지역에 따라 다르고, 동전을 수령하는 측에서 부담할 수 있어서 주전비용에서 제외하였다.

〈표 1〉 상평통보의 주전비용과 주전차익(단위: %)

국가	동전 종류	기간	재료비	공임	주전이익
조선	**상평통보**	1735	62.5%	임금 20-30%	8-17.5%
	당오전	1883	130%	임금 20-30%	-50--60%
	평양전	1891	42.5%	임금 20-30%	28-38%
중국	**청전**	17세기	61-69%	임금 9-20%	9.8-12.3%
프랑스	은화	~1453		2.4-25%	5.3-47.5%
스페인	은화 및 금화	1583-1643			1.8-3.7%
스페인	**동전**	1583-1643		9-25%	40.9-73.0%
영국	은화	1583-1643			0.8-3.4%
프랑스	은화	1583-1643			1.9-10.1%

* 자료: 『비변사등록』, 『영조실록』, 『추관지』, 『승정원일기』, 『만기요람(萬機要覽)』, 『통상휘찬』, 유제현(2014) 참조. 저자 작성.

** 주전비용에서 태가를 제외하여 계산함. 태가는 10-36%였다. 프랑스의 주전비용은 ussman(1993), 스페인과 영국의 주전비용은 Motomura(1994) 참조.

1678-1798년 주전비용에 대한 기록은 거의 없고, 1735년 『영조실록』에서 주전공임은 전체 주전비용 가운데 20-30%를 차지한다고 기록하고 있다. 1750년 『영조실록』에서 동전 재료비는 전체 비용에서 62.5%였다. 『영조실

록』에 나타난 공임(20-30%)과 재료비(62.5%)를 동전의 액면 가치에서 빼 주면 국가의 주전이익은 8-17.5%이다. 주전된 동전을 목적지로 운반하는 비용인 태가는 동전의 무게와 거리에 비례하는데, 상평통보의 태가는 동전 1매당 무게는 5.4g, 1관의 무게는 5.4kg이었다. 따라서 사람이 최대한 운반할 수 있는 무게는 상평통보 10관문, 우마의 경우 상평통보 20관문이었다. 매 100리당 10관(100냥)을 운반하는 태가는 5냥, 동전의 평균 태가는 100냥당 10-36냥으로서 10-36%에 달한다. 참고로 경기도 태가는 2냥 6전 2분, 경상도 태가는 11냥 1전 6분, 함경도 태가는 36냥 6전으로 거리에 따라 달랐다. 당오전의 태가는 당오전 1매당 무게가 1.25전으로서 약 4.5g이며, 당오전 1관의 무게는 45kg이었다. 사람이 운반할 수 있는 무게는 당오전 12-15관, 우마의 경우 당오전 25-30관이었다.

결국, 상평통보의 주전비용은 태가(10-36%)를 제외하더라도 공임(20-30%)과 재료비(62.5%)를 합하면 적어도 82.5%로 높은 편이었다. 중국은 조선과 같이 동전주전에 사용되는 동의 일부를 일본으로부터 수입해서 북경과 남경에서 동전을 주전하였는데 동의 재료비는 61-69%였으며, 주전비용은 공임(9-20%)을 합한 값으로서 최소 70%였다. 중국의 주전비용이 조선보다 낮은 이유는 동의 일부를 자체적으로 생산하는 동광 개발과 낮은 공임 때문이다. 조선의 주전비용은 유럽 정화의 주전비용에 비해 거의 4배에 달한다. 13-16세기 유럽 금화와 은화의 주전이익은 스페인의 경우 1.8-3.7%, 영국 0.8-3.4%였으며, 프랑스가 1.9-10.1%로 조금 높았다. 유럽 평균적으로 주전이익은 은화 7.5%, 금화 2%였다. 스페인의 동전주전에 들어가는 공임은 9-25%로서 조선과 유사하지만, 주전이익이 40.9-73%로서 크게 나타났다.

조선의 동전주전은 일본 동의 수입에 의존하므로 화폐공급이 상당히 비탄력적이었으며, 조선정부가 동전주전을 독점적으로 관리하였다. 하지만 동전 주전비용이 커서 정부의 주전차익을 위한 인센티브도 거의 없었다. 만약 동전가치가 주전비용보다 현저히 높은 경우 주전이익을 노리는 사주(私鑄)나 협주가 발생하였고, 반대의 경우 동전을 녹여서 금속으로 활용하는 훼주(毁鑄)가 발생하였다. 동전에 대한 신뢰가 낮았던 17세기 중반에 훼주가 일어나기도 하였으나, 동전가치가 높아지고 주전이익이 높아지자 동전을 불법적으로 주전하는 사주가 발생했다. 동전사용으로 자연스럽게 마모된 구 동전을 녹여서 신 동전으로 전환하는 개주(改鑄)도 가능했다. 조선은 1678년 『속대전』 국폐조에서 동전 1냥의 무게를 250전으로 규정하였다. 하지만, 동의 원료가 부족해지면서 정부는 1678-1865년 동전무게를 4차례에 걸쳐 감소시켰다.(『만기요람』, 『통상휘찬』) 『조선왕조실록』에서 1766년 황윤석은 구전 1냥으로 신전 1냥 3전을 만드니 구전을 녹여서 신전으로 만들고 그 크기를 줄인다고 지적하였다. 동전개주 이후 신 동전을 구 동전으로 교환하는 일도 자주 나타났다. 1775년 어영청은 45만 냥을 새롭게 주전한 후에 13만 냥을 구전으로 교환하여 1할의 이익을 취하였으며, 주전청은 신 동전을 국가기관에서 비축한 구 동전으로 교환하여 재정비용을 충당하였는데 1828년에는 각 관청의 구 동전이 고갈될 정도였다.

정부는 동전의 사주로 동전 가치가 하락한다고 생각하였고, 1697년에는 사주가 늘어남에 따라 동래왜관의 동 수입을 제한하기도 하였다. 1695-1697년 대규모 주전으로 동전가치가 하락하자 사주는 줄어들었으나, 1698-1729년 동전주전이 억제되면서 극심한 전황 현상이 나타나 사주도 활발해졌다. 정부는 민간의 사주행위에 대해 사형 등 엄벌에 다스렸다.(『비변사등록』 90 영조 7년, 『잠곡유고』 5) 동전의 주전비용이 증가하자 조선정부는 지역 관청과 군영에서 주전기술자와 잡역인력을 동원하였으며, 동전의 주전인력은 최대 1천명이 필요했는데 재정부족으로 공임을 지급할 수 없었다.(『추관지』 3, 고율부 주전; 『만기요람』 재용편 4, 협주식)

1731년에는 주전비용을 절감하기 위해 공임 대신에 동전을 주전하는 장인에게 5일간 관주에 대해 1일간 협주를 허용하였다. 하지만, 협주가 증가하면서 부스러지거나 물에 뜨는 조악한 동전이 나타나 조선정부는 협주를 금지하였다.(『비변사등록』 90, 영조 7년) 1840년에 동으로 만든 각종 군대무기를 도둑질하여 사주를 하였던 장인들을 처벌했으며, 1841년, 1846년에도 사주를 도모했던 장인들을 처벌했다. 1820년 이후 갑산동광의 개발로 동의 공급이 원활해지고, 주전이익도 상승하면서 사주도 활발해졌다. 정부가 허용한 협주는 주전량에 포함되었을 가능성도 있다.

조선은 17세기에 들어와서 인구가 증가하면서 동전을 법화로 보급하기 위한 주전 정책을 추진하였다. 1650년 말 주전청(鑄錢廳)을 설치하고 조선전기에 주조되었던 조선통보와 십전통보(十錢通寶)를 주조하였다. 중국의 개원통보(開元通寶)를 따라서 주조한 해서체(楷書體) 조선통보를 유통시켰다. 하지만, 민간에서 여전히 상품화폐를 선호하고, 동전 사용을 기피하면서 동전의 유통정책은 실패로 끝나고 1650년 동전주전을 중단하였다. 하지만 다시 1678년 상평통보가 본격적으로 주전되어 전국적으로 유통되었다.

조선이 자체적으로 동과 은을 생산하지 못하고 일본으로부터 수입하는 시기에 본원통화를 추정하기 위해 동전주전의 원료가 되는 동과 은의 수입량을 사용할 수 있다. 부록 〈표 3〉은 조선 후기 일본 동과 은의 수입량을 보여 준다. 일본 은의 수입량은 1702년까지 2,000관 정도였으나 그 이후 감소하여 1,000관 이하로 떨어졌다. 1714-1732년 일본 은의 수입량은

1,010-1,950관이었으나 1752년 이후 기록에 나타나지 않았다.

한편, 일본 동의 수입량은 1613년 조선과 일본 간 기유조약(己酉約條)의 체결로 동이 공무역의 품목에 포함되면서, 1613-1650년에 매년 29,073근, 1651-1702년 매년 29,373근, 1703-1808년에 매년 27,900근, 1809-1866년에 매년 26,900근을 공식 수입액으로 정하였다. 하지만 1678년에 상평통보가 주조되고 동의 소비량이 급격하게 증가되면서 공무역으로는 동의 확보가 부족하여, 일부 사무역(私貿易)으로 충당되었다.[22] 일본 동의 수입은 1613년 이후 지속적으로 증가하다가 1697년 140만여 냥을 정점으로 감소하여 8만 냥 미만으로 떨어졌다. 1713년부터 다시 증가와 감소를 반복하였지만 동전주조에 필요한 충분한 동의 수입이 어려웠다.[23] 수입된 동은 일부 그릇과 무기제조 등으로 사용되었을 경우도 있지만, 가격이 고가이기 때문에 대부분 동전주전에 사용되었을 것으로 보인다.

일본에서 수입된 은과 동이 동전주조에 사용된 비율을 살펴보기 위해서 일본 은과 동의 수입량 대비 동전 주조량 비율(화폐승수)을 산출해 보았다. 동의 수입량을 화폐가치로 환산하기 위해서 수입된 동의 무게에서 동전 1냥에 해당하는 동의 무게를 나누었다. 동전에서 동의 함유량을 73%로 하여 동전 1냥당 동의 무게를 시기별로 175전, 140전, 119전, 93전, 84전(1전=3.75g)으로 환산하였다. 동의 수입량은 공·사무역을 모두 합한 것이며 국내 채굴량은 배제되었다. 동의 수입량을 화폐가치로 환산한 것을 본원 통화로 정의하면, 동전 주전량은 수입된 일본 동을 사용하여 실제 주전한 동전공급량을 나타낸다.

---

22 1613년(光海君 5) 공무역의 조약 제정.
23 田代和生(1973, 1981).

〈표 2〉는 조선의 대일 무역수지와 은과 동의 이동을 화폐(은) 냥 단위로 나타낸 것이다. 조선과 일본의 무역사료는 田代和生(1973, 1981)에서 발췌하였다. 상품무역은 은의 이동을 제외한 수출입거래만을 포함한다. 조선은 국제 결제수단으로서 은을 사용하였고, 은과 동을 동시에 화폐로 사용하는 복수 본위제도(bimetalism)를 유지했다. 본원 통화량은 현금과 외환보유고(reserve)의 합으로 정의된다. 현금은 현재 시중에 유통되고 있는 누적 동전 주전량이며, 외환보유고는 단순히 무역수지 흑자로 인한 일본 은의 이동을 나타낸다. 표의 둘째 칼럼은 은을 제외하고 동과 기타 상품만을 고려한 조선의 대일 무역수지이다. 셋째와 넷째 칼럼은 무역수지의 결제자금으로서 은과 동의 정화이동 및 은의 이동을 각각 보여 준다. 다섯째 칼럼은 조선의 누적 동전주전량, 여섯째는 본원통화량이며 누적 주전량과 은의 이동을 합한 값이다. 마지막 칼럼은 일본으로부터 은의 유입량 대비 화폐량의 비율, 화폐승수이다.

화폐승수(money multiplier)는 은 유입량 대비 동전 주전량의 비율로 나타낸다. 승수를 계산하기 위해 은 1냥=동전 4냥의 공식 은전대비가격을 적용하였다. 1684년 화폐승수는 1.6으로서 실제 조선이 보유하고 있는 은의 양보다 더 많은 동전을 주전한 것으로 보인다. 하지만, 동전 원료인 동 수입 억제로 화폐승수는 점차 감소하여 1710년에 0.3으로 하락하였다.

〈그림 1〉은 조선으로 유입된 일본 은과 동을 합해서 화폐승수를 계산한 값(점선)과 은만 고려한 화폐승수(실선)를 비교해서 나타내고 있다.

은만 사용할 때 승수와 은과 동을 동시에 사용할 때 승수가 거의 유사하게 변화하고 있다는 것을 알 수 있다. Officer(2002), Cesarano(1998)와 Ogren(2003)의 연구에서 미국(1792-1932)과 스웨덴(1834-1913)의 화폐승수가

〈표 2〉 1684-1710년 조선과 일본의 무역수지와 은과 동의 유입(단위: 은 1냥=동 100문)

	무역수지 (은, 냥)	동과 은의 이동 (은, 냥)	은의 이동 (은, 냥)	동전주전량 (은, 냥)	본원통화량 (은, 냥)	화폐승수 (은 기준)
1684	5624.40	22399.08	19379.25	12500	31879.3	1.6
1685	14304.70	23472.91	20072.50	12500	32572.5	0.8
1686	26426.92	34666.57	28873.45	20500	49373.5	0.7
1687	37145.56	25604.36	20441.21	20500	40941.2	0.5
1688	19555.56	27927.20	24872.26	20500	45372.3	0.4
1689	4651.07	25114.45	19947.49	20500	40447.5	0.3
1690	20147.48	33018.31	22311.40	27423	49734.4	0.3
1691	13068.74	35031.12	27306.30	27423	54729.3	0.3
1692	17854.52	32202.40	24372.42	27423	51795.4	0.2
1693	6802.56	35429.89	22742.47	27423	50165.5	0.2
1694	30123.86	38412.09	25790.50	27423	53213.5	0.2
1695	2842.16	31380.39	24493.73	137423	161916.7	0.6
1696	13001.93	35747.94	24399.98	137423	161823.0	0.5
1697	-5674.38	51331.95	25842.95	137423	163266.0	0.5
1698	16349.14	14349.72	14000.00	137423	151423.0	0.4
1699	-76.53	19810.61	19800.00	137423	157223.0	0.4
1700	6481.82	15679.70	15650.00	137423	153073.0	0.4
1701	16022.29	27384.21	27300.00	137423	164723.0	0.4
1702	16579.65	18470.91	18069.60	137423	155492.6	0.4
1703	15684.44	7304.86	7300.00	137423	144723.0	0.3
1704	10931.25	13592.36	13500.00	137423	150923.0	0.3
1705	17880.61	10886.62	10775.00	137423	148198.0	0.3
1706	15767.79	14075.29	13000.00	137423	150423.0	0.3
1707	4556.84	9790.74	9719.00	137423	147142.0	0.3
1708	8956.99	9873.70	9800.00	137423	147223.0	0.3
1709	5551.43	10475.71	9400.00	137423	146823.0	0.3
1710	1413.80	7550.64	6200.00	137423	143623.0	0.3

* 동전주전 자료: 『朝鮮王朝實錄』, 『備邊司謄錄』, 『承政院日記』, 『增補文獻備考』, 『萬機要覽』, 『潛谷遺稿』, 『龍湖問錄』, 『秋官志』 참조. 저자 작성.

** 조일 무역자료: 田代和生(1973, 1981) 참조. 저자 작성.

<그림 1> 1678-1710년 조선의 화폐승수

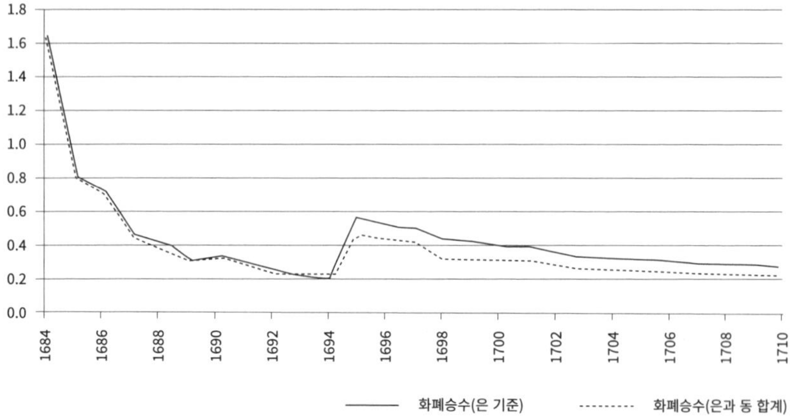

* 자료: 田代和生(1973, 1981) 참조. 저자 작성.

1.06-3.72였지만, 조선의 화폐승수는 1684년 1.6을 제외하고 훨씬 낮은 수준에 머물고 있다. 이는 동 수입제약과 정부의 동전주조에 대한 편견으로 화폐공급의 애로가 존재했기 때문으로 보인다.

조선 후기 동전주전(화폐)량은 기록에 나타난 공식 동전주전량을 사용하였다. 1693년 숙종은 화권재상의 논리로 동전원료를 효율적으로 사용하고, 불법주조를 막고, 동전의 품질을 관리하기 위해서 호조에서 동전주조를 전관하였다. 다만, 지역의 자연재해에 대한 비용과 지역 군영 및 관청에서 필요한 동전을 충당하기 위해서 1751년(영조 27)에 금위영, 어영청, 훈련도감 등 삼군영(三軍營)과 지역관청에서도 화폐주조를 허가하였으나, 1785년부터는 다시 호조에서 관리하였다. 1850년대에는 동전 주조사업으로 많은 수익이 가능하다는 이유로 부상대고 등 민간인에게 위탁 도급해 줄 정도로 동전 주전의 관리체계가 변질되었다.

동전의 유통 범위는 점차 전국적으로 확대되었으며, 동전을 교환수단 이외에 가치저장의 수단으로서 보유하려는 유인동기도 증가하였다. 조선 후기 동전 주전은 7-10년 간격으로 간헐적으로 이루어졌다. 조선정부는 동전원료의 수입제약, 주전시설과 기술의 미비, 주전비용과 동전운반에 대한 교통수단의 애로를 극복하지 못해서 동전이 간헐적으로 주전되었다. 또한 조선정부는 화폐경제가 가져오는 봉건신분제의 동요, 상행위에 대한 천시, 국가지배이념의 훼손을 우려했다.

그러나 화폐경제가 파급되어 전국적으로 화폐가 상용되고 상업거래가 활발하게 전개되면서 동전주조를 억제하는 명분보다는 그로 인해 발생하는 전황 현상이 더 큰 사회경제적 문제를 가져왔다. 따라서 1730년 이후 전황으로 인한 사회문제를 해결하기 위하여 국가차원에서 동전주조를 확대해 나갔다.

동전수요의 증가에 상응하는 동전공급이 따라가지 못하면서 전황 현상이 본격적으로 나타나기 시작했다. 전황 현상의 피해로 인해 동전유통을 부정적으로 인식하는 화폐 가치관이 나타나기 시작했다. 1724년 전통적 사회질서를 해치는 원인으로서 동전의 유통과 상거래가 지목되었고, 동전의 주조와 유통을 금지하고 대신 면포를 법화로 채택하려고 하였다. 이때 일본으로부터 동의 수입량도 극감하였고, 동전 주전비용도 상승하여 동전주전을 억제하는 요인이 되었다. 이때 조선의 동전 정책은 동전유통보다는 동전원료난의 해소와 전황 현상을 개선하는 데 주요 목표를 두었다.

〈표 3〉은 조선의 공식적인 동전 주전량을 나타내고 있다. 동전 주전량은 화폐량의 증가분을 나타내므로 총 화폐(공급)량은 누적 동전 주전량으로 계산하였다. 19세기 말 동전의 주전량 자료는 『통상휘찬』과 일본 대장성 자

료 등을 참조하여 저자가 작성하였다. 개인과 상인에 의한 사주와 협주 또는 기록상 문제로 인해 동전 주전량의 추정에 오류가 발생할 수 있다. 조선 정부의 동전주전에 대한 시각은 화권재상(貨權在上)이었는데, 이는 동전은 국가의 중요한 보배(통보)이므로 화폐에 대한 일체 지배권은 왕에게 있고 민간인에게 귀속될 수 없다는 것이다.[24]

〈표 3〉 1678-1891년 조선의 동전 주조량(단위: 천 냥)

연도	동전 주조량	누적 주조량	연도	동전 주조량	누적 주조량
1678-1681	50	50	1794	60	5659
1686	20	70	1797	100	5759
1690	18	88	1798	100	5859
1695	550	638	1807	300	6159
1729	700	1338	1814	326	6485
1731	350	1688	1825	367	6852
1732	280	1968	1830	933	7785
1742	500	2468	1832	784	8569
1750	164	2632	1840	200	8769
1751	607	3239	1855	1571	10340
1765	330	3559	1857	916	11256
1772	100	3669	1866	당백전 16000	27256
1774	640	4309	1867**		11756
1775	500	4809	1874**		15256
1785	670	5479	1883**		30884
1791	60	5539	1890**		112928
1793	60	5599	1891**		125720

* 자료: 『朝鮮王朝實錄』, 『備邊司謄錄』, 『承政院日記』, 『增補文獻備考』, 『萬機要覽』, 『潛谷遺稿』, 『龍湖問錄』, 『秋官志』, 『통상휘찬』 참조. 저자 작성.

** 1867년 당백전 철폐, 청전 수입 연 500,000냥 추정.
1874년 상평통보 10,000,000냥 추정.
1883년 당오전 주전 연 9,625,000냥 추정.
1890년 평양전 주전량 미상.
1891년 당오전 77,000,000냥 추정, 상평통보 20,000,000냥 추정.

---

24 『비변사등록』 47, 숙종 19년, 『영조실록』 권55, 18년 참조.

『조선왕조실록』에서 동전의 주전목적을 살펴볼 수 있는데, 흉작으로 인한 진휼대책과 궁핍구제(1695년과 1696년, 1731년, 1762년, 1807년, 1813년, 1828년), 군사비용의 조달(1742년, 1750-1752년, 1765년, 1828년), 국가의 북한산성 수리비 등 건축비용(1756년), 전황을 타개하기 위한 목적(1731년, 1757년, 1785년), 개성부와 호조 등 정부의 재정확충(1816년, 1831년) 등이었다. 1788년 조선정부는 연례 주전제를 실시하여, 필요에 따라 동전을 주전하던 것을 매년 정기적으로 50,000-60,000냥 동전을 주조하여 전황을 타개하고 재정을 충당하고자 했다. 하지만 만성적인 동전의 원료부족, 주전시설과 기술의 미비, 동전 운반비용의 애로를 극복하지 못하고 실시되지 못했다.(『비변사등록』 174, 정조 13년, 원유한 2008) 1820년 이후 조선의 대일무역이 다시 활성화되면서 일본동의 수입량도 증대되었고, 1824년 이후 갑산동광을 비롯해서 자체적으로 동광을 본격적으로 채굴하면서 상평통보의 주전을 위한 원료난이 상당히 해소되었다.

2. 화폐의 품위저하

일반적으로 금과 은 등 귀금속의 거래에서 귀금속은 무게로 유통된다. 13-16세기 유럽에서 금화와 은화 등 법정주화가 무게로 유통되는 경우 정화의 품위저하에도 화폐량의 변화가 없어야 한다. 하지만 유럽의 화폐연구는 이와 반대로 정화의 품위저하가 화폐량을 증가시키는 퍼즐을 보여 주고 있다.

조선에서 동전의 품위저하(debasement) 효과는 유럽과 다르게 나타났다. 구 동전과 신 동전은 같은 액면 가치로 유통되었지만 화폐량이 증가하지 않았다. 조선 동전의 품위저하 효과가 유럽과 다른 이유는 초기 화폐경제의 특징인 전황 현상과 동전가치의 안정화 정책 때문이다. 또한, 교통과 정보교환이 느린 농업경제에서 동전의 무게 변화를 인식하는 데 시차가 걸리거나, 사람들이 구 동전의 동 함유량이 낮아졌다는 사실을 알더라도 구 동전을 신 동전으로 바꾸는 주전비용이 동전가치에 비해 과다했기 때문이다.

여기에서는 1678-1798년 조선에서 동전 품위저하가 화폐량에 미치는 효과를 추정해 보았다. 조선이 동전 원료인 동을 사용해서 동전을 주전했을 때 주전이익은 Rolnick et al.(1996)의 식을 확장해서 도출하였다. 먼저, 국가가 정한 동전의 무게, 함유량과 규격에 따라 1g의 동으로 만들 수 있는 동전의 주전가치(*Mint Par; MR*)는 1g 무게의 동에 해당하는 동전의 액면 가치 비율이다. 즉, 동전의 주전가치는 동전의 액면 가치(*FV*)를 동전 1개당 동의 무게로 나눈 값이며, 동의 무게는 동전 1개당 무게(*W*)와 동의 함유량(*C*)을 곱한 값이다. 동 1g에 해당하는 동전의 주전가치는 다음 식과 같다.

$$\text{동전의 주전가치 } Mint\ Par(MR) = \frac{\text{동전의 액면가격 } face\ value(FV)}{\text{동의 무게 } weight(W) * \text{동 함유량 } content(C)}$$

$$\text{동전의 화폐가치 } Mint\ Price(MP) = \frac{\text{동전의 액면가격 } face\ value(FV)}{(1-S) * \text{동전 주전가치}(MR)}$$

여기에서 *S*는 동전 주전가치에서 차지하는 주전비용의 비율이다. *FV*는 동전의 액면 가치, *W*는 동전 1개당 무게, *C*는 동전에서 동의 함유량이다. 동일한 동전의 액면가격에서 동전무게(*W*)가 가벼워지거나 동의 함유량(*C*)이 작아지면 주전가치(*Mint Par; MR*)는 상승한다. 주전비용(*S*)은 공임비용(brassage)과 주전이익(Seigniorage)을 합한 값이다. 정부가 유통시키는 동 1g에 해당하는 동전의 화폐가치(*Mint price; MP*)는 동전의 주전가치(*MR*)에서 총 주전비용(*S*)을 빼 준 값이다. 정부가 주전이익을 높이는 방법은 같은 동전 무게(W)와 동 함유량(C)에서 동전의 액면가격(FV)을 높여서 주전가치(MR)를 높이거나, 동일 액면 가격(FV)에서 함유량(C)과 무게(W)를 낮추거나, 주조이익(S)을 높이는 것이다.

동전 품위저하는 같은 액면가격을 가진 동전을 주조할 때 이전보다 동의 함유량을 줄이고 대신 저렴한 아연의 함유량을 증가시키거나, 동전의 무게를 줄이는 것이다. 처음 상평통보를 발행하는 1678년 『속대전』 국폐조에 따라 동전 1냥의 무게를 250전으로 규정하였지만, 그 이후 동전무게를 꾸준히 감소시켰다. 〈표 4〉는 1678-1798년과 1799-1891년 동전의 양목 무게, 동의 순도 및 동전 품위저하로 인한 무게 감소율(%)을 나타낸다. 조선의 동전 품위저하에 대한 자료는 『만기요람』, 19세기 동전 품위저하에 대한 자료는 『통상휘찬』에서 발췌하였다.

동전의 품위저하율을 구하기 위해서 단순히 동전의 무게 감소율보다는 동전에 포함된 동의 무게 감소율을 사용하였다. 동전의 품위저하율은 〈표 4〉의 마지막 칼럼에 나타나 있다. 동전무게에서 동의 함유량은 73%이므로 이를 고려해서 동전 1냥당 동의 무게를 구할 수 있다. 1698년 조선정부는 상평통보 1전당 2전 5푼 무게의 동전(당이전)을 유통하였으나 이후 일본으로부터 동의 수입이 감소하면서 동전무게를 1전 2푼과 1전으로 감소시켰다. 동전의 품위저하에서 동전의 액면가격을 동일하게 유지하면서 동 함유량을 줄이면 제작비용이 작게 들고 정부의 주전이익도 증가한다. 1678년 동전 1냥(100문)의 무게는 250전, 1689-1704년 250전, 1701-1742년 200전, 1742-1752년 170전, 1753-1780년 134전, 1781-1800년 120전으로 감소하였다. 동전의 품위저하율은 동전 1냥에 포함된 동 무게를 기준으로 1704년 20%, 1742년 15%, 1752년 21.8%, 1780년 9.6%, 1800년 4.7%만큼 무게가

〈표 4〉 1678-1891년 상평통보의 품위저하(단위: 전, %)

기간	상평통보 1냥 무게**	근대조선의 1냥 무게**	동전 1개당 동 무게비율 (%)	동전 1냥당 동 무게	동전 품위저하율 (%)
1678-1704	250전		동 73%, 주석 13%, 아연 13.5%	175전	
1705-1742	200전			140전	20.0
1743-1752	170전			119전	15.0
1753-1780	134전			93전	21.8
1781-1800	120전			84전	9.6
1801-1883	100-160전		동 72.5%, 주석 27%, 철 기타 0.5%	80전	4.7
1883-1888	당오전 (1차 주전)	20×2.4전=48전	동 85%	40.8전	49
	당오전 (2차 주전)	20×1.42전=28.4전	동 80%	22.72전	
1883-1888	일문(평양)전 (1차 주전)	100×1.55전=155전	동 72.5%, 주석 27%, 철 기타 0.5%	112전	
	일문전 (2차 주전)	100×1.12전=112전	동전 72.5%	81.2전	
	일문전 (3차 주전)	100×1.15전=115전	동전 72.5%	83.3전	
1889	당오전 (1차 주전)	20×2.19전=43.8전	동전 56%, 주석 1.02%, 아연 34.915%, 철 기타 7.56%	24.5전	40
1890	당오전 (1차 주전) 평양전 (4차 주전)	20×1.88전=37.6전 100×0.84전=84전	동 56% 동 50%	21.05전 42전	14.1
전 기간 평균	162전	39.45전		80전	21.7

* 자료: 『萬機要覽』, 『통상휘찬』 참조. 저자 작성.
** 상평통보 1냥=10문=100전. 동 무게 1전= 3.75g.

감소하였다. 1883년 당오전이 발행되면서 당오전 1냥에 포함된 동의 무게도 1883년 49%, 1889년 40%, 1890년 14.1%으로 급격하게 하락하였다.

동전 품위저하 이후 동전 주전량은 크게 변화하지 않았다. 정부가 구 동전과 신 동전을 동일한 가치를 가지고 유통시켰으나, 주전비용이 과다하여 동전의 품위저하를 빈번하게 하지 못하였다. 관청에서 신 동전을 주전한 후에 이를 구 동전으로 교환하고 이를 새로운 동전으로 개주하기보다는 퇴장시킨 것으로 보인다.

〈그림 2〉는 1678-1798년과 1799-1891년 동전의 품위저하로 인해 동전에 함유된 동의 무게 감소율을 나타내고 있다. 동전의 무게 감소율은 1882년 당오전 발행과 1889년 평양전 발행으로 인해 가장 심각하게 이루어졌다. 동전의 품위저하가 화폐량을 어떻게 변화시키는지를 파악하기 위해 동전 품위저하가 발생한 연도를 기준으로 그 이전과 이후 동전 주전량 변화를 비교해 보았다. 예를 들면, 1780년에 동전 품위저하가 발생하면 그 이후 1790년까지 10년 동안 동전 주전량 변화와 그 이전 10년 간 주전량 변화를

〈그림 2〉 1678-1890년 상평통보의 품위저하율(단위: %)

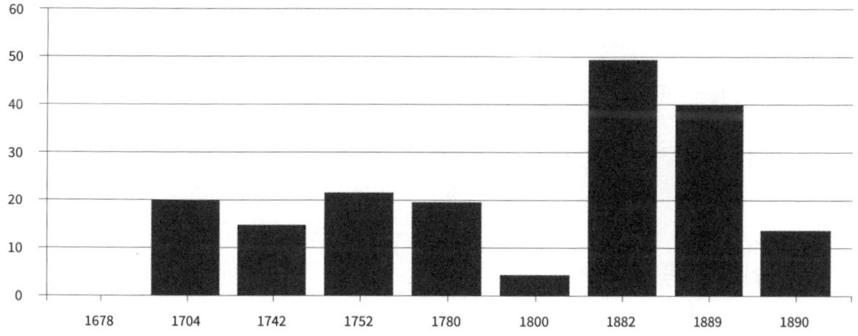

* 자료: 『조선왕조실록』, 『만기요람』, 『통상휘찬』 참조. 저자 작성.

비교한다. 동전주전량이 증가했다면 동전의 품위저하가 화폐량을 증가시켰다고 볼 수 있다.

1678-1798년 동전의 품위저하가 발생한 이후 10년 동안 동전이 주전된 사례는 1742년 2차례, 1752년 1차례, 1780년 3차례였다. 동전의 품위저하가 발생한 해 이전 10년 동안 주전된 사례는 1742년 품위저하 이전 2차례, 1752년 품위저하 이전 3차례, 1780년 품위저하 이전 3차례로서 동전의 품위저하 이전 10년 동안에 모두 8차례 주전되었다. 따라서 동전의 품위저하는 그 이전 10년 동안 발행된 동전주전보다 그 이후 동전주전이 더 작았다. 이는 동전의 품위저하는 동전 주전량을 증가시키지 못했다는 것을 보여 준다.

은과 상품에 대한 동전가치 안정화 정책은 정부의 재정확충 목적보다는 동전유통을 활성화시키는 데 목표를 두고 있었기 때문에 화폐량의 변화는 거의 발생하지 않았다. 19세기 조선에서 전황이 사라지고 동전 가치 안정화정책이 없어지면서 동전의 품위저하는 유럽과 같은 품위저하 퍼즐을 보이고 있다. 같은 액면 가치를 가진 동전의 무게와 내용을 줄이는 동전의 품위저하가 발생하더라도 정부가 구 동전과 신 동전의 가치를 법과 조세의 금납화를 통해 동일하게 정하면서 구 동전과 신 동전이 모두 같은 가치로 유통되었다. 결국, 조선에서 동전의 품위저하가 화폐량에 영향을 미치고 있지 못한다는 품위저하 퍼즐은 동전가치 안정화정책이 밀접하다는 것을 보여 준다.

3. 전황과 디플레이션

조선 후기 전황 현상이 발생한 것은 인구와 시장거래량이 증가하는 데 반해 동전 주전량이 부족했기 때문이다. 특히, 조선정부는 동전 원료인 동을 일본에서 수입해야 하는 제약과 높은 주전비용으로 동전주전에 적극적이지 않았다. 동전사용과 상행위를 천시하는 성리학 지배이념과 동전사용으로 백성의 사치가 심해지고 상업이 발달하여 농민이 토지에서 이탈하면 토지에 부과하던 조세가 줄어들 것이라는 염려로 인해 조선정부는 동전주전에 소극적이었다.[25] 조선정부는 상인들과 결탁해서 일본 동 수입을 독점하면서 폭리를 취하였고, 동전의 원료난은 더욱 가중되었다. 중앙과 지방의 관청은 동가가치가 귀해지면서 조세로 거둔 동전을 퇴장시켰는데 매년 퇴장동전의 비율이 80-90%가 넘었으며, 전황은 심화되었다.[26] 조선 후기 전황 시기는 학자들마다 조금씩 다른데, 원유한(2008), 권인혁(2011), 이정수·김희호(2006)는 1678-1750년, 이헌창(1999)은 1678-1829년으로 정의하고 있다.

기존 연구들은 백성의 화폐인 상품화폐에서 국왕의 화폐인 상평통보로의 화폐변동을 제도적 관점에서 바라보고 있다. 하지만 화폐가 가지는 유물적 기능을 파악하지 못하고 있다. 17세기까지 사용되었던 상품화폐는 면포의 질적 저하와 미곡의 과다한 운반비용, 가치저장의 문제점이 나타났다. 하지만 사람들의 동전에 대한 신뢰부족과 일상생활에서 면포와 쌀의 유용성으로 동전사용이 거의 없었다. 조선은 몇 차례 동전 유통확대 정책을 시도하였으나 실패하였다. 1678년에 상평통보를 주조하기 시작하면서 동전유통을 확대시키기 위해서 동전가치를 안정적으로 유지하고, 백성들의 동전에 대한 신뢰를 유지하는 것이 필요했다. 이를 위해 조선은 조세납부에서 미곡, 면포와 은화의 상대적 가치에 동전가치를 연결하여 안정적으

25 『承政院日記』 권614, 영조 2년 4월 12일.
26 『經濟野言』「錢貨變通之議」; 『日省錄』 정조 12년 8월 17일.

로 유지하고 세금 일부를 동전으로 납부하게 하였다.

고전적 경제에서 화폐량과 물가의 관계에 대한 이론으로서 화폐수량설은 경제에서 다른 조건이 일정하다면 물가변동은 화폐량 변동과 일대일의 관계가 있다는 것을 보여 주고 있다. 화폐수량설의 중요한 결론은 화폐공급과 수요가 균형을 이루는 상태에서 물가변동이 화폐적 현상이라는 점이다. 18-19세기 화폐량과 물가에 대한 연구로서 Jonung(1976, 1979)은 유럽에서 물가변동이 화폐적 현상이며, 초 인플레이션(hyper-inflation)의 원인은 극심한 화폐적 교란 때문이었다는 것을 보여 주고 있다. 하지만 20세기 이후 재고변동과 경기순환으로 화폐수요가 불안정해지면서 화폐량과 물가의 관계에 대한 경제사적 논쟁이 지속되고 있다.[27]

조선 후기 물가사 연구는 여러 지역의 양반 일기류와 추수기에서 미가 자료를 정리하거나,[28] 토지소유체제와 관련된 미가에 초점이 맞추어져 있다.[29] 安達義博(1989)는 조선 후기 미가로 표시한 물가변동이 조선의 경제구조 변화와 관련이 있다고 지적하고 있다.

이 장에서는 조선 후기 전황의 크기를 일인당 소비액 대비 일인당 화폐량을 사용해서 직접 측정해 보았다. 전황의 크기를 측정하기 위해 화폐량은 누적 주전량을 사용했으며, 일인당 화폐량은 화폐량을 인구로 나누어 준 값이다. 동전 주조량의 사료는 『조선왕조실록』, 『비변사등록』, 『승정원일기』, 『잠곡유고』, 『용호문록』, 『추관지』에서 발췌되었다. 조선 후기 인구 자료는 인구학적 방법에 대한 논란이 많지만 권태환·신용하(1977)와 한국

27 Bordo et al.(2004), Bordo and Redish(2003).
28 박기주(2004), 박기주·이우연(2001), 이영훈·전성호(1999).
29 김용섭(1970).

장기통계자료(낙성대연구소, 2018; http://www.naksung.re.kr)에서 발췌되었다.

1678년 일인당 화폐량은 연평균 0.003냥으로 매우 작았으나, 1865년 0.67냥으로 증가하였다. 동전의 유통범위는 점차 전국적으로 확대되었으며, 동전을 교환수단 이외에 가치저장의 수단으로서 보유하려는 수요도 증가하였다. 동전의 유통량은 1700년 초에 500만 냥을 넘었지만, 일본 동의 수입제약으로 전황 현상이 본격적으로 나타나기 시작했다.

전황 시기 물가의 대용변수로서 미곡가격을 사용하였다. 조선 후기 미곡은 농업경제의 대표적인 생산물이었으며, 동시에 교환수단으로서 화폐 기능도 가지고 있었다. 화폐가 처음 도입된 1678년부터 1865년까지 물가는 안정적으로 유지되었으나, 그 이후 당백전, 당오전과 백동화 등 화폐남발로 인해 물가는 크게 상승하였다. 물가의 실증분석을 위해 전국 대표 미가자료가 필요하지만, 이를 구할 수 없어서 이 시기 대표적인 미곡 생산지역으로서 경상도 경주와 전라도 영암의 미가를 가중 평균한 값을 사용하였다. 조선 후기 시장이 완전하지 못해서 지역 간 미가의 격차가 존재할 수 있다. 경상도와 전라도 지역의 미가자료는 한국의 장기통계자료(낙성대연구소, 2018; http://www.naksung.re.kr)에서 발췌되었다. 미가자료는 관찬 사료인 『조선왕조실록』, 『비변사등록』, 『승정원일기』에서 발췌되었다.

이 시기 소득의 개념이 없어서 소비의 대용변수로서 일인당 최소 소비량을 사용하였으며, 일인당 최소 소비량에 미가를 곱하면 매년 일인당 소비액은 0.19-1.75냥이었다. 전황시기인 1678-1751년 일인당 소비액 대비 일인당 화폐량 비율은 0.5-3.6%에 불과하였다. 일인당 최소 소비량은 진휼곡에 명시된 소비량을 기준으로 계산하였다. 하루 최소 소비량은 남자장년은 5홉, 여자장년은 4홉, 남녀노인은 4홉, 그리고 남녀아동은 3홉이었으며, 조선 후기 5인 가족을 기준으로 남자장년 1인, 여자장년 1인, 남녀노인 1인, 남녀아동은 2인으로 한 가족을 구성하였을 때 전체 인구에서 남녀노소의 비율을 구하였다. 이를 가중치로 사용하면 일인당 최소 소비량(쌀)은 연평균 0.38석이었다. 진휼곡에 따라 남녀 연령별 소비량(1일)의 자료는 『만기요람』 재용편(財用篇) 황정(荒政)과 『목민심서』 진황육조(賑荒六條), 「거관대요(居官大要)」 진정(賑政)(『조선민정자료 목민편(朝鮮民政資料 牧民篇)』), 「사정고(四政考)」(『조선민정자료총서(朝鮮民政資料叢書)』)를 참조하였다.

〈그림 3〉은 추정된 전황비율을 보여 주고 있는데, 전황비율은 일인당 소비액 기준 일인당 화폐량의 비율이다. 전황이 심할수록 실제 소비량 대비 화폐공급량이 부족하다는 것을 나타낸다. 그림에서 흥미로운 점은 전황이 처음 상평통보가 도입되는 시기인 1678-1695년과 동전주조를 금지했던 시기인 1696-1729년에 심각했다는 것이다. 기존 연구는 『비변사등록』에 나타난 전황시기를 1678-1750년 전후로 정의하고 있지만, 여기에서 추정한 전황 시기는 1678-1865년이다. 평균 일인당 소비액 0.19-1.75냥에 비해 일

〈그림 3〉 1678-1865년 조선의 전황비율(전황비율=일인당 화폐량/일인당 소비액)

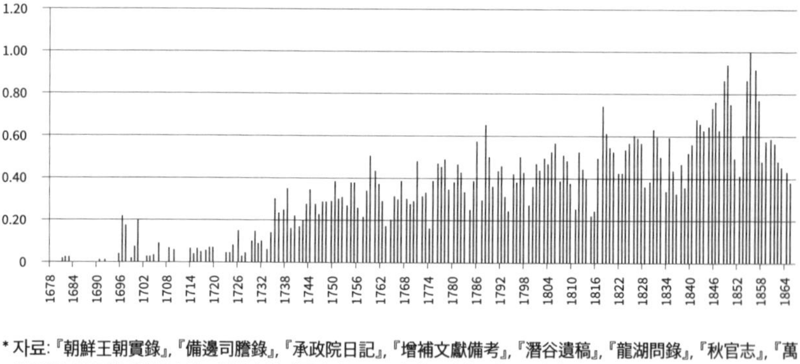

* 자료: 『朝鮮王朝實錄』, 『備邊司謄錄』, 『承政院日記』, 『增補文獻備考』, 『潛谷遺稿』, 『龍湖問錄』, 『秋官志』, 『萬機要覽』 財用篇, 『牧民心書』 賑荒六條, 「居官大要」 賑政, 「四政考」 참조. 저자 작성.

인당 화폐량은 평균 0.003-0.67냥으로 화폐공급이 항상 부족하였다. 화폐량이 소비액에 비해 작을수록 시장에서 화폐공급이 부족하고, 전황이 심각하고 전황비율도 낮아진다.

조선 후기 전황비율은 초기 상평통보의 도입시기인 1678-1750년 0.5-3.6% 수준에 불과하였지만, 점차 화폐공급이 증가하면서 1750-1820년 30-40%, 1820-1865년 60-80%로 증가했다. 결국 조선 후기인 1678-1865년에 전황비율은 1보다 작았으며, 전황은 조선 후기 전체 기간에 걸쳐 나타난 것으로 보인다.

흥미로운 점은 기존 연구에서 전황은 화폐공급 측면에서 단순히 동전의 부족현상으로 정의하고 있는 데 반해, 여기에서는 전황이 소비액(화폐수요) 대비 화폐량 부족을 나타내는 상대적 개념이라는 것이다. 기존 연구는 화폐공급 측면에서 동전부족이 나타나면, 전황이 심각해지고 디플레이션이 발생한다는 것을 보여 주고 있지만, 전황의 기준이 모호하다. 반면, 상대적 전황의 개념을 사용하면 물가(미곡으로 표시된)의 하락으로 명목소비가 감소되면서 전황이 감소한다. 이는 기존 연구에서 주장하는 전황과 디플레이션의 관계와 정반대의 결과를 보여 준다. 하지만 전황의 측정에서 일인당 화폐량이 명목소비보다 작다는 것만으로 전황 여부를 판단하는 것은 조심스러운 해석이 필요하다. 이는 화폐량과 명목소비의 절대적 수준이 화폐 유통속도에 따라 차이가 발생할 수 있기 때문이다.

동전이 세금으로 납부되고 다시 시장으로 환류하지 못하고 정부와 상인에 의해 퇴장되는 비중도 거의 80%에 달하고 있다.(『經濟野言』「錢貨變通之議」; 『日省錄』 正祖 12년 8월 17일 참조) 동전의 마모와 손실률이 25% 정도라고 가정하면 동전퇴장으로 화폐유통속도는 1과 유사했거나 그보다 작았을 것으로 보인다. 특히, 조선 후기 미곡과 면포 등 상품화폐의 사용비중도 크기 때문에 화폐유통속도는 낮았을 것으로 보인다.

전황의 경제적 원인은 시장거래량이 확대되는 데 반해 동전주전이 제약되는 것 때문이지만 동전의 퇴장 등 다른 요인들도 복합적으로 작용하였다. 전황으로 화폐가 귀해지면서 지주나 상인층들이 부의 축적 수단으로 화폐를 퇴장시키는 계기가 되었으며, 이는 다시 전황을 가속화시켰다. 이 같은 전황과 디플레이션은 상민과 소농을 분해하였으며, 신분제를 해체시키는 결정적인 역할을 하였다. 1678년 시장평균 미가는 0.51냥/석이었으나 점차 상승해서 1865년 4.6냥/석에 달했다. 이 기간에 미가는 상승과 반복을 반복하였지만, 1678-1865년 약 200년 동안 연평균 물가상승률은 1.13%로서 안정적이었다.

〈표 5〉는 1678-1865년 조선 물가와 인구의 변동률을 나타낸다. 시기별 구분은 미가로 표시된 물가의 추세 변화를 기준으로 하였다.

〈표 5〉 1678-1865년 조선 후기 물가와 인구의 연평균 변화율(단위: %)

연도	물가	인구
1678-1710	4.91	-0.3
1711-1750	-1.00	0.5
1751-1790	1.19	-0.1
1791-1820	-0.46	0.18
1821-1865	1.93	-0.05
전 기간	1.13	0.06

* 미가자료는 한국의 장기통계자료(낙성대연구소, 2021; http://www.naksung.re.kr)와 이영훈·박이택(2004) 참조. 인구자료는 권태환·신용하(1977) 참조. 저자 작성.

상평통보가 도입되는 초기(1678-1710년)에는 물가상승률이 4.91%로 높게 나타났지만, 그 이후 1711-1750년 -1%, 1751-1790년 1.19%, 1791-1820년 -0.46%, 1821-1865년 1.93%로 물가는 안정적이었으며, 순환적으로 등락을 보이고 있다. 인구는 대체적으로 안정적이었으며, 순환적 변동 추세를 보이고 있다. 중요한 사실은 인구의 변화추세가 미가와 반대 방향으로 움직이고 있다는 것이다. 한편, 미황(米荒)과 전황(錢荒)은 서로 상이한 원인에 의해 일어나기 때문에 미가와 물가의 변동률은 서로 다르게 나타날 수 있다. 미황은 미곡의 생산부족으로 인해 실질소비가 감소하며, 단기적으로 미가를 상승시킨다. 이 경우 미가변동은 비화폐적 요인에 의해 결정된다. 전황은 소비액 대비 화폐공급 부족으로 미가가 하락하는 디플레이션 현상이 나타나며, 미황에 의한 미가변동과 괴리를 보일 수 있다.

조선 전황 시기 물가의 조정속도를 추정하기 위해서 현재와 과거 물가의 관계를 전통적 통계기법(Generalized Least Squares)을 이용해서 추정해 보았다. 물가 조정속도는 0과 1 사이의 값을 가지며, 1에 가까울수록 물가가 완전하게 조정된다는 것이다. 조선 후기 전체 물가 조정속도는 0.27으로서 통계적으로 유의적이었으나, 1보다 상당히 낮아서 물가 변동이 크지 않고 안정적이었다. 시기별로 초기 전황 시기인 1678-1750년의 물가 조정속도는 0.06이었으며 이는 조선 후기 전체에 비해 1/4 정도 느렸다.

〈그림 4〉는 1678-1798년 동전가치 안정화 정책으로 시행된 정부의 공적가격과 실제 시장가격을 비교하고 있다. 그림에서 공적 가격은 굵은 선, 시장가격은 실선으로 나타나 있다.

초기 화폐경제에서 정부의 동전가치 안정화 정책으로 인해 공적가격뿐 아니라 시장가격도 안정적으로 낮게 유지되었다. 하지만 두 가격의 상관관계는 그리 크지 않으며, 동전의 유통확대정책이 끝나는 1798년 이후 시장

<그림 4> 1678-1798년 미곡의 시장가격과 공적 가격 비교(단위: 냥)

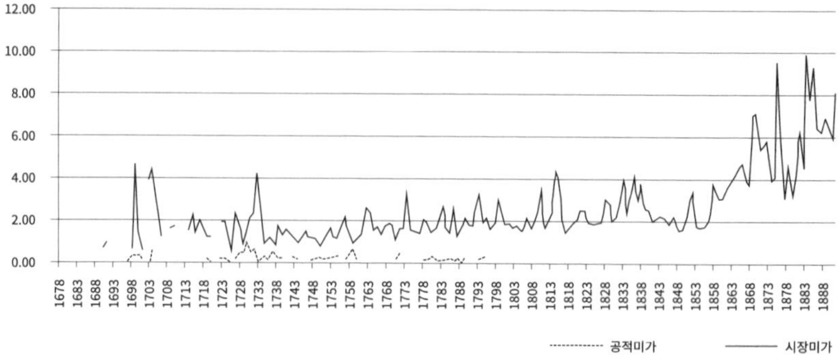

* 자료: 『朝鮮王朝實錄』, 『備邊司謄錄』, 『承政院日記』, 한국의 장기통계자료(낙성대연구소, 2021; http://www.naksung.re.kr) 참조. 저자 작성.

가격은 급격하게 상승하였다. 이는 19세기 전황이 사라지면서, 디플레이션보다는 인플레이션이 나타났음을 보여 주고 있다.

전황 시기 물가는 정부의 동전안정화 정책과 전쟁과 질병, 기후조건 등 천재지변에 의해 영향을 받을 수 있다. 『조선왕조실록』에 나타난 천재지변은 1697년 대기근, 1699년 질병 창궐, 1707년 홍역 유행, 1708년 홍역과 천연두 창궐, 1718년 전염병의 전국적인 유행, 1731년 대흉년, 1741년 대흉년, 1742년 전염병 창궐, 1756년 대흉년, 1770년 전염병, 1810년 대흉년, 1811-1812년 홍경래의 난 등이다. 전황 시기 천재지변이 물가에 미치는 효과를 분석해 보았는데, 천재지변도 시장가격에 영향을 못 미치는 것으로 나타났다.

◦ 제5부 ◦

식민지 화폐개혁과 인플레이션, 경제궁핍

⁂

19세기 조선의 시장발전은 느렸지만, 보부상, 객주와 여객 등 유통과 매매를 목적으로 하는 상인들이 출현하면서 지역 교통요충지를 거점으로 시장도 유기적으로 통합되었다. 화폐가 도입되면서 시장경제가 발달하고 이윤과 자본의 개념이 확산되었다. 농업생산에서 고정요소로 생각했던 토지와 노비를 매매할 수 있는 자산으로 인식하면서, 토지와 노비의 보유 편익과 비용을 비교하기 시작했다. 토지 매매로 양반 지주가 토지를 잃고 소작인이 되거나, 평민이 토지를 집중적으로 매입하여 지주가 되기도 하였다. 노비는 태업하거나 도망하는 경우가 많았으며, 노비의 감시비용은 늘었고 생산성은 떨어졌다. 노비 주인은 생산성이 떨어지는 노비를 고공으로 대체하였다.

조선 화폐사 연구는 동전 유통 확대정책과 동전주전에 대한 『조선왕조실록』의 논쟁을 중점적으로 연구했다. 하지만, 1866년 당백전이 발행되었다가 물가 폭등으로 6개월 뒤 다시 철폐된 이후 더 이상 상평통보(엽전)에 대한 기록을 찾아볼 수 없다. 1876년 강화도 조약으로 개항이 되고 외국무역이 활발해지면서 청전, 일본 엔화, 청나라 마제은, 멕시코 은화 등 무역결제수단으로서 외국화폐가 범람하였다. 그러나 조선 백성들은 외국화폐의 가치를 정확하게 알 수 없었으며 유통된 화폐는 무질서하고 혼란스러웠다. 일본은 조선에서 화폐제도의 근대화를 명목으로 몇 차례 식민지 화폐개혁을 주도하였다. 특히, 1883년 당오전, 1894년 백동화를 남발해서 시장에서 조선화폐의 가치가 폭락하였고, 물가는 폭등하였다.

19세기 말 조선의 개항 이후 외국화폐의 범람뿐 아니라 당오전과 백동화의 남발로 조선화폐에 대한 신뢰가 무너지고 일본에서 백동화를 몰래 위조해서 조선으로 들여왔다. 조선의 화폐시장은 혼란했지만, 근대조선에서 유통된 화폐량에 대한 기록을 찾을 수 없다. 근대조선 화폐의 밀주와 사주 등으로 불법적으로 주전된 화폐가 유통되었고 국제 동의 가격이 올라가면서 상평통보를 용해해서 동으로 수출하여 유통 화폐량이 감소한 기록도 있다. 화폐를 보유했던 백성과 관리들은 자기 동전의 가치도 정확하게 알지 못했다.* 개항 이후 근대조선의 화폐량을 정확하게 추정할 수 있는 자료가 부족하고, 그에 따라 19세기 말 화폐제도의 변화와 그로 인한 물가, 교역조건과 무역의 변화에 대한 연구도 거의 없다.**

일본이 주도한 식민지 화폐개혁으로 1883년 당오전 남발, 1894년 신식화폐발행장정의 공표를 통한 백동화 남발은 결과적으로 식민지 화폐 남발과 인플레이션, 식민지 조선화폐의 가치하락을 가져왔다. 인플레이션으로 근대조선 백성의 삶은 어려웠으며, 조선정부의 조세수입도 감소했다. 조선 화폐가치의 하락과 환율하락은 불평등한 교역조건과 무역 수탈을 가져왔다. 가장 극적인 식민지 화폐개혁은 1904년 화폐정리사업이었다. 이 사업은 가치가 떨어진 식민지 화폐를 1/2의 가치로 환수하고, 대신 일본 제일은행이 발행하는 불환지폐인 제일은행권을 발행하여 법정화폐로 유통시켰다. 백동화를 가지고 있던 대다수 백성들은 갑작스러운 화폐정리사업으로 자신의 명목화폐 가치가 감소하는 손해를 입었으며, 백동화를 매개로 장사하던 조선상인도 막대한 손해를 보았다. 화폐정리사업으로 전통 금융제도인 외획과 한전어음 유통이 금지되면서 식민지 금융위기를 불러왔다.

---

* 오두환(1991), 강덕상(1962, 1967), 김준보(1972), 김재순(1991).

** 이석륜(1994), 장기돈(1997), 강덕상(1965), 김준보(1976), 오두환(1979), 村上勝彦(1973), 小林英夫(1979), 高嶋雅明(1978), 波形昭一(1985), 羽鳥敬彦(1986) 참조.

제10장 | 식민지 화폐개혁과 인플레이션, 환율

이 장에서는 근대조선 시기인 1865-1910년 일본이 주도적으로 추진했던 식민지 화폐개혁으로 화폐 남발과 인플레이션, 일본화폐의 유통량을 살펴본다. 하지만 1876년 개항 이후 근대조선에서 유통된 화폐량 자료를 구할 수 없어서 이 시기 국내외 사료에서 단편적인 화폐량 자료를 모아서 직접 근대조선의 화폐량을 측정했다. 이렇게 측정된 식민지 화폐량을 사용해서 일본의 대조선 식민지 수탈과 경제궁핍화 과정을 설명하고자 한다. 개항 이후 일본주도 화폐개혁은 근대조선의 화폐제도를 근대화시킨다는 명목이었지만, 실제로는 식민지 조선의 경제를 화폐적으로 지배하는 수단이었다.

1865-1910년은 근대조선이 일본의 식민지가 되는 시기이며, 일본 주도 화폐개혁은 조선이 정치적, 군사적으로 식민화가 되기 전에 이미 화폐적으로 식민화되는 과정을 잘 설명하고 있다. 일본화폐의 유통이 합법화되면서 조선에서 일본화폐의 유통비중이 30%를 넘어섰고, 시장과 경제를 화폐적으로 지배하기 시작했다. 일본화폐는 세관과 조세 화폐로 사용되었으며, 중요한 대외 무역결제수단이기도 했다. 이 장에서는 조선의 식민화 과정에서 화폐개혁의 역할과 그로 인한 식민지 경제궁핍화 과정을 자세하게 설명한다.

1. 식민지 화폐개혁과 인플레이션

식민지 화폐개혁은 식민지 화폐의 단위를 변경시키거나, 새로운 화폐를 발행하거나, 또는 옛날 화폐를 환수하는 화폐정책을 말한다. 1876년 강화도 조약으로 개항한 이후 1910년 사이 식민지 화폐개혁은 모두 일곱 차례로서 짧은 기간에 빈번하게 이루어졌다. 일본이 주도적으로 개입한 세 차례 화폐개혁은 1891년 신식화폐조례, 1894년 신식화폐발행장정, 1904년 화폐조례칙령, 즉 화폐정리사업이다. 1894년과 1904년의 화폐개혁은 각각 일본이 청나라, 러시아와 전쟁을 수행했던 시기였다. 일본주도 식민지 화폐개혁은 일본 불환지폐의 유통을 확대해서 청일·러일 전쟁 경비를 조선에서 조달하는 불순한 목적과 밀접하게 관련되어 있다. 여기에서는 식민지 화폐개혁을 1865년부터 1910년까지 연도순으로 간략하게 정리해 보았다.

1751년 이후 일본으로부터 은의 유입이 거의 단절되면서 고액권인 은화가 시장에서 사라졌다. 은화를 대체하는 화폐로서 고액권 발행이 필요했다. 고액권 발행에 대한 논의 가운데 상평통보 가치의 10배가 되는 당십전(當十錢)을 주조하자는 견해가 가장 많았다. 그러나 대원군에 의해 1866년 당백전 주조 이전까지 고액권은 발행되지 않았다. 대원군은 집권 초기 함경도 감영에 개설되었던 동전 주조사업을 중단시키는 동시에 동전 원료인 동을 채굴하던 갑산동광을 폐쇄하였다. 대원군은 중앙집권적 지배체제를 재정비하고 경복궁을 재건축하는 데 소요되는 거액의 재정수요를 충당하기 위해 악화인 당백전을 주조하였다. 1866년(고종 3) 11월부터 6개월 동안 1,600만 냥을 주조하였다. 당백전은 이전에 사용되던 상평통보에 비해 소재가치는 5-6배이지만, 액면 가치는 100배가 되는 고액전이었다. 당백전의 발행으로 거액을 일시적으로 왕실재정에 충당할 수 있었지만, 당백전은 실질가치가 액면 가치에 훨씬 못 미치는 악화(惡貨)였다. 일반 상거래에 사용되기에는 너무 단위가 큰 고액전이어서 시장거래에서 유통되지도 못했다. 당백전은 발행된 지 반년 만에 급격한 인플레이션을 불러왔으며, 백성들의 원성이 높아졌다. 이에 당백전의 주조가 중단되고, 1867년 10월 유통조차 금지되었다.

1867년 당백전의 주전이 갑작스럽게 금지되면서 조선 경제에 화폐유동성이 급격하게 부족해졌다. 국내 화폐유동성을 높이기 위해서 일시적으로 상평통보의 재질에 비해 악화인 중국 동전 3-4백만 냥을 수입해서 유통시켰다. 청전의 수입으로 국내 시장에서 화폐의 신뢰성에 대해 큰 혼란이 발생했다. 청전은 상평통보와 액면 가치는 같았지만, 소재가치는 크게 떨어지는 것이었다.

조선은 국제무역에 관심이 없었지만, 1876년 강화도 한일수호조약으로 외국과 무역을 허용하였다. 국내 화폐시장이 혼란에 빠진 상황에서 1876년 개항으로 무역결제통화로서 일본 은화를 비롯한 중국 마제은(馬蹄銀), 멕시코 은화, 러시아 루블 은화 등 여러 종류의 외국 화폐가 유입되었다. 외국화폐의 유통으로 인한 문제는 상평통보와 외국화폐의 상대적 가치, 즉 상평통보의 환율(한전비가)을 일정하게 정하지 못해서 환율도 급변했다. 조선화폐의 남발과 외국 화폐가치에 대한 혼란으로 인해 물가 급등과 사회불안 등 많은 사회적 문제가 나타났다. 화폐 혼란을 해결하기 위해 통일된 근대적 화폐체제가 필요했다. 일본은 조선의 화폐제도 근대화를 명분으로 시장지배력을 높이기 위해 식민지 화폐개혁을 주도했다.

근대 화폐제도와 은 본위제 도입

1882년 조선은 근대 화폐제도를 수용하기 위해 은 본위제도를 도입하여 대동삼전(大東三錢)·대동이전(大東二錢)·대동일전(大東一錢) 등을 발행했다.

이전 조선에서 사용되던 은화는 중국과 일본으로부터 유입된 것으로서 전근대적인 칭량수단이었지만, 새로운 은화는 은 본위제도에서 국왕의 화폐로서 법정은화로 주조되었다.

화폐조례 육조

1883년 화폐조례 육조가 시행되었으며, 근대적 화폐제도로서 전환국을 설치하여 당오전을 발행하였다. 화폐량 부족을 메우기 위해 금, 은과 이전에 사용했던 지폐와 동전의 사용을 동시에 허용하였다. 하지만 화폐조례 육조에서 당오전, 상평통보 등 한전의 가치와 금과 은에 대한 공식적인 환율(한전비가)에 대한 규칙이 없어서 한전비가는 시장에서 결정되었고 변동이 심했다. 당오전은 조선의 재정건전화에 대한 근본적인 대책 없이 일시적으로 주전 차익을 통해 재정을 충당하고 화폐부족을 타개할 목적으로 발행되었기 때문에 남발되었으며, 물가는 폭등하였다. 당오전은 수도권과 평양에서만 유통되고, 전라도와 경상도 지역은 상평통보만 사용하는 화폐유통의 이중구조가 형성되었다. 화폐유통의 이중구조는 조선의 시장거래와 경제발전을 제한하는 역할을 하였다. 당오전의 소재가치는 2-3전에 불과하지만 명목가치는 5전으로 재질이 조잡하여 악화를 남발하였다. 상평통보인 양질의 한전은 당오전에 의해 구축되어서 국제 동 가격이 상승하는 경우 동으로 용해된 후 일본에 수출되었다. 또한 조선정부는 일정한 상납금을 받고 당오전 주전특허를 민간에게 불하하였다. 민간이 사적으로 사주하거나 몇몇 개인이 비밀리에 위조하면서 당오전은 품질이 더욱 악화되었다. 당오전의 남발로 1891년 당오전은 시장거래에서 5전이 아니라 2-3전으로 유통되었다. 당오전이 시장에서 유통되는 가치가 소재 가치까지 하락하면서 더 이상 당오전의 주전으로 주조이익을 얻을 수 없게 되었다. 조선정부는 1891년 모든 당오전 주조를 중지하였다. 하지만 1892년 평양에 전환국 분소를 설치하고 평안감사 민병석의 관리하에 평양전이라고 불리우는 당일전(當一錢)을 대량으로 주조하였다. 평양전은 기존 엽전과 비교할 때 중량이 3분의 1도 안 될 뿐 아니라 재질도 조악하였으며, 주조차익은 16%로 높은 편이었다.

신식화폐조례

1891년 조선은 일본주도 화폐개혁으로서 신식화폐조례를 공표하고 일본 화폐제도를 따라서 은 본위제도를 실시하였다. 은화 1냥(표준통화), 은화 5냥(국제무역통화), 보조통화인 백동화(2전5푼), 적동화(5푼), 황동화(1푼)로 구분하여 발행하였으며, 동전의 사주와 훼손을 법으로 금지하였다. 동전의 계산단위로서 십진법을 사용하였으며, 10푼(문)=1전, 10전=1냥이었다. 실제 백동화의 발행은 1892년부터 시행되었다. 5냥 은화는 일본화 1엔(원), 1냥 은화는 일본화 20센(전), 백동화는 일본화 5센(전), 적동화는 일본화 1센, 황동화는 구 엽전 1개와 등가로 사용하였다. 당오전 가치가 하락하면서 당오전을 평양전과 같이 일문전으로 통일시켜서 1/5로 평가 절하하였다. 신식화폐조례로 인해 당오전의 가치는 1/5로 떨어지고, 화폐 신뢰도는 하락하였다. 당오전을 보유한 조선상인은 막대한 손실을 보았다.

1891년의 신식화폐조례는 일본 주도로 조선에서 일본화폐의 유통을 법적으로 허용하기 위한 것이다. 조선의 빈번한 화폐개혁은 새로운 조선화폐에 대한 백성의 신뢰를 하락시켰다. 조선정부의 공식적인 화폐 발행 이외에 불법적으로 만든 사주와 밀주 등으로 조선화폐가 남발되었다. 조선

화폐에 대한 신뢰 상실로 조선화폐의 수요는 급감하고 화폐남발로 물가가 급등하는 초 인플레이션 현상이 나타났다. 일본은 주도적으로 화폐개혁에 개입하여 조선화폐의 가치를 떨어뜨리고, 대신 일본화폐의 유통을 확대하였다. 일본화폐의 사용이 확산되면서 조선의 경제와 유통을 지배하기 시작하였다. 빈번한 화폐개혁으로 동전가치에 대한 정보가 부족한 조선상인과 백성들은 큰 손실을 보았지만, 반대로 화폐개혁에 대한 정보를 미리 알고 있었던 일본상인은 조선화폐에 비해 가치가 올랐던 일본화폐를 사용하여 무역과 유통에서 큰 이익을 보았다. 조선화폐의 남발과 일본화폐의 유통확대는 19세기 말 조선과 일본 간 화폐 전쟁과 조선 식민화의 시작점이었다.

신식화폐발행장정

1894년 신식화폐발행장정은 신식화폐조례를 수정하여 당오전을 폐지하고 모든 당오전과 평양전을 일문전으로 통합하였으며 백동화를 대규모 발행하였다. 또한, 일본 화폐제도와 유사한 새로운 은 본위제도를 도입하여 5냥 은화를 표준통화로 변경하였으며, 일본화폐의 유통을 허용했다. 이는 일본이 금 태환이 안 되는 일본 지폐의 유통을 합법적으로 허용해서 청일전쟁의 비용을 충당할 목적이었다. 또한, 이전 일본 1엔당 표준통화인 1냥 은화를 5냥 은화로 변경하면서 조선 통화의 가치를 다시 1/5로 절하시켰다. 신식화폐발행장정은 조세의 금납화, 외국화폐 교환소 설치, 은행 설립, 전환국의 화폐제조기 설치, 신구 동전의 교환비율 지정을 비롯해 일본화폐의 법화를 세금과 결제화폐로 허용하고, 재정충당을 목적으로 외채도입을 허용하였다. 이는 일본 은화와 더불어 일본 지폐와 외국지폐의 유통, 한전어음과 증권의 유통을 허용하는 것이다.

경제적 제도개혁으로서 정부 재정기관의 통일, 조세재정의 개혁, 군국기무처 설립, 토지의 개인소유 허용, 농민 부담을 완화하기 위한 공물제도의 혁파, 상업 진흥정책으로서 육시전의 혁파, 보부상의 혁파 등 과감한 상업정책도 시도되었다. 이러한 식민지 상업정책으로 기존 조선상인의 상권이 무너지면서 오히려 일본상인들은 조선 시장에 침투가 용이하였다. 또한 신식화폐발행장정은 화폐위조에 대한 처벌규정을 제거하여 대규모 위조화가 나타났으며, 조선정부는 은화보다 주전차익이 큰 백동화를 남발하였다. 일본은 조선의 해관세를 담보로 일본 상업은행인 제일은행을 통해 식민지 화폐개혁에 필요한 자금(멕시코 은화 24,000달러)을 대여하였다. 1898년 이후 일본인들에 의해 대규모 백동화가 몰래 위조되고, 밀수되는 사례가 급증하였다.

화폐조례칙령 1호

1901년 일본 주도로 화폐조례칙령 1호를 공포하였다. 그 내용은 조선의 금 본위제도 실시, 중앙은행제도의 도입, 일본 제일은행의 중앙은행화였다. 화폐조례칙령은 명목적으로 금 본위제도와 중앙은행의 도입이라는 화폐개혁을 담고 있었지만, 그 목적은 일본 제일은행을 중앙은행으로 전환하려는 식민지 개혁이었다. 일본 제일은행은 은행 태환권을 발행하여 유통시켰으며, 화폐 단위를 기존 한전의 단위인 푼, 전, 냥에서 원 단위로 통일시켜 변경하였다. 또한 화폐조례칙령은 일본의 금 본위제도 실시로 인해 부족한 금을 조선으로부터 대규모로 반출시키는 목적을 가지고 있었다. 조선도 1897년 대한제국을 선포하면서 금 본위제도를 실시하였으나, 본위화폐인 금화의 발행은 없고 주조차익이 큰 백동화만 발행하였다. 같은 시기 전환국 전체 주조액 가운데 88.3%가 백동화였다. 조선에서 화폐남발과 인플레이션으로 정부의 재정수입은 감소했고, 백성의 삶은 피폐해졌다. 조선은 여러 차례 유럽과 미국으로부터 차관을 도입하여 재정 부족을 타개하려고 했지만 일본의 방해로 실패하였다. 일본상인들도 조선에서 장사를 하면서 얻은 백동화의 가치하락으로 인해 피해가 극심해지면서 백동화의 주전과 유통을 금지시켜 줄 것을 요청하였다. 이에 따라 백동화 원료인 니켈의 수입 금지, 백동화의 대체 화폐 요구, 조세화폐로서 백동화 사용 금지를 요구하였다.

화폐정리사업

1904년 화폐정리사업은 악화인 백동화와 한전을 환수하고 새로운 화폐인 일본 제일은행권을 법정화폐로 지정하였다. 이를 위해 일본은 자국의 제일은행을 조선의 중앙은행으로 격상하였고, 제일은행권의 법정통화 인정, 조선의 전통 금융제도인 외획 폐지와 한전어음의 유통 금지, 전환국 폐지를 비롯하여 일본화폐를 본위화폐, 조선화폐를 보조화폐로 하는 화폐개혁을 진행하였다. 이 사업의 가장 중요한 내용은 불태환 지폐인 제일은행권의 법정화폐 지정과 조선의 화폐발행권 박탈이었다. 1892-1904년 백동화의 남발과 인플레이션은 식민지 조선의 경제에 심각한 영향을 미쳤는데, 먼저 소농민과 노동자의 실질 자산 가치를 감소시켜 이들의 경제궁핍화가 심화되었다. 악화인 백동화를 조세로 수취하면서 조선정부의 실질적인 세수가 감소하였고 재정악화를 막기 위해 조세를 반복적으로 인상하였으며 백성은 더욱 궁핍해졌다. 객주와 상인은 백동화를 기반으로 어음을 발행하고 교환하는 과정에서 백동화의 가치하락으로 커다란 손실이 발생하였다. 백동화 비가의 하락으로 일본화폐를 사용해 미곡을 수집하여 일본으로 수출하는 일본상인들만 많은 무역차익을 얻었다. 또한 지방세금인 공전의 활용으로 지주, 지방관, 일본상인의 담합으로 추수기에 싸게 미곡을 구입하여 일본으로 수출하였다. 일본의 무역수탈이 증가하였으며, 근대조선의 화폐적 식민화가 진행되었다.

이 장에서는 19세기 말 근대조선에서 발행된 상평통보, 당백전, 당오전, 평양전, 백동화 등 한전 주전량을 추정해 보고, 금·은·동의 국제적인 시세변동에 따라 조선의 금 유출량, 일본화폐 유입량, 한전 용해 이후 동으로 수출된 것을 다시 추정하였다. 한전 주전량과 일본화폐 유통량은 조선의 총 화폐량에서 더하였고, 금 수출과 용해된 엽전 수출량은 총 화폐량에서 빼 주었다. 근대조선의 화폐량 자료는 『통상휘찬』과 일본 대장성 자료를 참조하였다. 총 화폐량의 추정에서 한전(엽전과 백동화)어음, 동전의 자연 마모와 손실률(15%), 일본 구 은화의 환수를 고려하지 않았기 때문에 추정 화폐량과 실제 화폐량에는 약간의 차이가 발생할 수 있다.

근대조선의 화폐량

『조선왕조실록』에서 상평통보는 처음 주전되는 1678년부터 당백전이 발행되는 직전인 1865년까지 누적화폐량이 11,256,000냥이었다. 1866년 재정충당을 목적으로 당백전 1,600만 냥을 주전하였으나, 물가가 급등하면서 1867년 철폐되었다. 그 이후 상평통보의 주전량에 대한 공식 자료는 없지만 기록에 의하면 상평통보는 1874년 1,000만 냥, 근대적인 은 본위제도가 도입되는 1891년에 2,000만 냥이 주전된 것으로 추정된다. 따라서 1874-1891년 사이에 상평통보는 1,000만 냥이 증가하였으며 같은 기간 동안 매년 667,000냥씩 증가한 것으로 추정하였다. 1883년에 근대적 화폐제도에 따라 전환국에서 당오전을 발행했고 1890년에 평양전을 주전했지만, 두 동전의 정확한 주전기록이 없다. 하지만 1891년 당오전의 유통액이 7,700만 냥으로 추정된다는 기록이 있어서 당오전이 발행되는 1883년부터 1891년까지 매년 평균 960만 냥씩 증가한 것으로 추정하였다.

1894년 일본 주도 화폐개혁인 신식화폐발행장정으로 백동화를 대량으로 남발하여 주전하였으며, 백동화는 당오전보다 재질이 조악하였다. 신식화폐발행장정은 근대적 은 본위제도를 내용으로 하고 있지만, 본위화폐인 5냥, 1냥 은화를 발행하지 않고 주조차익이 큰 백동화만 발행하였다. 백동화는 액면 가치(2전 5푼)가 소재가치보다 커서 주조차익을 발생시키면서 조선의 재정충당을 위해 대량으로 주조되어 시장에서 지배적인 화폐가 되었다. 이 시기 백동화는 관에서 만드는 공식화폐로서 관주, 특별한 목적을 가진 특주, 가짜 몰래 만들어서 유통된 사주가 성행하였다. 일본으로부터 사주의 밀수입도 증가하여 그 종류는 관주만 16종, 사주도 560종이나 유통되었다. 악화인 백동화의 남발로 그레샴의 법칙이 작용하여 은화와 재질이 양호한 상평통보는 사라졌다.

상평통보(엽전)와 신식화폐인 백동화의 이중화폐구조가 성립되고 사용되는 지역도 서로 달랐다. 시장거래에서 무역과 결제 등 용도가 다양하고 가치가 안정적인 일본화폐에 대한 선호가 증가하면서 원래 일본 거주자의 교환수단으로 사용하던 일본화폐가 조선의 법정화폐로서 유통되었다. 1896-1898년 조세수입에서 가치가 떨어진 백동화로 인해 조선재정은 궁핍해졌으며, 재정악화로 외국인 탁지부 대신이 사퇴하였으나 조선관리들은 자의적으로 백동화를 남발하였다. 이때 국제 동 가격이 상승하였고 한전비가의 하락으로 일본상인은 상평통보 등 한전을 구입하여 용해한 후 다시 동으로 수출하여 많은 이익을 얻었다. 한전의 수출로 조선에서 한전 유통량이 급격하게 줄어들었다. 대신 백동화의 유통량이 급증하였으나 그 가치는 급락하여, 우체국과 은행에서 백동화의 수취를 거절하였다. 1904년 시장에서 백동화 유통량 가운데, 관주는 대략 1,000만 원, 사주, 밀주화가 600만원에 달할 정도로 일본상인에 의한 백동화 사주와 밀주가 성행하였다.

1892-1904년 일본 주도로 조선에서 신식화폐조례와 신식화폐발행장정 등 화폐개혁으로 발행된 은화와 백동화, 적동화, 황동화의 주전기록은 거의 정확하게 남아 있다. 1892년에 주전된 은화와 백동화, 적동화, 황동화의 총 화폐량은 234,744원이 발행되었으며, 1898년 633,087원이 발행된 이후 급격하게 발행량이 늘어서 1899년에 2배인 1,378,830원이 발행되었고, 1901년 3,083,573원, 1904년 3,462,635원이 발행되었다. 또한 1892-1904년 사주나 밀주로 만들어진 백동화는 600만 원에 달하는 것으로 추정된다.[1] 1892-1904년 전환국 주조액 18,025,397원 가운데 백동화 주전량은 16,743,522원으로 백동화의 비중은 전체 화폐량의 88.3%였다.

〈표 1〉은 1892-1904년 일본 주도로 진행된 화폐개혁인 신식화폐조례로 조선에서 발행된 은화와 보조통화인 백동화, 적동화, 황동화의 화폐량이다.

---

1 오두환(1991), 196-197쪽.

〈표 1〉 1892-1904년 조선의 은화와 백동화(관주) 발행량 추정(단위: 원, 10냥=1관=2원)

연도	5냥 은화	반환 은화	1냥 은화	백동화	백동 가화	적동화	황동화	총 화폐량 (원)	총 화폐량 (천 냥)	사(밀)주 (천 냥)
1892	19923		70402	51853		91678	888	234744	1173.7	연 600(추정)
1893										600
1894						35609		35609	178.0	600
1895				160869		176479	4212	341560	1707.8	600
1896				34642		284354		318996	1595.0	600
1897				17332		28409		45741	228.7	600
1898			35788	348994		248305		633087	3165.4	600
1899			62991	1281637		34202		1378830	6894.2	600
1900				2030463				2030463	10152.3	600
1901		209744		2873829				3083573	15417.9	600
1902		705593		2885903	87297	14752		3693545	18467.7	600
1903				3610189	34115	57639		3701943	18509.7	
1904				3447885	4547	10203		3462635	17313.2	
계	9923	915337	169182	16743522	125960	981632	5101	18025397		6000

* 자료: 『통상휘찬』, 일본 대장성 자료 참조. 저자 작성. 백동화는 관주 발행만 고려함.
** 1892년 백동화 발행 이후 화폐단위 1원=5냥의 공식비가를 적용하여 환산함.

1897년 조선은 러시아의 도움으로 대한제국을 선포하였으며, 광무개혁을 실시하였다. 하지만 자주적인 개혁을 추진하기에는 정부재정이 궁핍하여 해관세를 담보로 1895년 13만 엔, 1896년 50-60만 엔의 차관을 도입하였다. 1897년 일본은 은 본위제를 금 본위제로 개편하고, 구 일본은화(각인은화)를 환수하였으며 그로 인해 조선에서 구 일본은화가 감소하였다. 화폐량이 부족했던 조선은 일본 구 은화의 불하를 통해 계속 유통할 것을 요구하였고, 구 은화를 매입하기 위한 차관을 도입하려고 했으나 일본이 거절하였다. 구 일본은화(각인은화)는 일본에서 화폐로 인정이 안 되었고, 일본이 조선 제일은행을 통해 발행하는 제일은행권도 금 태환이 안 되는 반쪽짜리 식민지 지폐였다. 광무개혁이 시행되는 1897-1899년에 차관을 미끼로 일본은 조선에서 광산, 철도, 산림권을 쟁탈하였고, 경부선과 경의선의 부설, 금광의 채굴권을 획득하였다. 조선의 대일 무역의존도는 80-90%에 달할 정도로 심화되었다. 조선의 대일 무역수지 적자는 무역결제자금으로서 조선의 금 유출로 나타났다. 조선정부는 여러 차례 유럽과 미국으로부터 차관을 도입하여 재정악화와 금 유출을 억제하려고 했지만 일본의 방해로 계속 실패하였다. 일본상인들도 조선에서 백동화의 가치하락으로 인해 피해가 극심해지면서 백동화의 주전과 유통을 금지시켜 줄 것을 요청하였다. 이에 따라 백동화 원료인 니켈의 수입 금지, 백동화의 대체 화폐 요구, 조세의 금납에서 백동화 수취 금지, 은화의 사용 장려를 요구하였다.

1904년 화폐정리사업으로 인해 백동화가 환수되면서 근대조선의 화폐량은 이전에 비해 60% 수준으로 감소하였다. 화폐개혁으로 일본 제일은행이 조선의 중앙은행이 되면서 조선은 자주적 화폐발행권과 화폐정책의 통제권이 박탈되었다. 조선의 전통 금융제도인 외획과 한전어음의 사용이 폐지되면서 국내 신용시장은 얼어붙었으며, 일본의 식민지 금융지배가 본격적으로 시작되었다. 1904년 러일전쟁으로 일본은 러일전쟁의 비용 마련을 위해 군용어음과 제일은행권을 대량 발행하였다.[2]

1905년 '화폐조례칙령' 2호, 3호, 4호가 발표되고 본격적으로 백동화와

2 강덕상(1965).

한전을 환수하기 시작하였다. 백동화와 한전은 교환, 납세, 매수, 수출의 방식을 통해 환수하였다. 특히, 백동화의 경우 관주, 밀주, 사주가 너무 많아서 백동화 환수에서 갑·을·병 3종의 품질로 구분하였다. 갑종인 경우는 액면 가치 그대로 2전 5푼의 가치를 정했고, 을종은 1전으로 교환 가치를 정했지만 병종인 경우는 재질이 조악해서 환수하지 않았다.[3] 백동화의 환수는 1905년 4월 4일 발표하고 7월 1일부터 본격 시행하였다. 백동화의 교환기간은 만 1년으로 정하고, 이후 6개월 동안은 구 백동화의 납세를 허용하였다. 또한 구 백동화나 상평통보 이외의 구 은화 및 구 동화는 1905년 1월 칙령으로 환수하기 시작했는데, 구 화폐는 새로운 화폐의 1/2(구화 2원=신화 1환) 비율로 환수되었다. 이는 한전의 환수과정에서 이미 기존 화폐량의 1/2 수준으로 실질 소득의 손실이 발생했다는 것을 의미한다.

실제 구 동전의 환수는 1908년 2월까지 교환하였으며 1909년 12월까지 납세화폐로서 사용을 허락하였다. 백동화는 경성, 평양, 인천 등 상업이 발달한 지역의 순서대로 환수되었으나, 상평통보의 환수는 매우 느렸다. 이는 상평통보의 양호한 재질에 대한 신뢰감이 존재했기 때문이었다. 1905년 기준 2,300만 원의 백동화 유통량 가운데 1,900만 원이 회수되었고, 약 400만 원 정도가 교환되지 못하고 폐기되었다. 조선상인들은 금융 공황과 자산 손실에 대해 조선정부에 구제 금융을 요청하였으며, 이를 위해 조선정부는 내탕금 300만 원을 제일은행에서 차입하려고 했다. 하지만, 일본의 반대로 무산되고 왕실의 내탕금 30만 원으로 구제금융을 하였다.

---

3 조경달 지음/최덕수 옮김(2015).

1904-1910년 구 통화 2원=신 통화 1환으로 구 통화의 가치를 1/2로 절하시켰다. 이 시기 유통된 화폐 종류는 본위통화로서 일본이 발행한 제일은행권, 신 통화, 일본화폐, 그리고 환수되지 못한 구 백동화와 구 엽전 등이었다. 당시 조선에서 유통된 화폐량은 화폐정리사업 이전에 비해 60% 수준인 2,000만 원-2,500만 원 수준이었다. 1905년 이후 새로운 일본이 발행한 제일은행권은 발행 초기인 1904년에 조선 총 화폐량의 14.9%(3,371,817환)이었으나 그 이후 발행량이 점차 증가하여 1909년에는 55%(13,439,700환)까지 이르렀다. 1904년 화폐정리사업 이후 새롭게 발행된 제일은행권은 10엔, 5엔, 1엔 등 고액권 지폐 위주로 발행되었으며, 소액권인 50전, 20전, 10전의 경우 발행 액수가 많지 않았다. 신 동전은 은화 비중이 가장 크며 전체 발행액 가운데 50.1-67.8%에 달했다. 은화 다음으로는 신 백동화, 금화, 그리고 청동화 순서였다. 신 동전은 은화의 경우 반환(50전), 20전, 10전의 세 종류이며, 신 백동화는 5전, 신동전은 1전, 반전 등으로 주조하였다.

〈표 2〉는 1866-1910년 금의 이동, 상평통보, 당오전과 백동화 등 모든 유통된 화폐량을 합해서 근대조선의 화폐량을 추정한 것이다. 근대조선에서 한전과 상평통보, 신식 화폐의 단위를 일치시키기 위해 1원당 5냥을 한전비가 기준으로 전환하였다. 근대조선의 화폐에 대한 연구가 있었지만, 일본주도 화폐개혁으로 남발된 당오전과 평양전, 백동화와 한전의 용해, 사주, 밀주에 대한 자세한 사료를 찾을 수 없다. 일본화폐를 포함한 외국화폐의 유입과 불법적인 동과 금, 은의 유출입도 이 시기 화폐량을 추정하기 어렵게 했다. 참고로 1678-1910년 조선과 근대 조선에서 주전된 총 화폐량은 부록 〈표 4〉에 나타나 있다.

〈표 2〉 1866-1910년 근대조선의 총 화폐량(단위: 천 냥, 천 원, 1원=5냥 기준)

1866-1910년 근대조선 화폐량						
연도	화폐 주조량 (천 냥)	총 화폐량 (천 냥)	연도	화폐 주조량 (천 냥)	총 화폐량 (천 냥)	총 화폐량 (천 원)
1866	당백 16000	27256	1891		102956.3	
1867	당백 철폐	11756	1892	백동화 1173.7	104933.7	20986.7
1868		11756	1893	-	105616.2	21123.2
1869		11756	1894	178	104494.2	20898.8
1870		11756	1895	1707.8	107679.5	21535.9
1871		11756	1896	1595	110212	22042.4
1872		11756	1897	228.7	111955.7	22391.1
1873		11756	1898	3165.4	113492.4	22698.5
1874		11756	1899	6894.2	118599.1	23719.8
1875		11923	1899	6894.2	118599.1	23719.8
1876		12590	1900	10152.3	131906.4	26381.3
1877		13303.9	1901	15417.9	152504.2	30500.8
1878		13953.8	1902	18467.7	174382.4	34876.5
1879		14672.1	1903	18509.7	194231	38846.2
1880		15411.1	1904	17313.2	119620.3	23924.1
1881		16563.2	1905	한전환수	119831.9	23966.4
1882		16592	1907		139172.2	27834.4
1883		17259	1908		111719.9	22344
1884		27551	1909		129975.4	25995.1
1885		38591.8	1910			
1886		49547.5				
1887		62662				
1888		72935.3				
1889		82738.5				
1890	평양전	92739.3				

* 자료: 『통상휘찬』, 일본 대장성 자료 참조. 저자 작성.

식민지 화폐개혁과 인플레이션

1866-1904년 조선의 세 차례 일본주도 화폐개혁은 조선화폐의 남발과 물가상승을 가져왔다. 특히, 1883년에는 화폐조례가 시행되면서 당오전이 남발되었고, 1894년은 신식화폐발행장정의 공표와 백동화 남발로 인해 물가가 급등하였다. 또한, 일본화폐의 유통이 본격화하면서 화폐적으로 혼돈의 시기였다. 조선은 극심한 인플레이션을 겪으면서 조선화폐의 가치(한전비가)하락과 함께 일본상인의 무역수탈이 본격화되었다. 19세기 말 근대조선의 화폐량을 사용해서 조선화폐와 인플레이션, 환율의 관계를 추정할 수 있다. 19세기 말 조선에서 일본의 주도로 이루어진 화폐개혁의 경제적 작동경로는 공통적으로 조선화폐의 남발, 일본화폐의 유통확대와 환율하락을 통해 조선의 무역과 금융을 수탈하는 것이었다. 이러한 급격한 물가상승과 환율하락은 조선인의 실질자산을 일본화폐를 가진 일본상인에게 유리하게 재분배하였다. 한전비가 하락으로 조선에서 막대한 무역과 유통이익을 얻은 일본인은 조선의 토지를 집중적으로 매입하여 토지자본화 과정을 보인다.

〈표 3〉은 근대조선의 총 화폐량과 물가의 변동률을 간략하게 비교하고 있다. 화폐량 자료는 동전의 밀주와 사주, 외국화폐량을 모두 포함하여 실질적으로 유통된 화폐량을 나타내지만, 개항 이후 정확한 화폐자료가 없기 때문에 조심스럽게 해석할 필요가 있다. 화폐량과 물가는 1870년=100을 기준으로 하며, 물가는 전라도 영암과 경상도 경주에서 매매되는 미가의 가중 평균값을 사용하였다. 전라와 경상도 지역의 미곡 생산량이 조선 전체 생산량에서 차지하는 비중이 커서 조선 전체 물가의 많은 부분을 설명할 수 있을 것으로 생각된다.

<표 3> 1865-1910년 근대조선의 물가, 화폐량과 인구 변화율(단위: %)

연도	비고	물가	화폐량	인구	1인당 화폐량	장인 임금
1865-1882	당백전 발행과 개항	1.03	9.69	0.05	9.56	-
1883-1892	당오전 발행	8.33	30.49	0.04	35.47	-
1893-1904	신식화폐발행장정과 백동화 발행	18.11	6.16	0.10	5.48	10.65
1905-1910	화폐정리사업과 한전환수	-8.26	-8.77	0.21	-7.43	10.99
전 기간		5.5	22.38	0.08	21.54	5.88

* 자료: 근대조선 화폐량은 『통상휘찬』과 일본 대장성 자료를 참조하여 저자 추정. 인구자료는 권태환·신용하(1977) 참조.

1865-1882년에는 청전과 일본화폐 등 외국화폐가 유입되면서 근대조선의 화폐량은 연평균 9.69% 증가하였으며, 1883-1892년에는 당오전과 평양전이 남발되어서 화폐량은 연평균 30.47% 급등하였다. 1891년 신식화폐조례의 시행 이후 1904년까지 백동화의 남발로 1892-1904년 화폐량은 연평균 6.16%씩 증가하였지만, 1905-1909년까지 화폐정리사업으로 조선화폐가 환수되면서 화폐량은 8.77% 하락하였다. 조선화폐는 환수되었고, 그 자리를 일본화폐가 차지하게 되었다. 1904년 화폐정리사업으로 일본은 조선의 화폐 주권을 완전히 박탈하고 조선의 화폐경제를 완전하게 종속하였다. 조선의 대일 무역적자로 조선 금이 일본으로 유출되었다. 조선에서 화폐환수와 더불어 유동성이 급격하게 감소하여 금융경색을 불러왔으며, 그로 인해 많은 조선상인들이 파산하였다.

물가는 화폐량에 비해 변동 폭이 작지만, 유사한 추세를 보이고 있어서 물가변동은 화폐적 요인에 의해 영향을 받고 있다는 것을 알 수 있다. 물가상승률은 당오전이 발행되기 전인 1865-1883년 연평균 1.03%로서 완만하게 상승하였으나, 1883년부터 급등하여 백동화가 발행되는 1892년까지 연

〈그림 1〉 1865-1910년 조선의 화폐량과 물가 추이(단위: 1870=100)

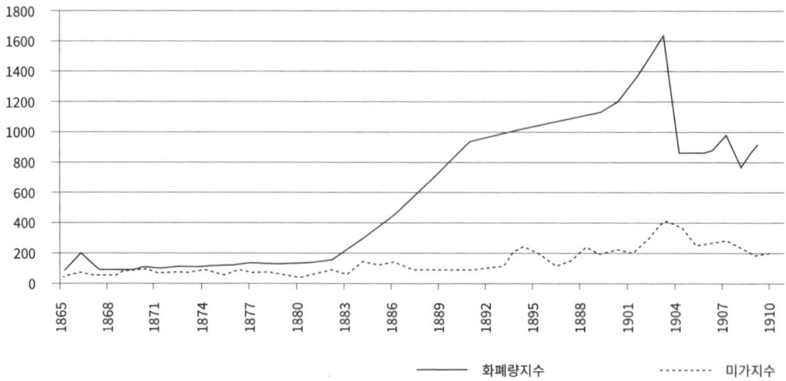

* 자료: 『통상휘찬』과 일본 대장성 자료 참조. 저자 작성.

평균 8.33%의 상승률을 보였다. 1893-1904년 물가는 연평균 18.11%로 급등하다가, 1904년 화폐정리사업 이후 -8.26% 하락하였다.

〈그림 1〉은 1865-1910년 근대조선의 화폐량과 물가를 보여 주고 있다. 19세기 말 근대조선에서 인플레이션으로 토지가격도 파생적으로 상승하였는데, 토지를 갖지 못한 대부분 소농은 토지를 박탈당하고 도시로 이주하여 임금노동을 했다. 반대로 일본상인은 무역과 유통이익을 통해 조선의 토지를 매집하였다. 특히 조선의 토지가격이 일본 토지가격의 10% 수준으로 낮았으며, 토지의 등록비와 재산세가 없어서 일본상인의 토지소유는 빠르게 증가하였다.

원래 조선에서는 외국인의 토지소유가 불가능하였으나, 점차 외국인의 토지 소유가 증가했으며, 외국인 토지에서 조선인의 소작도 증가하였다. 특히, 1905년 러일전쟁 이후 일본인의 토지소유는 본격적으로 증가하였다. 소농민에게 돈을 대부해 주고 소농민의 토지를 수탈하는 경우도 자주 발생하였다. 개항기 근대조선에서는 기본적으로 외국인의 토지소유를 법적으로 인정하지 않았기 때문에, 일본인들은 조선인의 이름을 빌려 토지를 매입하는 경우가 많았다. 이로 인하여 향후 토지와 가옥의 소유권 문제로 분쟁이 속출하였다.[4]

초기 개항지를 중심으로 외국인의 거주가 증가하면서 한성에서도 외국인의 토지소유가 점차 증가하였다. 1883년 영국과의 통상조약에서 한성개잔권이 허용되면서 한성부에서 외국인이 상업을 목적으로 토지와 가옥을 매매 또는 임대하는 것을 허용하였다. 하지만 외국인의 영업범위가 증가하면서 1885년 한성부는 외국인의 토지매매를 규제하는 정책을 실시했으며, 한성개잔권을 철회하고, 서울 용산에서 외국인 거류지를 제한하였다. 1893년에는 모든 토지와 가옥의 소유권을 국가에서 인정해 주는 가계제도를 시행하였으며, 1894년 외국인의 토지소유금지 원칙과 외국인 거류지를 설정하였다. 1898년 대한제국은 정부의 재정확충을 위한 조세재원으로서 토지와 가옥의 양전사업과 지계사업을 추진하였으며, 1898년 양전을 전담하는 독립부서로서 양지아문을 설립하여 한성부로부터 시작하여 전국적인 토지측량사업을 실시하였다. 토지측량사업의 양안에는 전답 토지뿐 아니라 가옥과 산림 등 모든 토지에 관한 내용을 측정하였다. 1899년 양지아문에서 토지조사가 진행된 이후 한성부 토지매매가 급격하게 증가하였다. 일본상인의 토지침탈이 진행되고 있는 가운데, 일본은 광무개혁의 양전사업과는 별도로 1905년 토지제도를 개편하였다. 이는 조선의 토지조사를 통해 토지의 효율적 관리를 꾀하고 근대적 국가체제로 개편한다는 명목이었으나, 사실은 토지 관리를 통한 식민지 조세수입의 증대를 목적으로 하고 있다.

---

4 外部訴狀 자료 참조. 왕현종(1991, 1992), 한국역사연구회(2010).

일본은 토지소유자에게 지권(토지소유권)을 발급하고자 했는데, 조선정부는 외국인의 토지소유를 원칙적으로 반대하였다. 일본은 1906년 토지가옥증명규칙을 공포하고 모든 토지가옥의 매매에서 관인 허가제를 도입하였으며, 외국인에게도 토지소유를 허용하였다. 토지가옥증명규칙은 토지소유권을 공식적으로 인정받는 제도로서 토지의 매매, 증여, 교환, 전당, 보존 등을 목적으로 사용되었다. 1907년 하반기부터 토지가옥에 대한 증명을 이용하는 건수는 급증하여 1910년에는 2-3배 증가하였으며, 토지소유권의 보존증명을 제외하고도 전국적으로 6만 건이 되었다.(자료: 조선통감부, 통감부 통계연보) 이 가운데 일본인의 수답(논)에 대한 규칙이용실태는 40%를 차지할 정도로 그 비중이 급증하였다.[5]

2. 일본화폐 유통과 환율

1876년 개항 이후 일본 주도 화폐개혁이 발생했으며, 조선화폐 남발과 일본화폐 유통은 조선에서 인플레이션과 한전비가를 하락시켰다. 일본화폐는 개항지와 일본인 거주지를 중심으로 유입되어 유통되었다. 그 이후 점차 일본화폐의 유통범위가 확대되었다. 1894년 일본화폐는 공식적으로 관세, 조세화폐와 무역화폐로 사용되기 시작하였다. 1894년 청일전쟁에 사용되는 전쟁비용을 조달하기 위해서 일본은 자국 화폐를 조선에서 유통시켰다. 이때 일본화폐 가운데 실질가치를 지닌 은화는 1/3이고 나머지는 모두 불태환 지폐였다. 이는 일본이 태환이 불가능한 일본지폐를 조선에서 양적으로 확대시키고 물가상승을 통해 청일전쟁의 비용을 조선 백성들이 부담하는 결과를 초래했다.

5 일본 도지부사세국(1908), 한국역사연구회(2010).

19세기 말 일본이 자국이 아닌 식민지 조선에서 일본화폐를 유통시켰고, 그 화폐효과가 조선에서 나타났다. 조선에서 유통된 일본화폐가 증가할수록 한전비가는 일본상인들에게 유리하게 점차 하락하였다. 일본은 제국주의 확대와 금 본위제도를 유지하기 위해서 국부의 원천으로서 금의 확보가 필수적이었다. 일본의 조선 금 수입액 비중은 1904년 일본 전체 금 수입액의 41%에 달했다. 일본이 조선 금을 매입하는 방법 가운데 가장 쉬운 방법은 일본화폐의 사용과 한전비가 하락이었다. 동일한 일본화폐를 사용해서 이전보다 싸게 조선 금을 매입할 수 있었기 때문이다. 또한 일본은 국가적 차원에서 금 분석소의 설치, 금광 개발 등 정책적으로 조선의 금 수탈에 총력을 기울였다. 실제 조선에서 한전비가의 하락과 별도로 조선 금을 국제시세보다 30% 이상 싸게 구입하는 가격수탈을 시도하기도 했다. 국가 자본의 본원적 축적을 위해 일본은 자국 또는 식민지에 획일적인 경제제도의 개혁을 강요하였으며, 일본 주도 식민지 화폐개혁은 국가 자본축적을 위한 필수적인 화폐침략이었다.

조선정부는 1883년 전환국을 설치해서 위조화폐를 억제하고 화폐를 효율적으로 관리하려고 하였으나, 재정부족과 동전 원료인 동 부족으로 인해 성과를 거두지 못하였다. 백성은 조선화폐에 대한 신뢰를 잃어버리고 점차 일본화폐를 선호하였다.

〈표 4〉는 1865-1910년 조선에서 유통된 화폐량 가운데 일본화폐와 그 비중을 나타내고 있다. 일본화폐는 제일은행권과 일본화폐(은화와 일본 태환지폐)를 합하여 계산하였다. 조선에서 유통된 일본화폐량 자료는 『통상휘찬』과 일본 대장성 자료에서 발췌하였으며, 류자후(1940), 강덕상(1967), 김준보(1972), 이석륜(1974), 오두환(1991)을 참조하였다.

〈표 4〉 1865-1910년 근대조선에서 유통된 일본화폐량과 일본화폐의 유통비중(단위: 천 냥, %)

연도	일본 화폐량 (천 냥)	일본 화폐량 (천 원)	일본화폐 비중(%)	연도	일본 화폐량 (천 냥)	일본 화폐량 (천 원)	일본화폐 비중(%)	비고
1867			4	1892	15000	3000	15	신식화폐조례
1868			8	1893	17500	3500	16	
1869			12	1894	20000	4000	18	신식화폐발행장정
1870			15	1895	22500	4500	19	
1871			18	1896	25000	5000	21	
1872			21	1897	27500	5500	22	
1873			24	1898	28500	5700	22	
1874			26	1899	29500	5900	23	
1875			25	1900	30500	6100	22	
1876			24	1901	31500	6300	21	
1877			23	1902	35016.7	7003.34	20	
1878			22	1903	39367.3	7873.46	20	
1879			22	1904	23359.1	4671.8	21	
1880			21	1905	47126.3	9425.3	41	화폐정리사업
1881			20	1906	50742	10148.4	44	
1882			19	1907	68821.5	13764.3	53	
1883			13	1908	54616.5	10923.3	54	
1884			10	1909	71438.5	14287.7	59	
1885			8					
1886			6					
1887	2500	500	9					
1888	5000	1000	10					
1889	7500	1500	11					
1890	10000	2000	12					
1891	12500	2500	13					

* 자료: 『通商彙纂』, 일본 대장성 자료, 류자후(1940), 강덕상(1967), 김준보(1972), 이석륜(1974), 오두환(1991) 참조. 저자 작성.

1887-1901년 일본화폐량은 추정치이며, 그 이후 화폐량은 일본 제일은행을 통한 공식 화폐량의 집계가 가능하므로 정확한 수치이다. 1887-1897년 일본 구은화의 화폐량은 대략 300-350만 원으로서 연 30만 원(150만

냥)씩 증가한 것으로 추정하였다. 1887-1901년 일본은행권은 250만 원, 일본 보조화폐는 30-39만 원으로 추정되어, 일본화폐는 연 20만 원(100만 냥)씩 증가하였다. 1902년부터 제일은행권이 발행되어 유통되었는데, 1902년 703,358원, 1903년 870,126원, 1904년 3,378,776원이었다. 일본화폐의 유통량은 1887년 500,000원이었다. 그 이후 일본화폐는 1894년 4,000,000원과 1903년 7,873,460원으로 증가하였고, 1905년 9,425,300원, 1909년 14,287,700원으로 급등하였다.

1867년 당백전이 철폐되고 화폐부족으로 청전이 수입되어 사용됨에 따라 조선에서 청전의 화폐비중은 25%까지 증가하였다. 하지만, 1874년 일본의 반대로 청전 수입이 금지되면서 일본화폐의 비중은 증가하여 1883년까지 20%에 달하였다. 1883-1891년 동안 당오전의 남발로 일본화폐의 유통은 전체 화폐량의 3-9% 수준에 머물렀다. 1894년 신식화폐발행장정으로 일본화폐의 유통이 합법적으로 허용되면서 그 비중은 15%로 증가하였다. 그 이후 악화인 백동화가 남발되면서 일본화폐의 비중은 일시적으로 감소했지만, 백동화의 신뢰성이 떨어지면서 상대적으로 일본화폐의 수요는 증가하였다. 일본화폐는 무역결제자금인 동시에 정부관리의 녹봉과 조세화폐로 사용되면서 수요가 증가하였다. 특히, 1905년 화폐정리사업 이후 조선의 백동화가 환수되면서 그 비중이 41% 이상 급등하였으며, 1909년에는 59%에 달하였다.

19세기 말 조선에서 일본화폐의 비중이 20% 이상이라는 것은 식민지 경제를 지배하는 측면에서 상당히 중요한 의미를 가진다. 일본화폐의 비중이 커지면서 일본은 식민지 시장에서 가격결정에 대한 지배력을 가지게 되었다. 일본은 일본화폐의 통제와 조절을 통해서 조선화폐 대비 한전비가를 조정하였으며, 시장가격을 통제할 수 있었다. 일본화폐의 유통확대가 조선 경제에 미치는 효과는 한전과 일본화폐의 교환비율인 한전비가의 변동을 살펴보는 것이 적절한 접근방법이다.

한전비가의 하락은 한전의 가치하락과 일본화폐의 가치상승을 나타내며, 일본상인이 동일한 양의 일본화폐를 사용해서 조선으로부터 상품을 싸게 매입하는 수단이었다. 일본상인은 조선 객주를 통해 무역 수출상품인 쌀과 대두, 금을 매집하였으며 무역이 확대되면서 일본화폐를 환전할 수 있는 외환시장도 확대되었다. 일본상인은 수입 공산품을 조선객주를 통해 지방에서 판매하고 한전으로 대금을 받은 다음 이를 금으로 바꾸거나, 한전수탁소로 가지고 가서 한전어음이나 일본화폐로 바꾸어 본국으로 송금하였다.

수입무역에만 종사하던 중국 상인은 중국화폐를 교환하는 외환교환소가 없어서 환 결제를 거의 사용하지 않은 대신, 주로 엽전을 금으로 바꾸면서 중국으로 조선 금을 유출시켰다. 일본상인은 조선의 미곡과 금을 일본으로 수출하고 일본화폐를 받아서 다시 조선에서 한전으로 바꾸었다. 한전비가가 하락할수록 같은 일본화폐로 더 많은 한전으로 바꿀 수 있었으며, 조선객주를 통해서 지방에서 쌀과 금을 매입하여 다시 일본으로 수출하고 일본화폐를 받았다. 일본상인을 통해 일본화폐를 받게 되는 객주는 다시 수입상품을 구입하였다. 결국, 일본상인은 그 거주지(조계지)가 개항지 근처에서 제한되더라도 중간객주와 무역을 통해 일본화폐의 유통이 확대되었다.

개항 이후 조선상인은 기존 객주나 보부상 제도를 통해 구축한 유통 자본을 독립적인 무역자본으로 발전시키지 못하고 무역을 주도하고 있는 일본상인에게 종속적인 하청 유통업으로 유지되었다. 특히, 교통과 물류, 체신 시설의 발달로 전국적으로 유통시장이 확대되었고 무역을 통해 축적된 자본을 일본상인들은 생산 등 산업자본으로 전환하였다. 일본 자본은 처음 무역과 유통업에서 해운업, 금광산, 수산업, 은행, 창고업 등으로 진출하여 산업영역을 확대하였다. 1865-1910년 조선의 대일 무역수지와 유통된 일본 화폐량은 서로 비슷하게 움직이고 있다는 것을 확인할 수 있다. 이는 개항 이후 조선과 일본의 무역이 증가하면서 조선시장에서 일본화폐의 비중이 급증하였다는 것을 보여준다. 흥미로운 점은 일본 주도 화폐개혁으로 일본화폐의 유통이 확대되면 외환시장에서 일본화폐의 가치는 하락하고 한전비가는 상승해야 하지만, 실제로 한전비가는 반대로 하락하였다는 점이다. 이는 일본화폐의 법정화, 조세통화로서 일본화폐에 대한 선호가 증가했기 때문이다. 이와 함께 잦은 화폐개혁으로 조선화폐의 남발과 신뢰하락은 한전가치를 더욱 하락시켰다.

〈표 5〉는 1865-1905년 일본화폐 기준 상평통보, 당오전과 백동화의 한전비가를 보여 준다. 한전비가(조선화폐의 엔화 환율)는 조선화폐 1관(10냥)당 일본화폐 2엔을 법정 기준(20할)으로 하여 시장에서 거래되는 한전과 일본화폐의 교환 비율을 말한다. 한전비가와 당오전비가는 조선 한전 10냥=2엔(20할)을 기준으로 하였으며, 백동화는 1매=2전 50문이므로 40매=10냥=일본화폐 2엔(20할)을 기준으로 하였다. 특히, 부산지역의 엽전비가에 대한 자료가 많아서 시계열적으로 잘 정리할 수 있는데, 이곳은 개항 이후 가장 많은 일본인들이 거주했던 지역이었다.[6]

6 정용석(2006).

〈표 5〉 1876-1905년 한전(엽전), 당오전, 백동화 비가(단위: 20할 기준, 10냥=2엔(20할))

연도	한전(부산)비가	당오전(경인)비가	백동화(경인)비가
1875			
1876	15.2		
1877	15.7		
1878	16.0		
1879	24.5		
1880	28.8		
1881	29.42		
1882	27.23		
1883	26.68	14.81	
1884	18.96	11.28	
1885	17.1	7.44	
1886	15.2	5.33	
1887	15.7	5.96	
1888	15.2	7.46	
1889	15.0	6.62	
1890	19.6	5.51	
1891	19.2	3.98	
1892	16.2	3.25	
1893	14.4	3.72	
1894	22.1	3.49	
1895	21.5		
1896	21.3		
1897	21.8		
1898	16.7		18.3
1899	18.4		17.88
1900	17.8		16.16
1901	15.2		12.26
1902	14.8		11.22
1903	14.2		8.85
1904	17.45		9.83
1905	18.84		9.95

* 자료: 『통상휘찬』과 일본 대장성 자료 참조. 저자 작성. 한전비가는 조선화폐 1관(10냥)당 일본화폐 2엔을 법정 기준(20할)으로 하여 시장에서 거래되는 한전과 일본화폐의 교환 비율을 말한다. 예를 들어, 한전비가가 15할이라면 한전 1관당 일본화폐 1.5엔으로서 20할(1관문=2엔) 기준보다 하락했다는 것을 의미한다. 한전비가와 당오전비가는 10냥=2엔(20할)을 기준으로 하였으며, 백동화는 1매=2전50문이므로 40매=10냥=일본화폐 2엔(20할)을 기준으로 백동화비가를 나타내었다.

개항 초기 상평통보(엽전)는 동전의 재질이 양호해서 한전(엽전)비가는 30할 정도까지 상승할 정도로 일본화폐에 비해 가치가 높았다. 하지만 1883년 당오전이 남발되면서 한전비가는 급락하여 15할에 이르다가, 다시 20할까지 상승하였다. 하지만 1894년 일본은 청일전쟁의 비용을 충당하기 위해서 대규모 일본지폐를 유통시켰는데, 이로 인해 일본화폐 대비 한전비가는 22할까지 상승하였다가 청일전쟁이 끝난 후에 다시 20할로 안정적으로 유지되었다. 1894년 백동화가 남발되면서 1905년 화폐정리사업까지 한전비가는 지속적으로 급락하였다. 이처럼, 한전비가의 변동을 통해 일본화폐를 기준으로 조선 화폐량의 남발 정도를 측정할 수 있다. 한전비가는 1876-1878년에 -15% 하락하였으며, 1879년 -23%, 1881년 -30%로 하락하였다. 한전비가는 청일전쟁 당시 15-25할 사이에서 변동하다가 청일전쟁이 끝난 후에 20할로 안정적으로 유지되었다. 1883년 제일은행이 해관세를 맡기 시작하면서 일본화폐, 멕시코 은화, 제일은행의 한전어음만을 세관의 지정통화로 사용하였다. 외국화폐가 급증하고 재질이 양호한 한전(엽전)가치도 하락하고, 국제 동 가격이 상승하면 엽전은 용해되어서 동의 원료로서 수출되었다.

1883년 당오전 비가는 일본화폐 기준 14할 정도이었지만 1892년에는 3.25할까지 급락하였다. 1892년 당오전비가는 -30% 이상 급락하고 물가는 급격히 상승하였으며, 1892년에 -50%까지 하락하였다. 이에 반해 1892년 상평통보(엽전)비가는 16.2할로서 당오전 가치의 5배에 달하고 있다. 이는 당오전의 발행량이 상평통보에 비해 절대적으로 급증했으며, 당오전의 재질이 그만큼 열악했다는 것을 의미한다.

〈그림 2〉는 1876-1905년 조선의 당오전과 백동화 비가 변화를 나타낸

〈그림 2〉 1876-1905년 조선의 당오전과 백동화 비가(단위: 20할=20엔/100냥 기준)

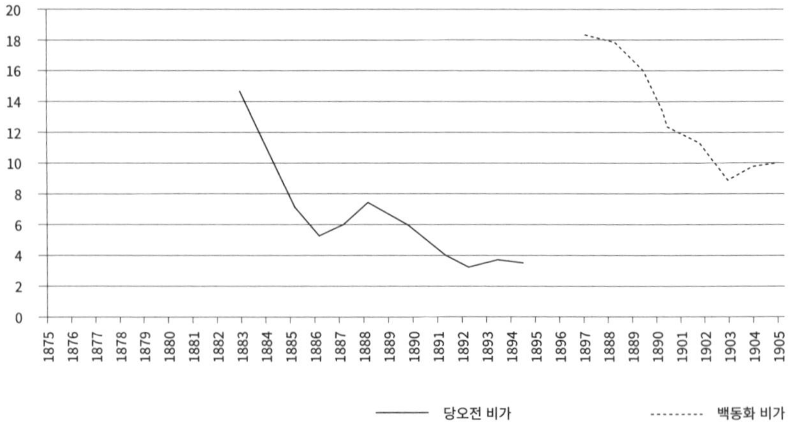

* 자료: 『통상휘찬』, 일본 대장성 자료 참조. 저자 작성.

다. 한전비가는 한전 5냥당 일본 1엔을 기준으로 한다.(20할=일본 2엔/한전 10냥 기준) 당오전의 남발로 당오전을 싸게 매입한 이후 공식가격으로 세금을 납부하는 경우도 많아서 당오전을 세금으로 수취한 정부의 재정수입은 악화되었다. 재정수입의 악화는 다시 당오전 남발을 가져와 물가는 급등하고 다시 당오전 비가는 하락하는 악순환을 불러왔다. 1892년 당오전 가치는 -30% 급락하고 물가상승과 재정궁핍은 가속화되었다.

당오전 비가의 하락은 당오전 남발 자체만이 아니라 안정적인 자산으로서 일본화폐의 선호 증가와 인플레이션으로 인해 나타난 현상이었다. 또한 대일 무역수지 적자가 확대되면서 결제수단으로서 일본화폐에 대한 선호가 증가하면서 당오전 비가는 하락하였다.

백동화 비가도 일본화폐의 비중이 증가할수록 하락하였다. 백동화 비가는 1897년 이전까지는 18할 이상을 유지하다가 1898년부터 백동화의 발행이 급증하면서 급락하였다. 백동화 비가는 1898년 18.3할, 1899년 17.88할이었다가, 점차 하락하여 1903년 8.85할, 1904년 9.83할, 1905년에는 9.95할로 급락하였다. 이는 백동화 가치가 1899년에 비해 거의 1/2 정도나 하락한 것이다. 백동화 가치가 급락하면서 일본상인들은 백동화 수취를 거부하고 조선정부에 가치가 하락한 백동화 환수를 요청하였다. 1904년 화폐정리사업이 시행되고 1905년 7월부터 백동화의 환수가 본격적으로 시행되었다. 1905년 1월부터 6월까지 지속적으로 백동화비가는 하락하여 6-7할 수준이었는데, 1905년 7월 화폐정리사업이 본격 시행되면서 백동화의 비가는 다시 안정적으로 상승하여 10할에 도달하였다. 결국, 1892-1904년 백동화 비가 하락은 백동화 남발과 더불어 일본화폐에 대한 선호가 더욱 증가했다는 것을 보여 준다.

전통적인 구매력 평가 이론에 따르면 조선의 물가 상승률과 한전비가 하락률이 서로 유사한 변동추세를 보여야 한다. 하지만, 당오전과 백동화가 남발되었던 1883-1904년에 물가상승률은 5.33%였으나, 한전비가 하락률은 9.36%로서 물가상승률보다 4% 초과하였다. 이는 일본주도 화폐개혁으로 한전비가를 물가변동률보다 의도적으로 낮춘 것으로 보인다.

3. 무역수탈과 경제궁핍

여기에서는 일본주도 화폐개혁이 가져온 조선의 경제적 궁핍화를 무역수탈과 불평등한 교역조건으로 설명하고자 한다. 1865-1910년 조선의 식민화 과정은 짧은 기간이지만 한 봉건국가가 제도적으로 식민화되는 과정을 적나라하게 보여 주는 실험공간이다. 일본이 주도한 식민지 화폐개혁은 근대 화폐제도의 도입이라는 명분을 앞세우지만, 실제로는 일본의 화폐침략이었으며, 일본화폐의 유통, 조선화폐의 남발과 물가급등을 가져왔다. 조선은 1897년 연호를 광무로 하고 대한제국을 선포하였으며, 제국으로서 일본과 유럽의 제국들과 같이 대등한 정치적, 군사적 관계를 설정하고자 시도하였다. 광무개혁의 가장 중요한 화폐적 개혁은 금 본위제도를 도입하고 중앙은행을 설립하는 것이었다.

금 본위제도와 금의 유출

금 본위제도에서 한 국가의 화폐는 금 정화 또는 금으로 태환되는 지폐로 만들어지며, 그 국가의 화폐량은 국가가 보유하고 있는 금의 양에 따라 결정된다. 금 본위제도에서 화폐가치는 금의 가치와 같으며, 화폐로서 금이 곧 국부(national wealth)의 원천이었다. 19세기 말 선진 열강들은 국가자본을 확장시키기 위해서 생산 원료기지와 상품 유통시장으로서 식민지를 개척하였으며, 그 과정에서 금의 확보에 적극적으로 뛰어들었다. 일본도 1897년 전면적인 금 본위제도를 도입하면서 많은 금의 확보가 필요하였다. 조선은 국부인 금이 일본으로 유출되는 것을 막기 위해 스스로 금 본위제도를 도입했으며, 다른 한편으로 자주적 화폐주권을 지키려고 중앙은행을 도입하려고 했다. 하지만, 1904년 식민지 화폐개혁으로 일본 제일은행이 조선의 화폐 발행권을 가진 중앙은행이 되었다.[7]

국제 금 본위제도에서 무역결제수단으로서 금과 일본화폐는 일상생활에서 사용되는 교환수단보다는 현대적 개념에서 외환준비고로서 조선의 본원통화량에 크게 영향을 미쳤다. 금 본위제도에서 조선의 화폐량을 추정하

---

7 광무연간 화폐정책에 대한 연구는 한국역사연구회 편(1991), 이석륜(1994), 강덕상(1965, 1967), 淺田喬二(1973), 村上勝彦(1973), 小林英夫(1979), 高嶋雅明(1978), 波形昭一(1985), 羽鳥敬彦(1986) 참조.

기 위해서는 금의 생산과 유출량을 파악하는 것이 중요하다. 19세기 영국을 시작으로 세계 각국은 금 본위제도를 도입하였고, 무역 및 국제결제 수단으로서 금화 또는 금 태환권이 사용되었다. 각국은 금 본위제도의 화폐량 준칙(the game rule of the gold standard system)에 따라 화폐를 발행하였다. 영국이 최초로 1819년에 금 본위제도를 실시한 이후 1867년 유럽통화회의에서 서구 열강들은 자국 통화에 대한 금 본위제를 도입하기로 결정하였다. 금 본위제도는 영국 1819년, 포르투갈 1854년, 독일 1871년, 미국, 프랑스, 네덜란드 1873년, 러시아 1876년, 일본 1897년에 도입되었다. 유럽제국의 금 본위제도는 1892년 오스트리아-헝가리 제국의 금 본위제 전환으로 마무리되었다.

19세기 말 조선에서 금 생산은 농산물이 풍작일 때 금 수출은 줄어들고, 흉작일 때 금 수출이 확대되는 등 불안정하였다. 이는 금 광산의 노동자들이 주로 농업을 주 수입원으로 생활하고 있었기 때문이다. 농사가 풍년일 때 농민은 농사에 집중하면서 금 광산에 필요한 노동력이 부족하고 생산이 줄어들었다.[8] 하지만 금은 조선의 주요 생산물이었으며, 일본의 주요 관심사였기 때문에 금 수출규모는 농업생산과 관계없이 일정한 수준을 유지하였다. 조선의 금은 사금과 금광 개발을 통해서 산출되었다. 먼저, 사금의 생산은 조선 노동자에 의해서 주도되었으며, 그 산출된 금은 객주를 통해 일본상인에게 매매되었다. 사금은 연평균 조선 금 생산액 450만 엔 가운데 300만 엔으로 그 비중이 60% 이상을 차지하였다. 평안도 순안, 선천에서 생산된 사금이 가장 많았고, 영변, 태천, 삭주에서도 사금 생산이 많았다.

금광 생산은 대규모 자본이 투입되어야 하므로 자본력이 있는 미국인,

---

8 김양식(1997), 박찬일(1982), 전석담·최윤규·이기수·김한주 지음/김인호 엮음(1989) 참조.

영국인, 일본인 등 외국인에 의해서 개발되었다. 평안지역 운산금광이 가장 크며, 생산액이 연 100만 엔 이상이었다. 그다음이 은산광산이며 생산액이 50만 엔 이상이었으며, 창성, 태천 등에서도 금광이 개발되었다. 19세기 조선의 3대 산업생산으로서 농업이 1억 5천만 엔, 광업이 400-450만 엔, 수산업이 350만 엔 정도였다. 이 가운데 금광업은 광업의 95%를 차지하는 주요 산업이었다.[9] 1900년을 기준으로 조선에서 금의 산지는 126개소 정도 존재하였으며, 생산량은 연 1천 관목(貫目) 이상이었으며 생산액은 400만-450만 엔이었다.

〈표 6〉은 조선의 일본과 중국에 대한 금 수출액과 생산량을 추정하고 있다. 1900년도 기준 조선의 총 금 수출액은 3,633,000엔이었다. 1900년 기준 국내 금의 총 생산액이 450만 엔이었으므로, 생산액 대비 금 수출액 비중은 80%에 달한다. 실제 19세기 말 조선의 금 수출액은 거의 정확하게 자료로 밝혀지고 있지만, 금 생산량의 자료는 구할 수 없었다. 따라서 조선 금 생산량의 자료는 1900년 금 생산 대비 수출액의 비중인 80%를 이용해서 1900년 기준으로 금 수출액으로부터 금 생산액을 역으로 추정할 수 있다. 금 본위제도에서 조선의 금 생산액은 조선의 화폐량 증가를 나타내며, 금 수출액은 화폐량 감소를 의미한다. 조선의 금 수출과 생산은 일본이 금 본위제도를 본격 실시한 1897년 전후 급증하였다. 1895년 금 수출액은 135.2만 엔이었으나, 1897년 이후 203.4만 엔, 1900년엔 363.3만 엔으로 증가하였다가, 1901년에 493.3만 엔, 1903년 545.6만 엔으로 급증하였다. 조선의 금 생산액은 금 수출액과 유사한 추세로 증가하였는데, 1895년 169

9 이배용(1972), 유승주(1976), 박만규(1984), 박찬일(1982) 참조.

만 엔, 1897년 254.25만 엔, 1900년엔 454.13만 엔을 생산했으며, 1901년에 616.63만 엔, 1903년 682.0만 엔으로 급증하였다. 일본상인이 조선에서 반출해 나간 금(金)의 통계자료를 정확하게 파악하기 어렵지만, 『통상휘찬(通商彙纂)』과 일본 대장성, 일본은행의 사료를 통해서 근대조선 금의 무역을 분석할 수 있었다.

〈표 6〉 1865-1910년 근대조선의 금 수출액과 금 생산액(단위: 천 엔)

연도	금 수출액			금 수입액	금 생산액	연도	금 수출액			금 수입액	금 생산액
	일본	중국	합계				일본	중국	합계		
1865						1889	608	373	982		1227.5
1866						1890	275	474	749		936.3
1867						1891	273	415	689		861.3
1868						1892	366	485	852		1065.0
1869						1893	425	493	918		1147.5
1870						1894	638	295	934	14.0	1167.5
1871						1895	952	400	1352	3.0	1690.0
1872						1896	802	587	1390	2.0	1737.5
1873						1897	947	1086	2034	6.0	2542.5
1874						1898	1192	1183	2375	50.0	2968.8
1875						1899	2049	883	2933	309.0	3666.3
1876						1900	3065	567	3633	1312.0	4541.3
1877	37.48		37.48		46.9	1901	4857	136	4933	3.0	6166.3
1878	23.81		23.81		29.8	1902	5004	60	5064		6330.0
1879	64.88		64.88		81.1	1903	5456	0.2	5456	100.0	6820.0
1880	122.44		122.44		153.1	1904	4999	11	5009	356.0	6261.3
1881	510.58		510.58		638.2	1905	5205	2	5206		6507.5
1882						1906	4601	64	4666	100.0	5832.5
1883						1907	4468	150	4617	9.0	5771.3
1884						1908	4771	0	4771	856.0	5963.8
1885	599		599		748.8	1909	6112	0	6112	500.0	7640.0
1886	911	218	1130		1412.5	1910					
1887	1177	210	1388		1735.0						
1888	1025	348	1373		1716.3						

* 자료: 금 수출액은 『통상휘찬』, 일본 대장성, 일본은행 참조. 강덕상(1962), 오두환(1991), 이석륜(1994) 참조. 금 생산량은 저자 작성.

1894년 청일전쟁 이전에는 중국과 일본상인이 조선의 금을 둘러싼 치열한 경쟁을 벌였지만 일본이 전쟁에서 승리하면서 일본이 조선의 금 수출을 주도하였다. 일본 대장성 자료에 의하면, 일본은 미국 등 서구 열강들의 화폐제도를 따라 1871년 금 본위제도를 도입하고 금화를 주조하였다.[10] 하지만 일본은 금의 보유고 부족으로 금화가 거의 유통되지 못하는 가운데 1878년 은화를 주조하여 법화(法貨)로 정하였다. 국가자본의 축적이 진행되는 가운데 일본은 1897년 본격적인 금 본위제도를 실시하여 금화를 본원통화로 정하고 금화를 유통하게 되었다.[11]

1897년 이후 조선의 대일 금 수출이 급속히 증가한 이유는 다음과 같다. 먼저, 일본은 제국 자본주의 확대와 금 본위제도를 유지하기 위해서 국부의 원천인 금의 확보가 절실했다. 이에 따라 일본은 정책적으로 조선 산금을 흡수하는 정책을 적극 실시했다. 일본은 자국 상인들에게 조선 금의 매입을 위한 자금과 금의 수송 운임을 지원하고, 금 감정을 위한 분석소를 여러 지역에 설치하였다. 서울 제일은행을 통해 금 매입자금을 무이자, 무담보로 50만 엔까지 대부해 주었다. 또한, 일본은 조선에서 일본으로 금 수송 운임을 할인해 주고 금을 수출하고 결제되는 기간을 원래 24-25일에서 14-15일로 단축시켜서 금융비용을 절감시켜 주었다. 이에 따라 금 100돈 수출의 비용이 종전 10엔에서 4-5엔으로 줄어들면서, 50% 이상의 부대비용을 절감하여 조선의 금을 흡수하였다.

일본은 금의 재질을 감정하기 위해 은행 대신에 금 감정사가 직접 금을

---

10 日本大藏省 編(1931).
11 Laughlin, L.(1897) 참조.

매입하는 '금 분석소'를 1900년 경성, 1904년 평양, 1906년 원산에 각각 설치하였다.[12] 이처럼 일본은 국가 정책적으로 조선 금의 수탈에 혈안이 되었다. 조선의 한전비가가 하락하면서, 일본상인들은 조선에서 같은 액수의 일본화폐를 가지고 보다 많은 금을 구매할 수 있었다. 한전비가의 하락과 별도로 일본상인들은 여러 방법으로 금의 가격을 자신들에게 유리하게 조정하여 국제 가격보다 30% 정도나 싸게 구입하는 가격 수탈을 시도하였다. 특히, 금의 시세는 국제 금 시세를 기준으로 금의 질적 수준과 칭량에 따라 거래되었는데, 이 과정에서 시세에 익숙하지 못한 조선인에 대해 속임수를 사용하여 금을 착취하기도 하였다. 또한 일본이 조선의 해관을 장악했기 때문에 무관세로 금을 수시로 반출할 수 있었다. 일본은 조선에서 단순한 금의 거래를 통한 유출에 만족하지 않고 조선의 금광 개발에도 적극 뛰어들었다.

둘째, 국제 금 가격이 점차 상승하여 금의 수출 이익이 늘면서 조선 금의 수출이 증가했다. 1865-1910년 런던시장의 국제 금 시세(엔화/온스=엔화 환율×미국 달러/온스)를 나타낸 것이다. 국제 금 가격은 미국 달러를 기준으로 표시한 것으로, 이를 엔화로 전환하기 위해서는 엔화/달러 환율을 곱해 주었다. 엔화 환산 국제 금 가격은 1897년 이전에 35-37엔/온스였으나, 그 이후 41-42엔 수준으로 상승하였다. 결국 1897년 이후 조선의 대일 금 유출은 일본의 조선 산금 흡수정책과 더불어 국제 금 가격의 상승도 작용한 것으로 보인다. 1897년 일본의 금 본위제도 도입 이전에는 엔화 환율이 과대평가되어서 56달러/100엔이었으나, 금 본위제도 도입 이후 엔화 가치

---

12 村上勝彦(1973).

가 금 가격에 고정되면서 엔/달러 환율은 49.4달러 수준에서 거의 일정하게 유지되었다.

1865년부터 청일전쟁이 발생하는 1894년까지 런던시장(자료: kitco.com)에서 거래된 국제 금 가격(미국 달러/oz)은 평균 20.66달러 전후로 비교적 안정적이었다. 하지만, 세계 각국이 1897년 이후 금 본위제도를 도입하면서 국제 금 가격은 20.71달러로 상승하였고 가격 변동성도 커지고 있다. 셋째, 1897년 이후 조선의 대일 금 유출이 급격하게 증가한 것은 대일 무역수지 적자가 크게 증가한 것도 한 원인이었다. 일본의 조선 금 유출은 주로 대조선 무역흑자를 통해서 무역결제자금으로 조선의 금을 매입하여 일본으로 유출하는 것이었다. 개항 이후 근대조선의 대일 무역수지는 지속적인 적자였다. 〈그림 3〉과 〈그림 4〉는 1876년 개항 이후 조선의 대일 무역수지와 대일 금 수출 추세를 보여 주고 있는데, 두 그림의 추세가 정확하게 반대로 움직이고 있다.

이 시기 금은 조선의 수출품이 아니라 대일 무역수지 적자에 대해 결제자금으로 사용된 것으로 보인다. 따라서 조선은 대일 수지 적자가 심각할수록 일본으로 금의 유출이 급증하는 것이다. 그에 반해 조선의 대중 금 수출은 1898년 이후 급격하게 하락하였다. 결국 1898-1909년 사이에 일본으로 금 수출의 증가는 조선 전체의 금 생산량이 증가한 것도 작용했지만 그보다는 중국으로 금 수출이 감소한 것과 일본의 조선 금 수탈이 더욱 강화된 결과였다.

일본이 1897년 금 본위제도를 본격적으로 확대한 이후 조선으로부터 얼마나 금이 유출되었는지를 확인해 보기 위해서 일본 대장성 자료에서 발췌한 일본의 전체 금 수입량과 조선에서 수입된 금의 비중을 살펴보았

<그림 3> 1876-1910년 조선의 대일본 무역수지(단위: 천 엔)

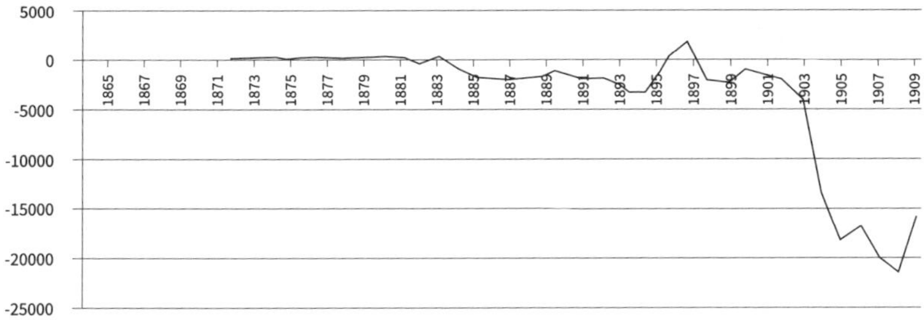

* 자료: 『통상휘찬』, 일본 대장성 자료 참조. 저자 작성.

<그림 4> 1876-1910년 조선의 대일본 금 수출(단위: 천 엔)

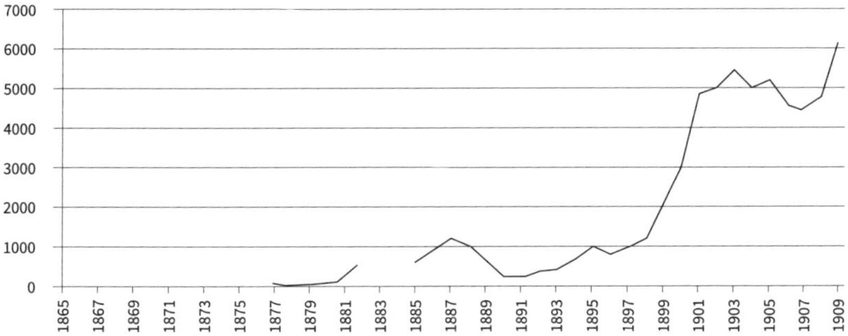

* 자료: 『통상휘찬』, 日本大藏省 編, 『明治前期經濟史料集成』 참조. 저자 작성.

다.(日本大藏省 編, 『明治前期經濟史料集成』 12권, 1931, 46-47쪽) 1873-1910년 동안 일본의 총 금 수입액은 1883년 109만 엔, 1895년 158만 엔에서 1897년 일본의 금 본위제 도입 이후 7,453만 엔으로 거의 50배 이상 급증하였다. 그 이후 1899년 5,710만 엔, 1903년에 5,553만 엔, 1905년에 2,564만 엔, 1907년 4,399만 엔, 1909년 9,565만 엔의 금 수입추이를 보이고 있다. 일본의 총 금 수입액 가운데 조선으로부터 금 수입액 비중은 1883-1895년에 90%대였다가 1897년 이후 조선 금 수입액 비중이 잠시 줄어들었지만, 다시 1901년부터 증가하여 40%에 달하였고, 1905년 41%, 1910년 69%에 달하였다. 일본은 국가 자본을 축적하기 위해서 조선에 대해 일본 주도 화폐개혁 등을 통해 화폐적 수탈을 지속적으로 강화하였다. 1897년 이후 일본이 조선에서 수입한 금의 액수는 이전과 비교할 수 없을 정도로 급증하였다.

〈표 7〉은 1873-1910년 조선의 대일 무역수지를 보여 주고 있다. 조선은 일본으로 미곡, 대두와 금을 주로 수출했으며, 일본에서 동, 면건, 공산품 등을 수입했다. 일본의 면건 제품은 값이 싸고 질도 좋아서 조선 면산업의 경쟁력을 약화시켰다. 흥미로운 점은 1897년 일본이 금 본위제도를 실시하면서 조선의 대일 무역수지 적자폭은 확대되고, 조선 금의 유출이 급격히 증가했다는 점이다. 조선의 대 일본 무역수지는 개항 직후 약간 흑자를 보이다가 그 이후 면제품의 수입 증가로 지속적인 적자를 기록하였다. 특히 1895년 청일전쟁 이후 무역수지가 악화되었으나 1897년 일본의 금 본위제도가 본격 실시되면서 조선의 대일 수지적자가 일시적으로 완화되었다. 하지만 이는 일본의 곡물 작황이 어려워지면서 조선 쌀의 수출이 일시적으로 급증한 결과이고, 1897년 이후 금 수출은 일본의 금 본위제도 도입으로 인해 급격히 증가하였다.

무역수탈

지금까지 조선과 일본의 국제물가를 비교한 연구가 거의 없다. 이는 이 시기 조선의 화폐량, 물가와 수출가격에 대한 자료가 부족하기 때문이다. 여기에서는 1865-1910년 조선에서 일본상인의 주요 수출상품으로서 미곡

<표 7> 1873-1910년 조선의 대일 무역수지(단위: 천 엔)

연도	대일 수입	대일 수출 (상품)	대일 수출 (금)	대일 무역수지 (상품)	대일 무역수지 (금 포함)	대일 무역규모
1873	52.4	59.7		7.3	7.3	112.0
1874	55.9	57.5		1.6	1.6	113.5
1875	59.8	68.9		9.1	9.1	128.7
1876	188.2	92.4		-95.9	-95.9	280.6
1877	126.6	58.8	37.5	-67.8	-30.3	222.8
1878	244.5	181.5	23.8	-63.1	-39.3	449.8
1879	567.0	612.2	64.9	45.2	110.1	1244.0
1880	978.0	1256.2	122.4	278.2	400.7	2356.7
1881	1874.0	2230.3	510.6	356.3	866.9	4614.9
1882	1562.2	1768.6		206.5	206.5	3330.8
1883	2178.4	1656.1		-522.3	-522.3	3834.5
1884	793.7	884.1		90.3	90.3	1677.8
1885	1671.7	388.0	599.0	-1283.6	-684.6	2658.7
1886	2474.2	504.2	911.0	-1970.0	-1059.0	3889.4
1887	2815.4	805.0	1177.0	-2010.4	-833.4	4797.4
1888	3046.4	867.1	1025.0	-2179.4	-1154.4	4938.5
1889	3377.8	1233.8	608.0	-2144.0	-1536.0	5219.7
1890	4727.8	3550.5	275.0	-1177.4	-902.4	8553.3
1891	5256.5	3366.3	273.0	-1890.1	-1617.1	8895.8
1892	4598.5	2443.7	366.0	-2154.7	-1788.7	7408.2
1893	3880.2	1698.1	425.0	-2182.0	-1757.0	6003.3
1894	5831.6	2311.2	638.0	-3520.3	-2882.3	8780.8
1895	5838.0	2366.0	952.0	-3472.0	-2520.0	9156.0
1896	4294.0	4396.0	802.0	102.0	904.0	9492.0
1897	6432.0	8090.0	947.0	1658.0	2605.0	15469.0
1898	6777.0	4522.0	1192.0	-2255.0	-1063.0	12491.0
1899	6658.0	4205.0	2049.0	-2453.0	-404.0	12912.0
1900	8241.0	7232.0	3065.0	-1009.0	2056.0	18538.0
1901	9051.0	7402.0	4857.0	-1649.0	3208.0	21310.0
1902	8689.0	6549.0	5004.0	-2140.0	2864.0	20242.0
1903	11554.0	7599.0	5456.0	-3955.0	1501.0	24609.0
1904	19007.0	5697.0	4999.0	-13310.0	-8311.0	29703.0
1905	23561.0	5389.0	5205.0	-18172.0	-12967.0	34155.0
1906	23291.0	6602.0	4601.0	-16689.0	-12088.0	34494.0
1907	34387.0	14473.0	4468.0	-19914.0	-15446.0	53328.0
1908	34025.0	12613.0	4771.0	-21412.0	-16641.0	51409.0
1909	29648.0	13849.0	6112.0	-15799.0	-9687.0	49609.0

* 자료: 『통상휘찬』, 일본 대장성 자료 참조. 저자 작성.

가격을 물가 대용변수로 사용해서 일본의 미가와 비교해 보았다. 이를 통해서 두 국가 간 무역이 공정한 것이었는지를 살펴보았다. 19세기 말 조선과 일본의 무역에서 불공정 무역과 수탈은 학자들마다 다양한 의미를 가지고 있으며, 무역 수탈이 있었는지 여부에 대해서도 일치하는 견해가 없다. 무역의 이윤추구 과정에서 나타나는 수탈이윤은 공정한 무역과정에서 등가 교역조건을 통해 얻을 수 있는 정상이윤을 초과하는 이윤으로 정의한다. 이때, 정상이윤은 같은 시기 정상 이자율인 8-10% 수준을 말하며 수탈이윤은 이를 초과하는 이윤을 말한다. 일본의 수탈적 무역이윤이 왜 화폐전쟁의 결과인지를 이해하기 위해서 조선과 일본의 국제물가와 한전비가의 변동을 비교할 필요가 있다.

조선의 화폐개혁으로 인해 화폐량이 남발되면서 1876-1904년 동안 물가는 연 5.3% 급등하였고, 화폐량은 22.3% 남발되면서 조선과 일본화폐의 환율인 한전비가도 -9.3% 하락하였다. 한전비가의 하락으로 일본상인은 동일한 일본 화폐단위를 가지고 더 많은 조선의 미곡과 금을 구입할 수 있었으며, 많은 유통이익이 발생하였다. 물가상승과 한전비가 하락은 미곡의 수출가격에 직접적으로 영향을 미치면서 일본상인의 무역이윤도 크게 증가하였다. 일본상인의 유통과 무역이윤의 크기를 직접 추정해 보면, 일본주도 화폐개혁이 조선에 가져온 경제적 수탈의 크기를 가늠해 볼 수 있다.

개항 초기 일본상인들은 개항지 일본인 거주지를 중심으로 거주와 이동에 대한 제약이 있었지만 점차 이동범위가 확대되었다. 1883년 7월 조일통상장정에 의해 해관세가 설치되기 전에는 관세를 면제받았다. 처음 일본상인은 영국에서 옥양목 등 면제품을 일본으로 수입하여, 다시 조선으로 수출하는 중개무역을 하였다. 일본상인은 옥양목의 수출대금으로 조선에서 미곡과 금을 수집하여 일본으로 수출하여 무역이익을 얻었다. 근대조선에서 화폐개혁으로 한전비가는 하락하였고 이를 통해 일본상인은 조선의 미곡을 이전보다 싸게 매입하여 일본으로 수출할 수 있었다.

결론부터 얘기하면 일본상인의 미곡 무역이윤율은 무역운송비(15%)를 제외하면 8.4%로서 정상이윤에 가깝다. 하지만, 일본상인의 유통이윤은 거간과 객주의 중간 수수료율 18.14%와 한전비가 하락률 -9.3%를 고려하더라도 연평균 33.15%로서 상당히 수탈적이었다. 같은 시기 조선의 대일 교역조건은 1880년 기준 50-60%에 그쳐 악화되었으며, 대일 무역은 부등가교환이었다. 이러한 일본상인의 무역과 유통 초과이윤을 가져온 중요한 요인은 인플레이션과 한전비가 하락 등 식민지 화폐개혁으로 인한 화폐적 요인이었다.

19세기 말 일본상인이 조선에서 쌀을 매입하는 유통과정은 먼저 선대금을 주고 객주를 활용하여 곡물을 매입하는 것이었다. 토지소유권이 없는 외국인이 곡물을 수집하는 효율적인 방법이며, 토지소유권을 대체할 수 있는 대안이었다. 또한 일본인이 직접 토지를 매입한 다음 조선인에게 소작을 주고 미곡을 생산하거나, 입도선매를 통해 농가에 대금을 주고 생산량과 관계없이 궁박 판매를 강요하기도 했다. 조세의 금납화와 외획 제도를 활용하여 지방관 또는 지역객주를 통해서도 쌀을 매입하였다.[13]

한편, 일본상인은 지역객주를 통해 수출상품인 미곡과 금을 매집하였으며 무역이 확대되면서 외환시장도 확대되었다. 이때 일본상인은 조선의 미

13 전통적 외획제도에 대한 연구는 도면회(1991) 참조.

곡과 금을 일본으로 수출하고 일본화폐를 받아서 다시 조선에서 한전으로 바꾸었다. 한전비가가 하락할수록 동일 액수의 일본화폐를 더 많은 한전으로 교환하였으며, 큰 환차익을 얻었다. 일본상인을 통해 일본화폐를 받게 되는 조선객주는 다시 수입상품을 구입하였다. 결국, 일본상인은 그 조계지가 개항지 근처에서 제한되었음에도 객주와 무역을 통해 일본화폐의 유통은 점차 확대되었다.

일본상인에 의한 조선 미곡의 수출은 두 가지 단계에서 경제적 수탈이 발생하였다. 첫 번째 수탈은 일본미가와 조선미곡 수출가격의 차이에서 발생하는 무역이윤이며, 두 번째 수탈은 조선미곡 수출가격과 국내 생산미가의 차이에서 발생하는 유통이윤이다. 미곡의 유통이윤은 국내 객주를 통해 생산지에서 수출항까지 미곡을 매매하고, 운반하는 유통과정에서 발생하는 이윤으로서 미곡의 수출가격에서 생산가격, 중간객주 수수료, 한전비가 하락률 등을 뺀 차익이다.

〈표 8〉은 일본상인의 조선 무역에서 발생하는 무역이익과 유통이익을 계산하기 위해 조선의 미곡 수출가격, 일본(오사카)미가와 국내 생산미가의 추세를 비교해 보았다. 편의를 위해서 모든 조선화폐 단위를 같은 시기 한전비가를 사용해서 일본화폐인 엔화로 전환하여 통일하였다. 근대조선과 일본의 무역에 대한 자료는 『통상휘찬』과 일본 대장성 자료를 참조하였다. 일본(오사카)미가는 1883-1910년 동안 점차 상승하였으며, 그 상승률 추세는 조선 수출미가의 상승률과 크게 다르지 않았다. 이는 조선 수출미가는 그 변동성이 크지만 장기적으로 일본미가와 거의 같이 변동하고 있다는 것을 보여 준다. 일본상인들 간의 미곡 수출경쟁이 치열해지면서 조선의 수출미가는 일본미가에 점차 근접해졌다.

〈표 8〉 1876-1910년 조선과 일본의 미가 비교(단위: 엔/석)

	조선 수출미가 (엔/석)	일본미가 (오사카, 엔/석)	조선 생산미가 (엔/석)	조선 수출미가 /일본미가
1876			0.66	
1877	4.12		0.54	
1878	3.85		0.53	
1879	5.25		0.49	
1880	7.825		0.41	
1881	8.45		0.51	
1882	7.72		0.91	
1883	6.02	6.14	0.69	0.98
1884	5.05	5.13	1.34	0.98
1885	3.96	5.82	0.94	0.68
1886	3.57	5.32	1.04	0.67
1887	3.32	4.92	0.72	0.67
1888	3.39	4.59	0.67	0.74
1889	5.61	5.71	0.74	0.98
1890	5.82	8.33	0.89	0.70
1891	4.9	7.02	0.82	0.70
1892	5.11	7.48	0.93	0.68
1893	5.39	7.27	0.94	0.74
1894	5.84		2.25	0.72
1895	6.05	9.00	2.04	0.67
1896	6.91	9.82	1.21	0.70
1897	7.99	11.35	1.42	0.70
1898	10.57	11.13	2.23	0.95
1899	7.5	9.71	1.59	0.77
1900	7.91	10.79	1.84	0.73
1901	7.55	11.63	1.57	0.65
1902	9.28	12.19	2.02	0.76
1903	10.18	13.6	2.84	0.75
1904	10.37	13.0	2.74	0.80
1905	10.95	12.57	2.08	0.87
1906	12.04	14.09		0.85
1907	13.43	15.55	0.16	0.86
1908	12.91	15.25	0.18	0.85
1909	10.79	12.75	0.18	0.85
1910	11.32	12.67	0.12	0.89
평균	7.41	9.73	0.32	

* 자료: 『통상휘찬』, 일본 대장성 자료 참조. 저자 작성. 조선의 수출미가는 부산항과 인천항 수출가격을 기준으로 하였으며, 수출미가와 일본 미가 자료는 하원호(1997), 오두환(1991) 참조. 조선의 생산 미가는 경상도와 전라도의 미가를 가중 평균한 값이며, 벼의 경우 도정률 72%를 적용하여 계산하였음.

〈그림 5〉 1876-1910년 조선의 수출미가, 생산미가와 일본미가(단위: 엔/석)

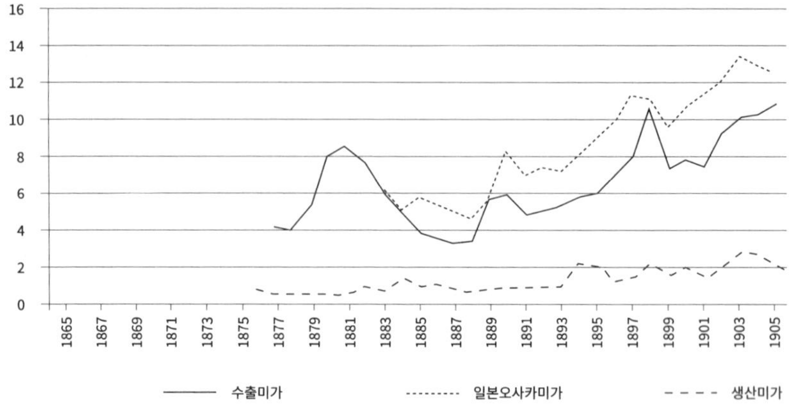

* 자료: 『통상휘찬』, 일본 대장성 자료 참조. 저자 작성. 조선의 수출미가는 부산항과 인천항 수출가격을 기준으로 하였으며, 수출미가와 일본 미가자료는 하원호(1997), 오두환(1991) 참조.

〈그림 5〉는 조선의 생산미가, 수출미가, 일본미가의 차이를 그림으로 나타낸 것이다. 여기에서도 일본미가와 조선미곡의 수출가격이 유사하게 움직이고 있다는 것을 알 수 있다. 1883-1904년 조선의 수출미가는 평균 7.41엔/석으로서 일본(오사카)미가인 9.73엔/석보다 23.4% 낮았다. 개항 초기 일본미가는 조선 미곡의 수출가격보다 상당히 비쌌지만, 점차 조선 수입쌀의 품질이 좋아지고 경쟁이 심화되면서 일본과 조선에서 미곡가격의 차이는 점차 좁혀졌다.

〈표 9〉는 19세기 말 조선에서 일본상인의 무역이윤, 한전비가 하락률, 유통이윤, 중간객주 수수료율을 나타내고 있다. 일본미가와 조선 수출미가의 차이인 무역이윤은 점차 줄어들었다. 일본 미곡가격을 기준으로 일본미가와 조선 수출미가의 차이인 무역이윤율은 평균 23.4%였지만, 무역운송비 15% 정도를 제외하면 순 무역이윤율은 8.4%이다.

〈표 9〉 일본상인의 미곡 무역이윤율, 환율 변동률과 유통이윤율(단위: 일본미가 기준, %)

	무역 이윤율	한전비가 변동률	유통 이윤율	중간객주 수수료율	순유통 이윤율
1882					
1883	1.87	-23.84	62.99	20.00	42.99
1884	1.56	-34.04	38.21	18.35	19.86
1885	31.96	-28.36	23.48	19.57	3.91
1886	32.89	11.82	59.42	19.05	40.38
1887	32.52	25.17	77.92	28.17	49.75
1888	26.14	-11.26	47.92	29.33	18.59
1889	1.75	-16.77	68.54	26.40	42.15
1890	30.13	-27.77	31.47	28.77	2.70
1891	30.20	-18.34	39.84	30.60	9.24
1892	31.68	14.46	70.40	22.74	47.66
1893	25.86	-6.18	55.06	19.96	35.10
1894	27.90		44.28	10.85	
1895	32.78		44.54	13.33	
1896	29.63		58.04	22.22	
1897	29.60		57.84	19.41	
1898	5.03	-2.30	72.61	11.70	60.92
1899	22.76	-9.62	51.21	13.59	37.63
1900	26.69	-24.13	32.17	11.89	20.28
1901	35.08	-8.48	42.96	13.62	29.35
1902	23.87	-21.12	38.40	9.50	28.89
1903	25.15	11.07	65.04	6.50	58.54
1904	20.23	1.22	59.90	7.16	52.74
1905	12.89			10.48	
평균	23.40	-9.36	52.09	18.14	33.15

* 자료: 미곡의 무역이윤은 (일본미가-수출미가)이다. 미곡의 유통이윤은 한전비가 하락률을 제한한 유통과정에서 발생하는 이윤이며, (수출가격-국내생산가격-중간상인수수료)이다. 한전비가는 당오전과 백동화의 비가를 나타낸다. 조선의 수출미가와 일본미가자료는 하원호(1997), 오두환(1991) 참조. 조선의 생산미가는 이영훈·박이택(2004) 참조. 한전비가 변동률은 저자 작성. 중간객주 수수료율은 강만길(1984) 참조. 저자 작성.

무역운송비는 선박운임, 창고료, 집하 및 하역비용, 보험료 등을 포함한다. 당시 무역운송비용은 15% 수준으로 높은 편인데, 이는 당시 무역운송

수단인 선박공급이 제한적이어서 운송비용이 높은 것으로 보인다. 이 시기 조선에서 정상 이자율의 수준이 8-10% 정도임을 감안하면 8.4%의 순수 무역이윤율은 정상적 이윤에 가깝다. 하지만, 일본상인은 미곡무역에서 무역이윤보다는 유통과정에서 훨씬 큰 이윤을 남긴 것으로 보인다. 조선에서 일본상인의 유통과정은 두 단계로 나누어 볼 수 있다. 첫째, 조선 내륙의 미곡생산지에서 거간과 객주를 통해 미곡 저장창고나 수출항으로 운반하는 과정, 둘째, 저장창고와 수출항에 도착한 미곡을 선박에 집하하여 일본 수출의 절차를 마치는 과정이다.

첫 번째 유통단계에서 생산지로부터 미곡을 내륙 저장창고나 수출항으로 운반하는 데 중간상인인 거간과 객주의 역할이 크다. 객주들은 일본상인의 미곡거래 계약체결을 용이하게 하고, 미곡시장의 상황, 거래당사자의 신용상태 등을 탐지하여 조언을 제공하여 미곡매매를 원활하게 하고 중개수수료를 받았다. 이들은 일본상인의 미곡무역을 보조했지만, 자본이 큰 객주들은 위탁매매업과 대부업과 같이 스스로 거래당사자가 되기도 하였다. 객주는 경향 각지에서 모여드는 거간을 활용하였는데, 거간은 개별 상거래에 개입하여 미곡 흥정을 맡아서 했다.[14] 거간의 수수료는 곡물의 경우 1석에 2전 내지 4전, 기타 잡화물의 경우 거래가격의 1%를 매입하는 사람(賣主)에게 받았다. 한편, 객주의 수수료는 내외(內外) 구전(口錢)을 받는데, 내구(內口)는 매입하는 사람에게서 곡물 1석에 10전 내지 20전, 어염(魚鹽) 가격의 10%을 징수하였고, 외구(外口)는 거간 수수료에서 반액을 징수하였다. 〈표 9〉의 다섯째 칼럼은 실제 미곡 1석의 현재가격을 적용해서 거간과

14 여각은 객주와 다르지만 지방에 따라서 구별하지 않은 곳도 있다. 자본의 크기에 따라 자본규모가 크면 여각, 작으면 객주라고 구별한다.

객주의 중간상인 수수료율을 산출했으며, 중간상인의 수수료율은 평균적으로 미곡가격의 18.14%에 달한다. 1890년 부산과 인천에 객주 25개소를 설치하여 도매업·창고업·운송업 등을 수행하고 구전을 받도록 하였으나 1930년 철폐되었다.

두 번째 유통단계는 수출항에 도착한 미곡을 선박에 집하하여 일본으로 수출절차를 마치는 작업이다. 여기에서 중요한 것은 조선 미곡의 수출가격을 결정하는 것인데, 일본상인의 미곡 수출가격은 생산가격에서 중간상인 수수료와 유통 마진을 더하고, 한전비가 환율을 적용해서 결정된다. 조선 미곡 수출가격은 국내미가보다 훨씬 높았는데, 이는 중간상인의 중개수수료와 수출항으로 운반하는 유통비용과 한전비가 하락률을 모두 포함하기 때문이다. 일본상인의 유통이윤은 조선 미곡의 수출가격에서 국내 생산가격과 중간상인 수수료, 한전비가 변동률을 차감하면 얻을 수 있다.

미곡 수출가격과 생산가격은 〈표 8〉, 한전비가 변동률과 중간상인 수수료율은 〈표 9〉의 셋째와 다섯째 칼럼에 나타나 있다. 한전비가는 조선화폐의 남발로 연 9.36% 하락하였으며, 그 결과 조선미곡의 수출가격도 불규칙하고 변동성이 컸다. 일본상인의 유통이윤율은 수출미가와 국내미가의 차이에서 단계별로 중간상인 수수료율과 한전비가 하락률을 빼 주면 연평균 33.15%였다. 이러한 일본상인의 유통이윤율은 한전비가 하락률(-9.36%)과 순 무역이윤율(8.4%)보다 3배 이상 컸으며, 정상이자율 8-10%를 크게 초과하여 수탈적이었다.

미곡의 유통이윤을 극대화하기 위해서 일본상인은 유통단계에서부터 미곡을 싸게 매입하기 위해서 미곡매입의 방식은 점차 교묘해졌다. 초기에는 단순하게 객주를 활용한 미곡유통에서 점차 지방 관리를 통해 조세 금납화와 외획 제도를 사용해서 유통과정에서 싸게 매입하였다. 또는 화폐개혁을 통해서 한전비가를 낮추면 일본상인은 같은 액수의 일본화폐를 가지고 더 많은 국내 미곡을 매입할 수 있었다. 외획 제도를 이용하여 지방관과 결탁해서 공전을 사용하고 무미 활동으로 미곡가격이 하락하는 것을 이용해서 초과 유통이윤을 남겼다. 특히, 물가상승과 관계없이 미곡의 유통이윤율이 꾸준하게 유지되었다는 것은 국내 미곡시장이 발달하지 못했으며, 일본상인의 유통지배도 지속적이었다는 것을 의미한다.

일본상인의 무역수탈은 조선 한전비가의 하락과 식민지 화폐개혁의 결과이다. 이러한 일본의 무역수탈과 식민지 화폐개혁에 대해 반대하는 의견들은 무역의 상호이익원리를 그 근거로 들고 있다. 일본상인들이 미곡과 금 무역에서 유통이윤이 발생했지만, 조선은 일본과 무역을 통해 상호이익과 교역조건개선의 이익을 얻을 수 있었다는 주장이다. 즉, 교역조건의 개선효과는 조선의 미곡 생산가격은 아주 낮았지만, 일본과의 무역을 통해 이전보다 미곡가격을 높게 받을 수 있게 되며, 수출가격의 개선효과로 인해 경제이익이 존재한다는 것이다. 이 주장을 확인해 보기 위해서 앞에서 조선의 미곡 수출가격과 옥양목 수입가격을 사용해서 수출교역조건을 살펴보았다. 조선 미곡의 교역조건은 개항 직후 급격하게 하락했다가 점차 개선되었지만, 부등가 교환으로 교역조건 개선이익은 발생하지 않았다.

19세기 말 개항 이후 일본은 금건사와 옥양목(쉬팅), 면건 등 영국으로부터 수입한 공산품을 조선으로 수출하는 중개무역을 하거나, 직접 만든 옥양목을 수출했다. 일본은 공산품 수출에 대한 결제자금으로서 조선으로부터 금을 수입하거나, 산업화 과정에서 자국 노동자들의 생활필수품인 미곡을 저렴한 가격으로 공급하기 위해서 조선 미곡을 수입했다.

〈그림 6〉 조선의 대일본 교역조건(단위: 1880=100)

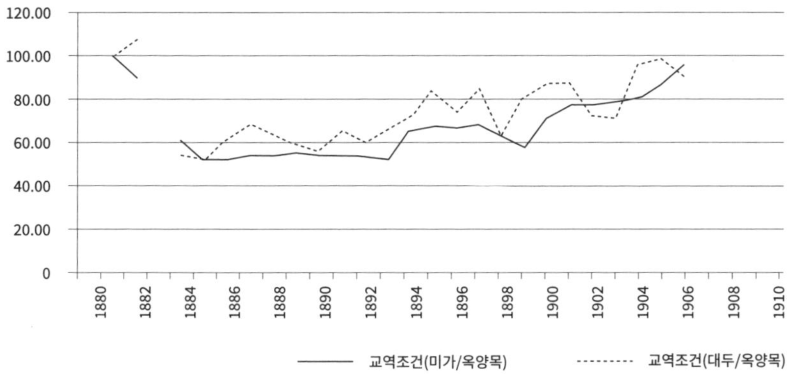

* 자료: 『통상휘찬』, 일본 대장성 자료 참조. 미곡과 대두의 수출가격, 옥양목 수입가격은 오두환(1991) 참조. 수출 미가와 일본 미가의 상대가격은 하원호(1997) 참조. 저자 작성.

〈그림 6〉은 조선의 대일 무역 교역조건 변동을 나타내고 있다. 실제 대일무역에서 조선 미곡의 교역조건을 살펴보기 위해서 1880년=100 기준으로 조선의 미곡 수출가격(엔/석)을 일본의 옥양목 수입가격으로 나눈 값이다. 조선 미곡의 교역조건은 개항 직후 급격하게 하락했다가 점차 개선되었지만, 부등가 교환으로 교역조건의 개선이익은 발생하지 않았다. 두 국가의 교역조건은 등가조건으로 교환될 때 100을 기준으로, 교역조건이 100 이상으로 개선되면 이익이 발생한 것으로 볼 수 있다. 조선 미곡의 교역조건은 1880년 대비 50-60% 수준을 보이고 있으며, 점차 개선되었지만 1905년 이후에서야 100에 근접하고 있다. 즉, 초기 개항 이후 조선은 일본과의 미곡무역에서 불리한 부등가교환이 발생하였으며, 조선의 교역조건은 개선되기보다는 오히려 악화되었다.

결국 일본상인의 무역이윤 획득과정에서 유통이윤이 수탈적이었으며, 조선과 일본의 교역조건도 조선에게 불리하게 부등가 교환으로서 무역수탈이윤을 상쇄하지 못하였다. 19세기 말 조선의 대일 무역에서 일본상인의 이윤획득 과정을 일본의 조선 유통망 장악이라는 틀 속에서 접근한 견해가 많았다. 하지만, 여기에서 일본의 대조선 무역은 화폐적 침략의 경로를 보여 준다. 즉, 일본 주도 화폐개혁은 조선화폐 남발, 인플레이션과 한전비가 하락을 초래했으며, 이는 다시 일본상인의 무역과 유통에 유리한 조건으로 초과이윤을 가져왔다.

경제궁핍화

일본이 주도한 1904년의 화폐정리사업의 주요 내용은 악화인 백동화의 환수, 일본 제일은행의 중앙은행화, 일본 제일은행권의 법정통화 주조 및 유통을 허용하는 것이다. 또한, 조선의 전환국 폐지, 한전어음의 유통금지와 조선의 전통 금융제도인 외획 제도를 폐지했다. 특히, 일본화폐를 본위화폐로 정하면서 조선의 화폐발행권을 박탈하였다. 조선 전통 금융제도인 외획과 한전어음의 사용이 폐지되면서 국내 금융시장은 얼어붙었다. 1904년 러일전쟁이 발발하자 일본은 러일전쟁의 비용 마련을 위해 군용어음과 제일은행권을 대량 발행하였다.

1905년 화폐조례칙령 2호, 3호, 4호가 발표되고 본격적으로 백동화와 한전을 환수하기 시작하였다. 백동화의 환수는 1905년 4월 4일 발표하고 7월 1일부터 본격 시행하였다. 백동화의 교환 기간은 만 1년으로 정하고, 이후 6개월 동안 구 백동화로 조세의 납부를 허용하였다. 또한 구 백동화나 상평통보 이외의 구 은화 및 구 동화는 1905년 1월 칙령으로 환수하기 시작했는데, 구 화폐는 새로운 화폐의 1/2(구화 2원=신화 1환) 비가로 환수되었다. 이는 조선의 한전 환수과정에서 기존화폐량의 1/2 수준으로 실질적인 소득의 손실이 발생했다는 것을 의미한다.

〈표 10〉은 1905-1910년 화폐정리사업으로 환수된 백동화와 엽전의 매수와 금액을 나타낸다. 1905-1910년 근대조선의 화폐량을 추정하기 위해서 총 화폐량에서 구 백동화와 구 상평통보(엽전)의 환수금액을 빼 주었다.

〈표 10〉 1905-1910년 화폐정리사업에 의한 백동화와 엽전의 전체 환수액과 미환수액의 비교(단위: 원, 환)

	구 백동화	구 엽전	구 엽전 수출액	은화	제일은행권	구 동화
1904년 환수 전	23,000,000	13,000,000		1,300,000	6,070,000	140,000
05'-09' 환수액(원)	19,052,597	4,767,418	3,207,748	802,134		140,000
05'-09' 미수액(원)	3,947,403	8,232,582		497,866		
05'-09' 환수액(환)	9,526,298	2,383,709	1,603,874	401,067		70,000

* 구 백동화 금액: 1904년 환수 전 23,000,000원. 05'-09' 환수액 19,052,597원. 05'-09' 미환수액 3,947,403원. 백동화 환수 지급환산액 9,526,298환.
구 엽전 금액: 1904년 환수 전 13,000,000원. 05'-09' 환수액 4,767,418원. 05'-09' 미환수액 9,012,417원. 엽전 환수 지급환산액 2,383,709환. 구엽전 수출액 1,603,874원.
은화(5냥, 1냥) 금액: 1904년 환수 전 1,300,000원. 05'-09' 환수액 802,134원. 05'-09' 미환수액 497,866원. 은화 환수 지급환산액 401,067환.
제일은행권 발행액: 1904년 환수 전 6,070,000원.
구 동화 금액: 1904년 환수 전 140,000원. 05'-09' 환수액 140,000원. 05'-09' 미환수액 0원. 구동화 환수 지급환산액 70,000환.

1905년 화폐정리사업에서 백동화 주조량 추정 23,000,000원 가운데 19,052,597원이 환수되었으며, 환수액은 할인된 가격인 1/2 가격으로 9,526,298환으로 전환되었다. 미환수된 백동화 금액은 나머지 3,947,403원이었으며, 재질이 조잡한 것으로서 거의 조선상인이 소유하고 있었으나 교환되지 못하고 폐기되었다. 백동화 환수 과정에서 조선상인은 엄청난 자산의 손실을 보았다. 구 엽전(상평통보와 당오전)은 환수 전 추정 13,000,000원 가운데 4,767,418원이 환수되었으며, 1/2 가치인 2,383,709환으로 전환되었다. 구 엽전의 미환수금액은 8,232,582원이었다. 총 엽전의 환수에 지급된 환산액은 2,383,709환이었으며, 구 엽전의 수출액도 1,603,874환에 달하였다.

조선의 은화(5냥, 1냥)는 1904년 환수 전 1,300,000원이었는데, 1905-1909년 환수된 금액은 802,134원, 미환수 금액은 497,866원이었으며, 은화의 환수 지급환산액은 1/2 가치인 401,067환이었다. 조선의 화폐량 추정에서 추가적으로 고려해야 하는 것은 1905년 환수조치 이전에 발행된 제일은행권 6,070,000원이 화폐량에 포함되어야 한다는 점이다. 은화와 백동화, 엽전을 제외한 구 동화는 1904년 환수 전의 금액은 140,000원으로, 이는 1905-1909년에 전액 환수되었으며 구 동화의 환수 지급환산액은 1/2의 가치로 70,000환이었다. 백동화와 은화, 엽전 등을 모두 포함하여 화폐 환수 이후 지급환산액(총계)는 12,381,074환이었으며, 미환수된 총액은 6,338,925환(약 34%)이었다. 구 통화의 환수에서 한전비가의 가치 하락으로 발생하는 환수손실액(32%)과 미 환수된 통화가치(34%) 하락은 모두 조선국부의 손실액과 같으며, 전체 통화가치의 66%에 해당한다. 엽전의 경우 재질이 양호한 상평통보는 용해되어 동으로 재수출되었으며 일부는 환수되었다. 화폐정리사업이 시행되는 1905년 엽전 수출액은 전체 엽전 환수액의 98%로서 엽전은 거의 모두 수출되었다는 것을 알 수 있다. 1906년 엽전의 환수액 가운데 수출 비중은 96%, 1907년 85%였다.

화폐정리사업의 문제는 백동화를 환수하는 과정에서 질이 떨어지는 백동화를 거부하거나 낮은 가격으로 바꾸어 주면서 그 백동화 보유자인 조선상인의 피해가 컸다는 점이다. 또한 우리나라 관습을 무시하고 기존 전통 금융제도인 외획과 어음제도를 일시에 폐지함으로써 금융경색과 화폐

유동성의 부족을 가져왔고 금융공황이 시작되었다. 결국 화폐정리사업에서 일본은 조선의 화폐를 1/2 가치로 환수하였으며, 금 태환이 안 되는 제일은행권을 법정화폐로 사용해서 조선의 경제를 장악했다. 조선상인들은 금융공황과 자산손실에 대해 정부에 구제 금융을 요청하였다. 조선정부는 내탕금 300만 원을 제일은행에서 차입하려 했지만, 일본의 반대로 무산되고 왕실의 내탕금 30만 원으로 구제금융을 하였다. 왕실의 화폐를 총괄하는 일본인 고문 메가다는 조선상인의 구제금융으로 사용된 내탕금의 사용처까지 규제하여 마음대로 사용하지 못하게 했다. 조선화폐의 환수 이후 시중에 유통된 통화량은 1903년 통화량 대비 47-59% 수준에 머물고 있다.

이 같은 통화량 감소는 시장에서 유동성이 부족한 금융경색과 디플레이션을 불러왔으며, 조선화폐를 상거래 자산으로 가지고 있던 많은 조선상인들의 파산을 가져왔다. 일본인들은 일본 제일은행을 통해 사전에 화폐개혁을 인지하여 백동화를 비싼 값에 투매한 후 양화인 일본화폐를 구입하였다. 조선상인들은 백동화 환수정책을 불신하여 백동화를 급하게 매도하였으며 백동화의 가치는 급락하였다. 백동화에 대한 환수조치를 미리 안 경우에도 그 이전에 시행된 조선의 화폐개혁에서 당오전과 당백전의 실패경험으로 화폐개혁에 대한 불신이 존재하였으며 새로운 통화의 사용을 자제하였다.

조선상인은 백동화 가치가 떨어질 것을 예상하여 백동화를 근거로 어음을 남발하였으나, 차후 백동화 가치가 다시 상승하여 백동화 조달이 어려워지자 어음을 갚지 못해서 도산이 속출하였다. 1904년 화폐정리사업으로 백동화의 환수에 대한 정보가 부족해서 백동화를 그대로 보유했던 조선상인들도 많은 손해를 보았다. 조선 통화의 환수에 따른 자체적인 손실

이외에도 통화환수로 인해 시중에 화폐유동성이 부족해지면서 디플레이션 현상과 경기침체가 나타났고, 조선상인의 파산자는 급격하게 증가하였다. 조선상인 가운데 파산자는 주로 면포 산업에서 가장 많았으며, 종이, 미곡, 건축, 금과 은 등 귀금속 산업 순서였다. 면포 산업의 경우 평균 파산금액은 1인당 6-15만 원, 종이산업은 6-10만 원, 금은 귀금속은 7-10만 원 정도로 파산규모가 큰 편이었다. 근대조선의 조세수입이 14,014,000원이었는데, 조세수입 대비 파산금액의 비중은 약 15%에 해당했다. 조선정부는 재정적자를 메우기 위해 일본으로부터 막대한 차관을 도입하였으며, 재정악화와 일본차관에 대한 의존도 증가는 조선이 식민화되는 결정적인 계기가 되었다.

*

나오며

조선 후기 생산성 하락과 경제빈곤에 대한 원인은 국가 위주의 유통체제와 미성숙한 시장, 소유권 제도의 미비, 불완전한 무역, 산림 황폐화와 연료 부족, 소빙하기와 같은 천재지변 등 다양한 설명이 있다.

이 책의 의의는 18-20세기 초 유럽의 경제발전 과정과 다르게 조선의 생산력은 왜 하락했으며, 경제발전이 왜 늦었는지에 대한 원인을 사회경제적 제도에서 찾고 있다는 점이다. 흥미로운 점은 18-20세기 초까지 조선의 생산력 하락은 조선의 사회질서를 유지해 왔던 신분제와 지주제, 조세제도와 화폐제도 등 제도변화와 함께 진행되었다는 것이다. 신분제인 노비제와 고공제에서 노동 이동성이 제약되었고 노비와 고공의 도망이 빈번했다. 이는 사회적 네트워크(network)와 사회적 자본의 결여, 공동체의 신뢰 부족, 시장 통합의 실패, 상민층의 토지분해로 나타났다. 그 결과 생산성은 하락하고, 백성의 삶은 궁핍해졌다. 일본의 조선 식민화 과정은 이 시기 외부적 제국주의 팽창보다 오히려 조선의 내부적 제도와 경제적 빈곤을 통해 발생했다는 점에서 유럽제국의 식민화 과정과 차별된다.

조선 후기 노비제와 고공제는 노동 이동성을 극단적으로 제약했고, 노비와 고공은 끊임없이 신분제와 양반 지주로부터 도망하였다. 이들은 신분제

사회에서 아무런 사회적 보호를 받을 수 없었으며, 개인 소유권 보장, 결혼과 가족 형성 등 사회적 공동체에서 철저하게 소외되었다. 이들은 양반 지주로부터 잡히지 않고 도망하기 위해 도시보다는 사람이 없는 고립되고 외딴 산간 지역으로 숨어들었다. 이들의 잦은 도망은 공식적인 신분제 사회와 괴리된 비공식 사회를 만들었다. 이들은 비공식사회에서 시장거래보다 가족을 중심으로 한 자급자족형 경제를 추구하였다. 도망노비와 고공들이 만들어 낸 비공식 사회(Informal Society)의 출현은 국가와 공동체를 사회적 자본이 있는 사회와 없는 사회로 분할하고 시장통합을 저해했다.

사회적 자본이 없는 사회에서 신용과 대차 관계는 사라지고, 가족 중심의 소농이 확대되었다. 비공식사회에서 신용과 믿음이라는 사회적 자본의 결여로 소농과 상민층이 춘궁기에 빌릴 수 있는 토지와 신용대출의 크기는 아주 작았으며, 대신 높은 지대와 고리대 이자를 부담했다. 이러한 높은 지대와 고리대는 빈농과 상민층에게 가혹한 빈곤의 대가를 가져왔다. 이들을 사회로부터 도망쳐서 유민화되었으며, 사회를 불안정하게 만들었다. 19세기 들어서 민란의 시대와 경제위기의 시대가 나타났다. 비공식사회에서 사회적 자본이 축적되지 못했으며, 시장거래는 미약하고 사회적 신뢰와 공동체로부터 보호받을 수 있는 사회공동망이 형성되지 않았다. 토지의 경작 주체이기도 한 소농에게 봄에 돈을 빌려주고 가을 수확기에 미곡으로 이자와 원금을 갚는 고리대의 이자는 대출금의 환수위험과 도망 위험이 커지면서 연 50%로 매우 높았다. 비공식사회에서 사회적 자본인 신용과 금융시장의 발전은 불가능했다.

조선 후기 인구 증가로 도시화(urbanization)가 진행되었고, 그 주변에서 많은 수공업 노동력이 필요했다. 하지만 농업 부문에서 신분제로 인한 노동

이동성 제약으로 도시에서는 일손을 부족하고 농촌에서는 잉여 노동력이 생겼다. 농업 부문에서 노비와 고공의 잉여 노동력은 이들의 임금을 낮추었으며, 최저 생계비를 유지하기 힘들었다. 노동 이동성의 제약으로 농촌의 잉여 노동력이 도시로 이동하지 못하고 대신 도망으로 비공식사회로 숨어들어 갔다. 가족 단위로 농업을 하는 소농 경영방식은 노동의 체계적인 생산 분업이 불가능했으며, 생산과 수요의 주체가 분리되지 못하였고 시장 발전도 느리게 진행되었다. 결국, 조선에서 신분 노비제와 고공제는 비공식 사회를 통해 시장 발전과 통합을 저해하고, 신용과 금융시장의 발전을 방해했다. 노동의 분업이 불가능하였고, 생산성도 떨어졌으며, 조선의 경제발전을 가로막는 중요한 요인이었다.

18-19세기 대동법 이후 조선정부는 조세 징수의 편리성을 위해서 모든 조세를 토지세로 전환되면서 토지를 보유하는 비용이 급증했다. 과중한 토지세의 부담으로 소농과 상민층은 토지를 매도하고 떠돌아다녔으며, 조선의 중요한 조세 수입원도 줄어들었다. 그나마 토지를 버리지 못하고 남아 있는 소농에게는 양반 지주의 결세와 지대가 전가되었고, 야반에 토지를 버리고 도망가는 사람들이 자꾸 늘었다.

조선 후기 새로운 명목화폐인 상평통보를 도입하는 화폐제도에서 두 가지 특징적인 현상이 나타났다. 먼저, 시장거래의 증가에 비해 교환수단, 즉 명목화폐가 부족한 전황 현상이 나타났다. 정부는 새로운 화폐인 상평통보의 사용을 장려하기 위해 동전가치 안정화 정책을 시행하였다. 전황은 심각한 사회적 문제를 불러왔으며, 동전가치가 귀해지고 디플레이션이 나타났다. 전황 현상과 동전가치 안정화 정책으로 물가는 지속적으로 하락하는 디플레이션 현상이 지속되었다. 조선 후기 디플레이션 현상으로 조선의 수출 물가가 일본에 비해 상대적으로 저렴해지면서, 대일 무역의 흑자를 가져왔다. 대일 무역의 흑자로 일본 은이 유입되면서 조선의 통화량과 물가는 상승압력을 받았지만, 전황과 동전가치 안정화 정책으로 조선 물가는 여전히 낮은 수준으로 유지되었다. 이 같은 화폐 유동성의 부족은 1876년 개항 이후 일본제국이 주도한 식민지 화폐개혁으로 화폐가 남발될 때까지 지속되었다. 화폐는 백성들의 생활에 필요한 물건을 사고파는 교환 수단인 동시에 상인에게는 부의 저장 수단이었으며, 국왕에게는 주전 차익을 가져온 수단이었다. 특히, 조선 후기 상평통보의 도입이 가져온 사회변화는 시장경제의 발전과 화폐사용의 확대, 높은 조세와 디플레이션에 적응하지 못한 상민층의 분해와 신분제의 약화였다.

18-20세기 초 조선 노동자의 임금수준은 생계비 물가에 비해 매우 낮았다. 임금을 높은 지대와 고리대와 비교해 보면 백성의 생활이 얼마나 경제적으로 빈곤했는지를 알 수 있다. 또한, 이 시기 조선과 일본의 실질임금을 비교해서 조선의 빈곤 수준이 일본에 비해 얼마나 낮았는지도 확인해 보았다. 유럽과 미국 등 선진국 간 물가와 생계비의 비교는 무역수지의 측면에서 많이 연구되고 있다. 하지만, 조선 후기 조선과 일본의 국제 물가 비교에 대한 연구는 거의 없다. 그 이유는 대부분 조선과 일본의 무역이 공적인 무역보다는 개별적인 사무역이었으며, 무역에 대해 조선 왕실의 무관심으로 『조선왕조실록』과 관찬사료에 역사적 자료가 거의 남아 있지 않았기 때문이다.

1876년 개항 이후 외국무역으로 외국 화폐가 범람하였다. 조선의 식민지화 이전 일본이 주도한 몇 차례 식민지 화폐개혁은 화폐제도의 근대화보다는 조선화폐의 남발, 일본화폐의 유통 허용, 그리고 인플레이션을 불러왔다. 19세기 말 나타난 인플레이션은 백성들에게 강요된 저축(enforced saving)을 통해 이들의 삶을 궁핍하게 했다. 조선화폐 남발과 일본화폐의 유통, 인플레이션은 대내적으로 백성들의 생계비 물가를 폭등시켰으며, 임금을 떨어트렸다. 대외적으로 수출물가의 급등으로 교역조건을 하락시켰으며, 대일 무역수지는 악화되었다. 일본화폐의 유통과 물가폭등으로 무역이익을 크게 본 일본은 조선의 정치적, 군사적 식민화 이전에 화폐적으로 조선의 시장과 경제를 장악했다.

하지만 19세기 말 일본이 주도한 식민지 화폐개혁으로 발행된 화폐량에 대한 공식기록은 찾을 수 없었다. 근대조선에서 화폐 발행을 조절하는 조선정부의 화폐 기구가 없어서 실제 얼마나 화폐가 유통되었는지에 대한 정확한 기록이 없다. 화폐를 보유한 상인과 농민도 자기가 가진 화폐의 정확한 가치를 알지 못했으며, 조선 화폐의 가치는 계속 하락했다. 기존 연구는 조선에서 일본 화폐의 유통을 조선의 유통지배 과정으로, 화폐개혁을 화폐제도의 근대화 과정으로 파악하고 있다.

식민지 화폐개혁의 경제적 파급 경로는 시대적 여건에 따라 서로 달랐다. 1894년 신식화폐발행장정의 경우는 조선화폐의 남발과 일본화폐의 유통확대, 한전비가 하락을 통한 미곡과 금의 무역 수탈이었다. 1904년 화폐정리사업의 경우는 조선 화폐의 환수와 금융경색, 일본 화폐의 법정화를 통한 내부적인 금융 수탈이었다. 일본이 주도한 두 화폐개혁의 작동 경로는 서로 달랐지만, 공통적으로 일본 화폐의 유통과 금의 유출을 통해 조선의 무역과 금융을 화폐적으로 수탈하는 것이었다. 19세기 말 일본의 조선 식민화는 정치 군사적 식민화가 아닌 화폐적 식민화였다. 조선정부도 경제 궁핍화로 인해 조세수입이 작아지면서 실질적인 세수 감소를 감수했다. 정부의 재정이 악화되고 조세를 반복적으로 인상하는 악순환이 반복되었고, 백성들의 빈곤은 가중되었다.

이 책은 일본의 조선 식민지 침탈에 대한 원인으로서 조선의 제도적 문제가 무엇이고, 어떻게 경제적 빈곤을 가져왔는지에 대한 근거를 제시하고 있다. 18-20세기 초 조선의 제도와 빈곤이 보여 주는 방향은 식민주의 원인이 국가의 내부적 제도와 사회적 자본의 결여, 경제적 빈곤에 있다는 것이다. 이를 통해 이 책은 더 나은 국가와 사회의 발전을 위한 방법으로서 좋은 제도 구축의 중요성과 그로 인한 제도와 성장의 관계를 제시하고 있다.

*

부록

〈표 1〉 17-19세기 일본과 조선의 물가와 실질임금 비교(단위: 1750년=100)

연도	일본미가 (은화/석)	일본미가 지수	일본건축노동 실질임금지수	조선미가 (냥/석)	조선미가 지수	조선일고 실질임금지수
1689						
1690						
1691						
1692						
1693						
1694						
1695						
1696						
1697				0.64	53.56	
1698						
1699						
1700						
1701						
1702						
1703						
1704						
1705				1.28	107.11	
1706						
1707						
1708						
1709				1.75	146.44	
1710						
1711						
1712						
1713	153.50	198.06		1.60	133.89	
1714				2.26	189.12	

연도	일본미가 (은화/석)	일본미가 지수	일본건축노동 실질임금지수	조선미가 (냥/석)	조선미가 지수	조선일고 실질임금지수
1715				1.50	125.52	
1716				1.93	161.51	
1717				1.72	143.93	
1718				1.28	107.11	
1719				1.30	108.79	
1720						
1721						
1722				1.85	154.81	
1723				1.86	155.65	
1724				1.16	97.07	
1725				0.63	52.72	
1726	69.00	89.03	80.90	2.35	196.65	
1727	63.00	81.29	85.20			
1728	49.00	63.23	98.90	0.90	75.31	
1729	45.50	58.71	102.70			
1730	48.80	62.97	101.70			
1731	49.20	63.48	103.10			
1732	67.80	87.48	73.00			
1733	64.00	82.58				
1734						
1735						
1736				1.15	96.23	
1737				0.83	69.46	
1738	70.00	90.32		1.78	148.95	
1739						
1740						
1741	90.80	117.16				
1742	83.50	107.74		1.50	125.52	
1743	80.80	104.26		1.00	83.68	
1744	80.00	103.23		1.19	99.58	
1745	76.20	98.32		1.55	129.71	

연도	일본미가 (은화/석)	일본미가 지수	일본건축노동 실질임금지수	조선미가 (냥/석)	조선미가 지수	조선일고 실질임금지수
1746	86.60	111.74	94.30	1.19	99.58	
1747	81.00	104.52		1.22	101.67	
1748	81.40	105.03		1.24	103.77	
1749	73.50	94.84		0.88	73.64	
1750	77.50	100.00	100.00	1.20	100.00	
1751	74.80	96.52	104.20	1.44	120.50	
1752	64.30	82.97	110.60	1.73	144.77	
1753	53.60	69.16	129.00	1.25	104.18	
1754	50.30	64.90	189.30	1.26	105.44	
1755	73.20	94.45	152.00	1.85	154.39	
1756	93.50	120.65	126.20	3.25	271.97	
1757	81.50	105.16	133.50	1.51	125.94	
1758	74.60	96.26	99.90	0.93	77.41	
1759	73.10	94.32	101.30	1.07	89.54	
1760	64.20	82.84		1.32	110.04	
1761	57.70	74.45		1.69	141.42	
1762	55.50	71.61		2.60	217.57	
1763				3.17	264.85	
1764				1.58	132.22	
1765				1.80	150.63	
1766				1.37	114.64	
1767				1.78	148.95	
1768				1.90	159.00	
1769				1.81	151.46	
1770				1.11	92.89	
1771				1.67	139.75	
1772				1.63	136.40	
1773	60.50	78.06	113.10	3.26	272.80	
1774	54.50	70.32	119.50	1.65	138.08	
1775	59.00	76.13	113.20	1.51	126.36	
1776	66.90	86.32	109.80	1.55	129.71	

연도	일본미가 (은화/석)	일본미가 지수	일본건축노동 실질임금지수	조선미가 (냥/석)	조선미가 지수	조선일고 실질임금지수
1777	71.60	92.39	107.20	1.44	120.50	
1778	66.20	85.42	112.80	2.03	169.87	
1779	62.80	81.03	117.90	1.86	155.65	
1780	54.70	70.58	125.60	1.50	125.52	100.00
1781	64.80	83.61	119.10	1.56	130.13	90.58
1782	84.50	109.03	102.40	2.41	201.26	72.60
1783	100.80	130.06	92.60	2.86	239.33	55.31
1784	104.00	134.19	85.40	2.74	229.29	83.89
1785	79.50	102.58	105.60	1.56	130.54	108.38
1786	87.00	112.26	98.20	1.83	152.72	57.74
1787	150.80	194.58	62.30	2.63	220.08	123.36
1788	89.80	115.87	88.90	1.58	131.80	95.06
1789	80.40	103.74	90.70	2.17	181.59	68.81
1790	69.60	89.81	111.30	1.95	163.18	88.74
1791	71.20	91.87	112.50	1.82	151.88	93.29
1792	92.10	118.84	92.90	2.54	212.55	64.73
1793	91.20	117.68	92.20	3.40	284.10	48.91
1794	73.60	94.97	104.00	1.88	156.90	84.79
1795	82.00	105.81	102.30	2.50	209.21	77.19
1796	88.00	113.55	97.00	2.07	173.22	100.64
1797	85.40	110.19	99.40	1.90	158.58	85.58
1798	85.50	110.32	100.50	2.85	238.08	53.69
1799	82.90	106.97	102.40	2.90	242.68	70.53
1800	91.70	118.32	97.80	1.66	138.91	83.71
1801	84.50	109.03	100.30	1.83	152.72	78.95
1802	79.20	102.19	106.70	1.58	132.22	88.24
1803	73.70	95.10	108.50	1.63	136.40	83.33
1804	60.20	77.68	126.20	1.69	141.42	93.05
1805	60.70	78.32	124.60	1.59	133.05	99.87
1806	65.90	85.03	119.50	2.16	180.75	69.44
1807	69,7	89.94	113.60	1.68	140.59	86.61

연도	일본미가 (은화/석)	일본미가 지수	일본건축노동 실질임금지수	조선미가 (냥/석)	조선미가 지수	조선일고 실질임금지수
1808	82.90	106.97	101.30	1.82	152.30	82.15
1809	83.20	107.35	103.40	1.73	144.35	64.21
1810	65.90	85.03	117.80	3.85	322.18	30.99
1811	68.80	88.77	114.90	2.20	184.10	63.80
1812	65.50	84.52	118.70	1.84	153.97	52.96
1813	67.60	87.23	118.50	2.34	195.40	46.98
1814	80.20	103.48	106.20	3.12	260.67	25.15
1815	81.40	105.03	105.80	5.78	483.26	26.41
1816	75.50	97.42	111.10	2.35	196.23	53.11
1817	83.00	107.10	102.70	1.40	117.15	77.92
1818	71.80	92.65	113.10	1.40	117.15	64.02
1819	63.20	81.55	119.90	1.83	152.72	56.00
1820	55.90	72.13	130.50	1.92	160.67	87.50
1821	63.80	82.32	118.40	2.16	180.75	70.80
1822	73.20	94.45	113.60	2.69	224.69	71.25
1823	73.20	94.45	112.60	2.08	173.64	90.08
1824	78.40	101.16	107.10	1.91	159.41	94.50
1825	79.60	102.71	106.20	1.73	144.35	95.31
1826	88.30	113.94	97.70	2.07	172.80	94.39
1827	72.80	93.94	108.20	1.78	148.54	90.08
1828	76.90	99.23	106.30	2.74	228.87	57.89
1829	103.80	133.94	88.40	3.44	287.87	62.64
1830	89.50	115.48	98.00	2.12	176.99	109.42
1831	94.80	122.32	92.40	2.10	175.31	103.40
1832	85.50	110.32	100.30	2.30	192.47	80.27
1833	107.40	138.58	86.50	3.68	307.95	54.41
1834	119.30	153.94	76.90	3.63	303.77	93.96
1835	85.80	110.71	97.80	2.60	217.57	70.15
1836	117.10	151.10	80.00	3.10	259.41	52.57
1837	172.80	222.97	55.40	4.59	384.10	75.24
1838	116.20	149.94	72.20	3.30	276.15	56.97

연도	일본미가 (은화/석)	일본미가 지수	일본건축노동 실질임금지수	조선미가 (냥/석)	조선미가 지수	조선일고 실질임금지수
1839	107.20	138.32	72.60	3.00	251.05	82.64
1840	76.20	98.32	96.60	4.34	363.18	120.00
1841	79.70	102.84	97.10	2.25	187.87	144.65
1842	88.70	114.45	87.00	1.80	150.63	142.05
1843	81.40	105.03	93.10	2.54	212.13	134.65
1844	91.00	117.42	90.30	2.33	194.98	138.38
1845	97.10	125.29	86.30	2.02	169.04	157.89
1846	101.70	131.23	81.60	1.95	163.18	163.04
1847	97.70	126.06	81.10	2.19	182.85	133.81
1848	101.30	130.71	85.70	2.08	174.06	182.04
1849	109.60	141.42	78.90	1.59	133.05	199.47
1850	133.60	172.39	71.50	1.81	151.05	130.84
1851	135.00	174.19	66.00	2.86	239.33	87.66
1852	99.70	128.65	87.90	4.00	334.73	72.62
1853	112.10	144.65	81.10	3.84	321.34	106.72
1854	117.10	151.10	76.20	1.84	153.56	151.52
1855	96.70	124.77	88.10	1.80	150.63	151.52
1856	92.20	118.97	90.70	1.63	136.40	138.83
1857	107.30	138.45	80.10	1.62	135.15	84.96
1858	140.30	181.03	66.50	3.34	279.08	66.30
1859	140.20	180.90	64.80	2.85	238.49	79.69
1860	146.50	189.03	62.20	2.10	175.73	59.89
1861	221.10	285.29	41.70	3.06	256.07	47.47
1862	158.90	205.03	53.90	3.66	305.86	46.17
1863	177.70	229.29	46.60	3.52	294.56	48.86
1864	225.40	290.84	46.70	4.17	348.95	42.77
1865	401.30	517.81		3.87	323.85	32.61
1866	933.40	1204.39	62.40	5.02	419.67	31.82
1867	891.70	1150.58	63.00	3.72	310.88	56.48
1868	458.60	591.74	108.00	3.80	317.57	43.71
1869	652.80	842.32		6.12	512.13	25.09

연도	일본미가 (은화/석)	일본미가 지수	일본건축노동 실질임금지수	조선미가 (냥/석)	조선미가 지수	조선일고 실질임금지수
1870	640.80	826.84		6.69	559.83	25.30
1871	374.00	482.58		5.30	443.51	29.71
1872				5.88	492.05	29.69
1873				5.62	470.29	26.20
1874				5.25	439.33	37.69
1875						49.77
1876				6.22	520.50	18.36
1877						30.16
1878						63.09
1879				5.94	497.07	32.02
1880						78.55
1881						36.60
1882				7.45	623.43	32.10
1883				6.26	523.85	31.18
1884				9.26	774.90	25.85
1885				8.13	679.92	25.73
1886				8.36	699.58	27.52
1887				6.54	547.28	30.27
1888				8.88	742.68	20.66
1889				5.24	438.49	35.96
1890				5.25	439.33	54.29
1891				5.87	491.21	41.68
1892				7.25	606.69	33.83
1893				14.38	1202.93	15.53
1894				13.00	1087.87	
1895				12.00	1004.18	

* 자료: 조선 미가는 경상도 경주와 전라도 영암의 가중평균미가를 사용했다. 일고의 임금자료는 전라도 영암 남평문씨 일기와 경상도 예천 박조수씨의 추수기 참조. 일고의 실질임금은 전라도 영암 남평문씨 일기와 경상도 예천 박조수씨의 추수기 참조. 저자 작성. 일본 자료는 草野正裕(1996) 참조. 저자 작성.

〈표 2〉 조선 후기 동전의 상품화폐(면포와 쌀)에 대한 상대가격

연도	면포가	동전가	미가	연도	면포가	동전가	미가
1679				1730		1냥	8.5두
1679	1필	1냥	5두	1731		1냥	3두
1679		1냥	7.5두	1731		1냥	10두
1681	1필		5두	1731		1냥	3두
1693		은 1냥 2전	1석	1732		1냥	1.8두
1696		1냥	2두	1734			
1697	1필	4-5냥		1734		1냥	5두
1697	1필		5두	1734		1냥	5두
1697	50필			1734	1필	2냥	
1698	1필		6두	1734		1냥	8두
1698	1필		12두	1734		1냥	3.75두
1702	1필	3냥 3전	5두	1735	1필	1냥	
1703	1필	은 1냥	2석	1735		1냥	3-5두
1709	1필	3냥 5전		1736		1냥	7.5두
1716	1필	2냥		1738	1필		3석
1718		1냥	3.75두	1739		1냥	4.28두
1719		1냥	2두	1742		1냥	4.54두
1722		1냥	3.75두	1743		1냥	3.75두
1722		1냥	3.75두	1745		1냥	2.15두
1723		1냥	3.75두	1746			
1723		1냥	2두	1745	1/6필	1냥	2.5두
1726	0.5필	1냥	3.75두	1748			
1726		1냥	1.89두	1749		1냥	6두
1727		1냥	8두	1749		1냥	3.75두
1728		1냥	8두	1750		1냥	2.5두
1729				1750		1냥	2.5두
1729		1냥	15두	1750	1필	1냥 5전	
1730		1냥	2.5두	1751		1냥	2.1두
1730		1냥 7전 4푼	1석	1751		1냥	6두
1730		1냥	5두	1751		1냥	3두
1730		1냥	6두	1751		1냥	3.75두

연도	면포가	동전가	미가	연도	면포가	동전가	미가
1751	1필	1냥 2-3전		1782		1냥	1.25두
1754		1냥	5두	1782		1냥	1.5두
1754	1필	1.2냥		1783		1냥	2.72두
1756		1냥	3.75두	1783		1냥	3.75두
1756		1냥	5두	1783		1냥	2.5두
1756		1냥	3.75두	1783		1냥	2.72두
1756	1필		6두	1784		1냥	2.15두
1756	1필	12두		1784		1냥	1.88두
1756	1필	1냥 8전		1784		1냥	5두
1757		1냥	5두	1785		1냥	3.75두
1758		1냥 3전	1석	1785		1냥	7.5두
1758		1냥	3두	1785		1냥	3.75두
1758		3전	1석	1785		1냥	12.5두
1761	1필	4전		1785		1냥	3.75두
1762		1냥	4.1두	1786		1냥	2두
1762	1필	2냥		1786		1냥	3.75두
1762	1필	2냥		1786		1냥	2.72두
1770		1냥	3두	1787		1냥	3.3두
1770		1냥	7.5두	1788		1냥	1두
1774				1789		3냥 7전	1석
1774	1필	1냥	3두	1793		1냥	3.8두
1778		1냥	2.15두	1794		1냥	4.28두
1778		1냥	2.5두	1794		1냥	4.3두
1780		1냥	5두	1796		1냥	3두
1781		1냥	2.5두	1798		4냥	1석
1782		1냥	5두				

* 자료: 『승정원일기』, 『비변사등록』 참조. 저자 작성.
* 상평통보의 계산단위: 1닢(한닢)=1문(文 또는 푼), 10문=1전, 10전=1냥, 10냥=1관(貫 또는 면, 緡).
* 무게단위: 10리(釐)= 1푼(分), 10푼=1전, 10전=1냥, 16냥=1근(斤).
* 조선 은전 교환비율: 상평통보 400문=쌀 10말(斗)=은 1냥, 40문=쌀 1말=은 1전, 4문=쌀 1되(升)=은 1푼.
* 조선 은전 교환비율 개정(숙종 5년 2월): 상평통보 200문=은 1냥, 20문=은 1전, 2문=은 1푼.

〈표 3〉 조선 후기 일본 은과 동의 수입량(단위: 은 관, 동 근)

연도	은수입	동수입	연도	은수입	동수입	연도	은수입	동수입	연도	동수입
1684	1,938	169,749	1709	940	56,796	1734	770	30,000	1770	164,600
1685	2,007	91,142	1710	620	72,150	1735	950	45,000	1771	72,105
1686	2,887	315,015	1711	620		1736	430	85,000	1772	20,900
1687	2,044	264,235	1712	525		1737	485		1773	170,850
1688	2,487	188,577	1713	950	100,000	1738	770		1774	139,000
1689	1,995	181,732	1714	1,956	100,000	1739	595		1775	130,500
1690	2,231	587,969	1715	1,580	200,000	1740	910		1776	38,000
1691	2,731	437,669	1716	1,410	100,000	1741	750		1777	86,900
1692	2,437	421,874	1717	1,360		1742	450		1778	100,000
1693	2,274	681,387	1718	980	100,000	1743	110		1779	100,000
1694	2,579	692,353	1719	580	200,000	1744	500	23,428	1780	100,000
1695	2,449	372,252	1720	765	200,000	1745	250	23,428	1781	100,000
1696	2,440	628,348	1721	1,132		1746	260	23,428	1788	70,000
1697	2,405	1,436,000	1722	1,630		1747	270	23,428	1789	12,000
1698	1,400	26,453	1723	1,490	100,000	1748	100	23,428	1790	37,000
1699	1,980	626	1724	700		1749	310	23,428	1791	80,000
1700	1,565	1,100	1725	410	230,000	1750	196	23,428	1792	70,000
1701	2,730	4,456	1726	700	100,000	1751	110		1793	23,000
1702	1,807	24,726	1727	1,280	240,000	1752	10		1820-1826	150,000
1703	730	300	1728	1,100	100,000	1763		69,798	1827	200,000
1704	1,350	5.251	1729	1,350	100,000	1764		112,433	1828-1835	150,000
1705	1,078	5,351	1730	1,450		1765		103,000	1836-1844	161,000
1706	1,300	55,200	1731	1,590	100,000	1767		40,300	1845-1847	150,000
1707	927	3,426	1732	1,010	100,000	1768		55,000	1848-1854	161,000
1708	980	4008	1733	700	100,000	1769		52,300	1855-1866	211,000

* 자료: 田代和生(1973, 1981) 참조. 저자 작성.

** 동의 액수는 荒銅, 吹銅을 구분 없이 합산하였으며, 1710년까지 수입액은 정확한 수치이고, 1713년 이후는 최대 수입량을 기록함.

은의 무게를 나타내는 1관(貫)을 동의 무게를 나타내는 근으로 표시하면 6.25근과 같음. 은의 무게 1관=은 10냥.

1613년(광해군 5) 공무역의 조약 제정.

1. 1613(광해군 5)-1650년(효종 1): 29,073斤 54匁.
2. 1651년(효종 2)-1702년(숙종 28): 29,373斤 54匁.
3. 1703년(숙종 29)-1808년(순조 8): 27,900斤.
4. 1809년(순조 9)-1866년(고종 3): 26,900斤.

〈표 4〉 1678-1910년 조선 총 화폐량(단위: 천 냥, 천 원; 1원=5냥 기준)

1678-1866년 조선 화폐량			1866-1910년 근대조선 화폐량						
연도	주전량(천 냥)	총 화폐량(천 냥)	연도	주전량(천 냥)	총 화폐량(천 냥)	연도	주전량(천 냥)	총 화폐량(천 냥)	총 화폐량(천 원)
1678-	상평통보	50	1866	당백전	27256	1891		102956.3	
1681	50		1867		11756	1892	백동화	104933.7	20986.7
1684	0	50	1868		11756	1893	-	105616.2	21123.2
1686	20	70	1869		11756	1894	178	104494.2	20898.8
1690	18	88	1870		11756	1895	1707.8	107679.5	21535.9
1695	550	638	1871		11756	1896	1595	110212	22042.4
1729	700	1338	1872		11756	1897	228.7	111955.7	22391.1
1731	350	1688	1873		11756	1898	3165.4	113492.4	22698.5
1732	280	1968	1874		11756	1899	6894.2	118599.1	23719.8
1742	500	2468	1875		11923	1900	10152.3	131906.4	26381.3
1750	164	2632	1876		12590	1901	15417.9	152504.2	30500.8
1751	607	3239	1877		13303.9	1902	18467.7	174382.4	34876.5
1765	330	3559	1878		13953.8	1903	18509.7	194231	38846.2
1772	100	3669	1879		14672.1	1904	17313.2	119620.3	23924.1
1774	640	4309	1880		15411.1	1905	한전환수	119831.9	23966.4
1775	500	4809	1881		16563.2	1906		120633.9	24126.8
1785	670	5479	1882		16592	1907		139172.2	27834.4
1791	60	5539	1883	당오전	17259	1908		111719.9	22344
1793	60	5599	1884		27551	1909		129975.4	25995.1
1794	60	5659	1885		38591.8	1910			
1797	100	5759	1886		49547.5				
1798	100	5859	1887		62662				
1807	300	6159	1888		72935.3				
1814	326	6485	1889		82738.5				
1825	367	6852	1890	평양전	92739.3				
1830	933	7785							
1832	784	8569							
1840	200	8769							
1855	1571	10340							
1857	916	11256							
1866	16000	27256							

* 자료: 『조선왕조실록』, 『비변사등록』, 『추관지』, 『승정원일기』, 『만기요람(萬機要覽)』, 『증보문헌비고(增補文獻備考)』, 『잠곡유고(潛谷遺稿)』, 『용호문록(龍湖問錄)』, 『통상휘찬』, 일본 대장성 자료 참조. 저자 작성.

참고문헌

사료문헌

『朝鮮王朝實錄』, 『備邊司謄錄』, 『承政院日記』, 『日省錄』, 『慶北地方古文書集成』, 『勝聰明錄』 『淸臺先生日錄』, 『古文書集成 3 -海南尹氏篇』, 『世宗實錄地理志』, 『磻溪隨錄』, 『星湖僿說』, 『經國大典』, 『續大典』, 『增補文獻備考』, 『萬機要覽』, 『居官大要』, 『四政考』, 『頤齋亂藁』, 『經濟野言』, 『潛谷遺稿』, 『龍湖問錄』, 『牧民心書』, 『龍湖問錄』, 『秋官志』, 『통상휘찬』, 『課農小抄』, 『端磎日記』, 『盧尙樞日記』, 『大明律直解』, 『大典會通』, 『審理錄』, 『增補文獻備考』, 『擇里志』, 『欽欽新書』, 『善城文牒』, 『山林經濟補說』, 『賦役實摠』, 『度支志』

노비매매자료

서울대 奎章閣, 國立中央圖書館, 嶺南大圖書館, 嶺南大博物館, 全北大博物館, 圓光大博物館, 順天大博物館, 木浦大博物館, 全州歷史博物館, 國立全州博物館 天理大所藏古文書, 京都大所藏古文書, 『嶺南古文書集成』 I · II, 『古文書集成 2 -扶安 扶安金氏篇』, 『古文書集成 5-7 -義城金氏篇(正書本)』, 『古文書集成 33, 69 -寧海 載寧李氏篇』, 『古文書集成 37, 38 -求禮 文化柳氏篇』, 『古文書集成 39 -海南 金海金氏篇』, 『古文書集成 41, 42 -安東 周村 眞城李氏篇』, 『古文書集成 47 -晉州 丹牧 晉陽河氏篇』, 『古文書集成 50, 51 -慶州崔氏 龍山書院篇』, 『古文書集成 52 -河回 豊山柳氏篇』, 『古文書集成 57 -晉州 雲門 晉陽河氏篇』, 『古文書集成 76 -密陽 密城朴氏·德南書院篇』, 『日省錄』, 『勝聰明錄』, 『慶尙道丹城縣戶籍大帳』(韓國精神文化研究院, 1980), 『慶尙道彦陽縣戶籍大帳』(釜山大學校 韓國文化研究所, 1989).

근대조선 사료

『各司謄錄』, 『釜山港關草』, 『元山港關草』, 『仁川港關草』, 『三港口關草』, 『公文編案』, 『光緖11-19년 朝鮮通商三關貿易冊』, 『釜山港監理署日錄』, 『海隱日錄』, 『舊韓國外交文書』, 『舊韓末條約彙纂』(상·중·하), 『通商報告』, 『通商彙纂』, 『通商彙編』, 『中國海關報告』, 『日韓通商協會報告』, 『駐韓日本公使館記錄』, 『日本外交文書』, 『大阪外國貿易調』, 『韓國土地農産調査報告書』, 『明治前期經濟史料集成』, 『韓國貨幣整理報告書』, 『皇城新聞』, 『明治官報』, 『尹致昊日記』, 『韓國誌』, 『독립신문』, 『LME London Fix gold data』, 『KITCO.com』, 『Bank of Japan Historical Archives』

저서

강만길(1984), 『조선시대상공업사연구』, 서울: 한길사.

김건태(2004), 『조선시대 양반가의 농업경영』, 서울: 역사비평사.

권인혁(2011), 『조선시대 화폐유통과 사회경제』, 경인문화사.
김용만(1997), 『朝鮮時代 私奴婢研究』, 집문당.
김용섭(1970, 1971), 『朝鮮後期農業史研究』 Ⅰ·Ⅱ, 일조각.
김용섭(1990a), 「朝鮮後期의 經營型 富農과 商業的 農業」, 『增補版 朝鮮後期農業史研究』 Ⅱ, 일조각.
김용섭(1990b), 「朝鮮後期 兩班層의 農業生産 -自作經營의 事例를 중심으로-」, 『增補版 朝鮮後期農業史研究』 Ⅱ, 일조각.
김준보(1977), 『한국자본주의사연구』 Ⅲ, 서울: 일조각.
김현영 편(1994), 『大丘月村丹陽禹氏文書』, 한국고문서학회.
김희호(2022), 『광무화폐』, 대구: 경북대학교출판부.
도면회(1991), 「화폐유통구조의 변화와 일본금융기관의 침투」, 『1894년 농민전쟁연구』 I, 한국 역사연구회.
박찬일(1982), 「한말 금수출과 금광업 덕대경영에 관한 연구」, 성균관대 무역학과 박사학위논문.
손병규(2008), 「조선왕조 재정시스템의 재발견: 17-19세기 지방재정사 연구」, 역사비평사.
안병직 편(2001), 『한국경제성장사』, 서울대학교출판부.
안병직·이영훈 편(2001), 『맛질의 農民들』, 일조각.
오두환(1991), 『韓國近代貨幣史』, 서울: 한국연구원.
원유한(1975), 『朝鮮後期 貨幣史研究』, 한국연구원.
원유한(2008), 『조선 후기 화폐사』, 혜안.
윤용출(1998), 『조선 후기의 요역제와 고용노동』, 서울대출판부.
이석륜(1994), 『우리나라 화폐금융사』, 서울: 박영사.
이영훈 편(2004), 『수량경제사로 다시 본 조선 후기』, 서울대출판부.
이정수·김희호(2006), 『조선시대 노비와 토지 소유방식』, 경북대학교출판부.
이헌창 편(2010), 「조선 후기 재정과 시장」, 서울대 출판문화원.
장기돈(1997), 「식민지 조선에서 근대적 금융기관의 생성과 변화에 관한 연구」, 경성대경제학과 박사학위논문.
전석담·최윤규·이기수·김한주 지음/김인호 엮음(1989), 『조선근대 사회경제사』, 자작아카데미.
정석종(1983), 「朝鮮後期 社會身分制의 變化 -蔚山府 戶籍臺帳을 中心으로-」, 『朝鮮後期社會變動研究』, 일조각.
정성일(2000), 「조성후기 대일무역」, 신서원.
조경달 지음/최덕수 옮김(2015), 『근대 조선과 일본』, 열린책들.
지승종(1995), 『朝鮮前期 奴婢身分研究』, 일조각.
최윤오(2006), 『朝鮮後期 土地所有權의 발달과 地主制』, 혜안.
하원호(1997), 『한국근대경제사연구』, 신서원.
허수열(2011), 『일제초기 조선의 농업: 식민지근대화론의 농업개발론을 비판한다』, 한길사.
한국역사연구회 편(1991), 『1894년 농민전쟁연구 1 -사회경제적 배경』, 역사비평사.

한국역사연구회 편(2010), 『대한제국의 토지제도와 근대』, 혜안.
호적대장연구팀 편(2003), 『단성 호적대장연구』, 성균관대 대동문화연구원.
허종호(1965), 『조선봉건말기의 소작제 연구』, 사회과학원출판사(북한).

平木實(1982), 『朝鮮後期 奴婢制度 硏究』, 지식산업사.
柳子厚(1940), 『朝鮮貨幣考』, 서울: 학예사.
小林英夫(1979), 「日本の金本位制移行と朝鮮」, 『旗田巍先生古稀記念會編 朝鮮歷史論集』下, 龍溪書舍.
高嶋雅明(1978), 『朝鮮における植民地金融史の硏究』, 동경: 大原新生社.
波形昭一(1985), 『日本植民地金融政策史の硏究』, 동경: 早稻田大學出版部.
羽鳥敬彦(1986) 『朝鮮における植民地幣制の形成』, 동경: 未來社.
久間健一(1935), 『朝鮮農業の近代的樣相』, 동경: 目黑書店.
四方博(1938), 「李朝人口に關する身分階級別的觀察」, 『京城帝國大學法學會論集』 10.
田代和生(1981), 「近世日朝通交貿易史の硏究」, 創文社.
小葉田淳(1969), 『金銀貿易史の硏究』, 法政大出版局.
小葉田淳(1999), 『貨幣と鑛山』, 思文閣出版.
草野正裕(1996), 『근세의 시장경제와 지역차 - 물가사 접근』, 京都大學校 出版部.
나카무라 사토루(2007), "동북아시아 경제의 근세와 근대, 1600-1900", 『근대 동아시아 경제의 역사적 구조』, 일조각.
오카자키 데쓰지/이창민 옮김(2005), 『제도와 조직의 경제사』, 한울.
京都大學學術出版會足立啓二(1998), 『專制國家史論-中國史から世界史へ』, 柏書房.
朝鮮總督府(1933), 『朝鮮ノ小作慣行』 上卷·下卷, 조선총독부.
日本大藏省編(1931), 『明治前期經濟史料集成』 12권.
宮嶋博史(1994), 「東アジア小農社會の形成」 『長期社會變動』, 東京大出版會.

漆俠(1987), 『宋代經濟史』, 上海: 上海人民出版社, 377-378.

Lynn, R.(1971), *Personality and National Character*, Oxford: Oxford Univ. Press.
Parthasarathi, Prasannan(2011), *Why Europe Grew Rich, and Asia did not: Global Economic Divergence, 1600-1850*. Cambridge; Cambridge University Press.
Steinfeld, R.(1991), *The Invention of Free Labor: The Employment Relation in English and American Law and Culture, 1350-1870*. Chapel Hill: University of North Carolina Press.
Steinfeld, R.(2001), *Coercion, Contract, and Free Labor in the Nineteenth Century*. Cambridge, UK: Cambridge University Press.

논문

강덕상(1962),「李氏朝鮮開港直後における朝日貿易の展開」,『歷史學硏究』 265.

강덕상(1965),「貨幣整理事業に關する硏究ノート」,『駿台史學』 17.

강덕상(1967),「甲午改革における新式貨幣發行章程の硏究」,『朝鮮史硏究會論文集』 3.

강승호(1999),「朝鮮後期 雇工定制 硏究」『實學思想硏究』 10·11, 539-568.

권태환·신용하(1977).「朝鮮王朝時代 人口推定에 關한 一試論」,『東亞文化』 14, 289-330.

김건태(2004),『조선시대 양반가의 농업경영』, 역사비평사.

김건태(2005),「19세기 후반-20세기 초 不在地主地 경영」,『대동문화연구』 49, 239-266.

김건태(1999),「1743-1927년 전라도 영암 남평문씨 문중의 농업경영」,『대동문화연구』 35, 99-129.

김양식(1997),「개항기 한말 광산 노동자연구」,『국사관논총』 77, 국사편찬위원회.

김재순(1991),「러일전쟁 직후 일제의 화폐금융정책과 조선상인층의 대응」,『한국사연구』 69.

김재호(2019),「11-19세기 일본과 한국의 경제성장과 '소분기': 『日本經濟の歷史』(2017)의 서평을 대신하여", 낙성대연구소 Working Paper 2019-03.

김재호(2005),「자매노비와 인간에 대한 재산권, 1750-1905」,『경제사학』 38, 3-40.

김희호·이정수(2018),「1865-1910 국제 금 본위제도와 근대조선의 화폐량 추정」, 역사와 경계.

김준보(1972),「개항기 외래통화와 인프레숀 기구」,「한국사연구』 7, 207-226.

김준보(1976),「한말 화폐정리와 농업공황기구」,『한국사연구』 13.

김현숙(2009),「19-20세기 파평윤씨 문중의 농지소유와 농업경영」,『한국사학보』 35호, 23-45.

김희호·이정수(1998),「물가의 주기적 변동과 화폐의 초과수요-1689-1821년 한국의 경우」,「금융학회지」 3(2), 33-62.

김희호(2017),「초기 화폐경제시기 조선의 debasement 퍼즐」,『금융연구』 31(2), 41-82.

박기주(2004),「재화가격의 추이」, 이영훈 편, 제5장『수량경제사로 다시 본 조선 후기』, 서울대학교출판부, 173-224.

박기주·이우연(2001),「농촌의 재화가격과 물가의 추이: 1834-1937」, 안병직·이영훈 편, 제4장『맛질의 농민들』, 일조각, 150-177.

박만규(1984),「개항이후 금광업태와 일제침략」,『한국사론』 10.

박성수(1964),「雇工硏究」,『史學硏究』 18, 527-556.

손병규(2003),「조선 후기 재정구조와 지방재정운영」,『조선시대사학보』 25.

손병규(2007),「조선시대 국가경제의 운영원리」,『朝鮮時代史學報』 42.

송양섭(2008),「부역실총에 나타난 재원파악 방식과 재정정책」,『역사와 현실』 70.

오두환(1979),「이조말 화폐정리사업에 관한 일연구」,『경제논집』 18(2), 서울대경제연구소.

원유한(1967),「18세기에 있어서의 화폐정책-동전의 주조사업중심-」,「사학연구」 19, 49-88.

유재현(2014),「조선 후기 주전정책과 재정 활용」, 서울대학교 대학원 박사학위논문.

왕현종(1991), 「광무양전사업의 다양한 성격과 좁은 시각」, 『역사와 현실』 5.
왕현종(1992), 「한말(1894-1904) 지세제도의 개혁과 성격」, 『한국사연구』 77.
오일주(1992), 「조선 후기 재정구조의 변동과 환곡의 부세화」, 『實學思想硏究』 3.
유승주(1976), 「李朝 開港直後의 鑛業政策 硏究」, 『아세아연구』 55, 고려대 아세아문제연구소.
이배용(1972), 「개항후 한국의 광산정책과 광산탐사」, 『이대사원』 10, 이화여대 사학회.
이영훈(2012), 「17세기후반-20세기전반 수도작 토지생산성의 장기추세」, 『경제논집』 51-2, 411-460, 서울대경제연구소.
이영훈(1996), 「한국사에 있어서 근대로의 이행과 특질」, 『경제사학』 21, 75-102.
이영훈(2002), 「조선 후기 이래 소농사회의 전개와 의의」, 『역사와 현실』 45, 3-38.
이영훈·전성호(1999), 「미가사 자료의 현황과 해설」, 「고문서연구」 18, 125-157.
이영훈·박이택(2004), 「농촌미곡시장가 전국적 시장통합: 1713-1875」, 이영훈 편, 제6장 『수량경제사로 다시 본 조선 후기』, 서울대학교출판부, 225-300.
이헌창(1999), 「1678-1865년간 화폐량과 화폐가치의 추이」, 『경제사학』 24(1), 3-45.
이철성(1993), 「18세기 田稅 比摠制의 실시와 그 성격」, 『한국사연구』 81.
정용석(2006), 「1894-1902년간 부산의 미가와 한전비가의 연관성」, 『경제연구』 24(3), 한국경제통상학회.
정진영(2008), 「19세기후반-20세기전반 在村 兩班地主家의 농업경영(2) - 경상도 단성 김인섭가의 병작지 경영을 중심으로 - 」, 『역사와 경계』 67, 139-185.
최윤오(1990), 「조선 후기「和雇」의 성격」, 『忠北史學』 3, 59-76.
한영국(1979), 「朝鮮 後期의 雇工 -18·19世紀 大邱府戶籍에서 본 그 實態와 性格-」, 『歷史學報』 81, 81-124.
낙성대연구소 웹사이트, 한국의 장기통계자료, 2018. http://www.naksung.re.kr

安達義博(1989), 「朝鮮後期の物價變動」, 『朝鮮學報』 132.
田代和生(1973), 「對馬藩の朝鮮輸出銅調達:幕府の銅統制と日鮮銅貿易の衰退」, 『朝鮮學報』.
日本大藏省編(1931), 『明治前期經濟史料集成』 12, 46-47.
村上勝彦(1973), 「植民地金吸收と日本產業革命」, 『經濟學硏究』 16, 동경대학.
村上勝彦(1973), 「第一銀行朝鮮支店と植民地金融」, 『土地制度史學』 61.
淺田喬二(1975), 「日本植民地史の課題と方法」, 『歷史評論』 30.

Acemoglu, D., Johnson, S., and Robinson, J.(2001), "The Colonial Origins of Comparative Development: An Empirical Investigation", *American Economic Review* 91(5), 1369-1401.
Ackerberg, D. and Botticini, M.(2000), "The Choice of Agrarian Contacts in Early Renaissance Tuscany: Risk Sharing, Moral Hazard or Capital Market Imperfection?", *Exploration in*

Economic History 37. 241-257.

Bayly, C.(2008), "Indigenous and Colonial Origins of Comparative Economic Development: The Case of Colonial India and Africa", *The World Bank Development Research Group Poverty Team* January 2008.

Beaudry, P., DiNardo, J.(1991), "The Effect of Implicit Contracts on the Movement of Wages over the Business Cycle: Evidence from Micro Data", *Journal of Political Economy* 99(4), 665-88.

Botero, J., Djankov, S., La Porta, R., Lopez-de-Silanes, F., Shleifer, A.(2004), "The Regulation of Labor", *Quarterly Journal of Economics* 119(4), 1339-82.

Bordo, M., J. Lane, and Redish, A.(2004), "Good versus Bad Deflation: Lessons from the Gold Standard Era", *National Bureau of Economic Research, Working Paper* No 10329.

Bordo, M., and Redish, A.(2003), "Is Deflation Depressing? Evidence for the Classical Gold Standard", *National Bureau of Economic Research, Working Paper* No 9520.

Caballero, R., Cowan, K., Engel, E., Micco, A.(2004), "Effective Labor Regulation and Microeconomic Flexibility", *National Bureau of Economic Research Working Paper* 10744.

Cesarano, F.,(1998), "Hume's Specie-Flow Mechanism and Classical Monetary Theory: An Alternative Interpretation", *Journal of International Economics* 45, 173-186.

Eltis, D., Lewis, F., Richardson, D.(2005), "Slave Prices, the African Slave Trade, and Productivity in the Caribbean, 1674-1807", *Economic History Review* 58(4), 673-700.

Geertz, C.(1978), "The Bazaar Economy: Information and Search in Peasant Marketing", American Economic Review 68(2), 28-32.

Granovetter, M.(2005), "The Impact of Social Structure on Economic Outcomes", *Journal of Economic Perspectives* 19(1), 33-50.

Fenoaltea, S.(1984), "Slavery and Supervision in Comparative Perspective: A Model", *Journal of Economic History* 44(3), 635-668.

Hay, D., Craven, P. eds.(2004), *Masters, Servants, and Magistrates in Britain and the Empire, 1562-1955*, Chapel Hill: University of North Carolina Press.

Harris, M., Holmström, B.(1982), "A Theory of Wage Dynamics", *Review of Economic Studies* 49(3), 315-33.

Jonung, L.(1976), "Money and Prices in Sweden1732-1972", *Scandinavian Journal of Economics* 78(1), 40-58.

Jonung, L.(1979), "Knut Wicksell and Gustav Cassel on Secular Movements in Prices", *Journal of Money, Credit, and Banking* 11(2), 165-181.

Jun, S., J. Lewis(2007),"Wages, Rents, and Interest Rates in South Korea, 170to 1900", *Research in Economic History* 24, 217-83.

Jun, S., J. Lewis, and H. Kang(2008), "Korean Expansion and Decline from the Seventeenth to

Nineteenth Centuries; A View suggested by A. Smith", *Journal of Economic History* 68(1), 244-82.

Laughlin, L.(1897), "The Gold Standard in Japan", *Journal of Political Economy* 5(3), 3-14.

Mukherjee, A., Ray, D.(1995), "Labor Tying", *Journal of Development Economics* 47(2), 207-39.

Naidu, S., Yuchtman, N.(2013), "Coercive Contract Enforcement: Law and the Labor Market in Nineteenth Century Industrial Britain", *American Economic Review* 103(1), 107-144.

Naidu, S.(2010), "Recruitment Restrictions and Labor Markets: Evidence from the Postbellum U.S. South.", *Journal of Labor Economics* 28(2), 413-45.

Motomura, A. (1994), "The Best and Worst of Currencies: Seigniorage and Currency Policy in Spain, 1597-1650", *Journal of Economic History* 54(1), 104-127.

Officer, L.,(2002), "The U.S. Specie Standard, 1792-1932: Some Monetarist Arithmeric", *Exploration in Economic History* 39, 113-153.

Ogren, A.,(2003), "Reserves, Money Supply and Prices: The International Adjustment Mechanism in Sweden under the Silver and Gold Standard, 1834-1913", *SSE/EFI Working Paper Series in Economics and Finance* No. 544.

Rao, V., Walton, M.(eds.)(2004), *Culture and public action*, Stanford: Stanford University Press.

Rolnick, A., F. Velde, and W. Webber(1996), "The Debasement Puzzle: An Essay on Medieval Monetary History", *Journal of Economic History* 56(4), 789-808.

Sargent, T. and B. Smith(1997), "Coinage, Debasement and Gresham'Laws", *Economic Theory* 10, 197-226.

Sadoulet, E.(1992), "Labor-Service Tenancy Contracts in a Latin American Context", *American Economic Review* 82(4), 1031-42.

Steinberg, M.(2003), "Capitalist Development, the Labor Process, and the Law", *American Journal of Sociology* 109(2), 445-95.

Sussman, N.(1993), "Debasement, Royal Revenues, and Inflation in France during the Hundred Years' War, 1415 -1422", *Journal of Economic History* 53(1), 44-70.

Sussman, N. and J. Zeira(2003), "Commodity Money Inflation: Theory and Evidence from France in 1350-1436", *Journal of Monetary Economics* 50, 1769-1793.

Velde, F., W. Webber, and R. Wright(1999), "A Model of Commodity, with Applications to Gresham's Law and the Debasement Puzzle", *Review of Economic Dynamic* 2, 291-323.

찾아보기